CONSTITUCIONALISMO POLÍTICO E A AMEAÇA DO "MERCADO TOTAL"

CONTRACORRENTE

Emilios Christodoulidis

CONSTITUCIONALISMO POLÍTICO E A AMEAÇA DO "MERCADO TOTAL"

Coleção *Desafios Constitucionais Contemporâneos* – vol. 2

Coordenação: Chris Thornhill

Tradução: Pedro Canário

SÃO PAULO

2023

CONTRACORRENTE

Alameda Itu, 852 | 1º andar |
CEP 01421 002
www.loja-editoracontracorrente.com.br
contato@editoracontracorrente.com.br

EDITORES
Camila Almeida Janela Valim
Gustavo Marinho de Carvalho
Rafael Valim
Walfrido Warde
Silvio Almeida

EQUIPE EDITORIAL
COORDENAÇÃO DE PROJETO: Juliana Daglio
REVISÃO E PREPARAÇÃO DE TEXTO: Douglas Magalhães
REVISÃO TÉCNICA: Amanda Dorth
DIAGRAMAÇÃO: Pablo Madeira
CAPA: Marina Avila

EQUIPE DE APOIO
Fabiana Celli
Carla Vasconcelos
Fernando Pereira
Valéria Pucci
Regina Gomes
Nathalia Oliveira

Dados Internacionais de Catalogação na Publicação (CIP)
(Câmara Brasileira do Livro, SP, Brasil)

Christodoulidis, Emilios
Constitucionalismo político e a ameaça do "mercado total" / Emilios Christodoulidis ; tradução Pedro Canário. -- São Paulo, SP : Editora Contracorrente, 2022. -- (Desafios constitucionais contemporâneos; 1 / coordenação Chris Thornhill)

Título original: Political Constitutionalism and the threat of the "total market".
Bibliografia.
ISBN 978-65-5396-079-4

1. Constitucionalismo 2. Direito constitucional 3. Globalização - Aspectos políticos I. Canário, Pedro. II. Thornhill, Chris. III. Título. IV. Série.

22-137169 CDU-342.4

Índices para catálogo sistemático:
1. Constitucionalismo : Direito constitucional 342.4
Eliete Marques da Silva - Bibliotecária - CRB-8/9380

@editoracontracorrente
Editora Contracorrente
@ContraEditora

SUMÁRIO

CAPÍTULO I

A CONSTITUIÇÃO POLÍTICA E O "NOVO" CONSTITUCIONALISMO LATINO-AMERICANO

Este livro oferece uma defesa da Constituição Política. Se a designação "política" é importante, não é para diferenciá-la do constitucionalismo "jurídico", na atual contradistinção sem sentido. Em vez disso, a designação é colocada para discernir a Constituição Política das formas de "constitucionalismo de mercado", que, conforme argumentarei, subordina expectativas normativas e expressões da vontade democrática às expectativas cognitivas e de ajuste de mercado. Como entender a expressão da vontade democrática sob as condições da globalização e de que forma reafirmar constitucionalmente princípios como a "proteção social" na nova dispensação são questões cruciais e altamente desafiadoras na presente discussão. O principal argumento do livro é que tentar reinstituir princípios do constitucionalismo político sob as atuais condições não significa nem abandonar o princípio da formação coletiva da vontade *nem* subordiná-lo, de forma alguma, à sanção dos mercados globais.

Uma primeira nota metodológica: a defesa do constitucionalismo político aqui apresentada se baseia principalmente em duas linhas da literatura teórica: a teoria dos sistemas sociais, de Niklas Luhmann, e o marxismo. As orientações teóricas podem parecer contraditórias com o constitucionalismo político ou contraditórias entre si: a teoria dos sistemas tem sido frequentemente um exercício tecnocrático, com custos de entrada altos em termos de repertório conceitual. Tem sido tratada como se possuísse alavancagem crítica limitada por causa de seu compromisso com a análise funcional e suposta oposição a formas de teorização normativa. Já o marxismo geralmente tem sido entendido como de utilidade limitada para análises jurídicas-constitucionais, pelo menos em sua leitura reducionista, e mesmo assim bastante predominante, que mostra as relações jurídicas como "epifenômenos" das relações econômicas. As duas leituras carecem de contribuições e compreensões mais profundas. A teoria dos sistemas como fenomenologia fornece uma rara heurística das condições do surgimento do significado e, consequentemente, dos termos em que os problemas surgem e dos termos de sua abordagem. Marx proporciona compreensões extraordinárias não só por causa de sua dívida profunda com o pensamento de Hegel sobre a política, o Estado e a representação, mas também porque seu último trabalho, *A Guerra Civil na França*, marca o retorno e a celebração da plasticidade das formas político-institucionais, e mesmo da própria forma institucional, na análise da auto-organização dos trabalhadores na Comuna de Paris. Quanto à relação entre as duas teorias: não só há aí proximidade – o que, afinal, *O Capital* oferece senão uma descrição da autopoiese da economia? –, como há afinidades profundas entre as duas teorias nos termos de sua abordagem do significado-construção. Não vou me estender na questão metodológica aqui, até porque não quero antecipar muita complexidade. Em vez disso, as dívidas metodológicas vão ser inseridas na análise conforme for necessário.

Uma reafirmação do constitucionalismo político é particularmente pertinente no contexto do "novo" constitucionalismo latino-americano. É uma afirmação contestada, sem dúvida, mas que dá conta da novidade de duas características distintas. A primeira é a natureza tipicamente *antissistema* das mobilizações políticas por mudanças constitucionais, mobilizações que incendiaram o continente ao longo de sua história com frequência e intensidade bastante únicas. A segunda é que desenvolvimentos constitucionais, únicos na América do Sul, invocam e estão lastreados na linguagem do *poder constituinte*. E mesmo que nenhuma das características ou desenvolvimentos possam ser generalizados para todos os países da América Latina, algo altamente significativo toca toda a turbulenta e variada história constitucional em nível nacional, e isso tem a ver com o *animus democrático* do constitucionalismo político.

Qual é o significado de uma referência constitucional ao "*animus* democrático"? Vamos dar um passo atrás para observar a invocação do poder constituinte em seu contexto. Se se "falar em poder constituinte é falar em democracia", como Antonio Negri diz na frase de abertura de seu muito importante trabalho *Insurgencies*, a questão que o poder constituinte convida logo de saída é: *como devemos pensar a democracia democraticamente?* E ainda – surge uma primeira objeção – como podemos entender essa *dupla inscrição* de "democrático" tanto em primeiro quanto em segundo níveis? Importa uma inquietação aparentemente paralisante que mina a democracia como *prática*. E, no entanto, seu encanto e promessa são evidentes, pelo menos para uma tradição radical da teoria constitucional que tipicamente se voltou à promessa do poder constituinte para enfrentar a seguinte questão: se uma sociedade política é a que age por meio de regras de atribuição (de agência e de capacidade), até que ponto essa atribuição pode permanecer reflexiva, reconfigurável, sujeita a redefinição, aberta tanto à operacionalização quanto à transcendência pelo coletivo que nomeia? Essa é, claro, também a *problématique* do marxismo, de certo marxismo que tem Negri como um de seus maiores expoentes. Ele coloca, deliberadamente, o sujeito da emancipação *in media res*, ambos *vinculados* historicamente à posição de sujeito dentro da ordem do capital que definiu a classe potencialmente revolucionária de uma maneira que sempre minou esse potencial, enquanto, ao mesmo tempo, apegados à promessa de superação de um processo *reflexivo* genuíno de autodefinição. (No marxismo, a *problématique* aparece na distinção feita entre "a classe em si mesma" e "a classe por si mesma").

A ideia de uma "*dupla inscrição*" de "democracia" tanto no nível quanto no meta-nível gera as seguintes questões de importância *constitucional*: como devemos pensar democracia democraticamente como o puro exercício do poder *constituinte*? E se esse é o objetivo, não soa como uma receita para a *prática* constitucional, tornando-a possível de atingir num nível *institucional*? Em outras palavras, a questão é se pode haver uma leitura político-filosófica da democracia que a separe e a evoque do lugar em que as condições institucionais de seu exercício a confinam e das formas institucionais em que ela se sedimenta.

O constitucionalismo político entra em cena na história com a Revolução Francesa. E a noção de poder constituinte, concebida como a expressão direta da vontade da nação, foi o que originalmente alavancou e deu legitimidade ao constitucionalismo político. Quando, em 17 de junho de 1789, os representantes dos Estados Gerais, reunidos em Versailles, se declararam uma Assembleia Nacional não mais reunidos sob ordem do monarca, mas como representantes do povo da França, a modernidade política nasceu num amplo exercício de poder constituinte como ato de autoautorização nacional. A própria noção de poder constituinte como autoautorização foi radicalizada alguns anos depois com os jacobinos. Àquela altura, a liberação do poder constituinte ficou preso ao princípio de sua própria expansão, materializada por meio de um processo cuja intensidade inovadora e violência ainda surpreende. Aquilo que entrou para a história com a revolução, escreveu Hegel, destruiu a "paciente aquiescência" da época e sua "calma satisfação com o presente".[1] Para Marx, foi o

1 HEGEL, G. W. F. *The philosophy of Right*. Indianapolis: Hackett Publishing, 2015 [1820], p. 44.

poder constituinte sintetizado: "*Die gesetzgebende Gewalt hat die Französische Revolution gemacht*" ("O poder legislativo fez a Revolução Francesa").[2] O que se materializou como poder constituinte com os jacobinos arrebatou as instituições com uma novidade que as instituições não poderiam conter. Mas ninguém poderia chamar isso de expressão da vontade geral porque o processo que iria "reuni-la" como tal ainda não havia acontecido. Vontade política estava, num sentido metafórico, correndo na frente de suas expressões institucionais. E, no que dizia respeito à dimensão material, ao "trazer as necessidades do povo para as ruas de Paris" e exigir soluções políticas, o poder constituinte explodiu a distinção entre o político e o social em uma radicalização da democracia que varreu sua demarcação e limitação mútuas. A Revolução Francesa inequivocamente colocou a questão que a época tinha que resolver, como bem sabia Hegel: o poder constituinte a confrontou com o significado da realização política da liberdade. A partir desse momento, como Negri resume o desenvolvimento do constitucionalismo ocidental, "o pensamento constitucional torna-se o esforço para resistir a ele".[3]

Esses momentos de aceleração política, a expressão desgastante do poder constituinte, são certamente excepcionais, transitórios e, para usar um termo já desgastado, *históricos*. E Chris Thornhill coloca isso em seu excepcional *Sociology of Constitutions* quando ele escreve que, com exceção do breve intervalo do Constitucionalismo Jacobino,

> a noção de poder constituinte que chegou à maturidade na França e depois de 1789 residiu no princípio de que a base normativa do sistema político precisava ter fundamento não na vontade factual do povo, mas num complexo de

---

2 MARX, Karl. "A contribution to the critique of Hegel's Philosophy of Right". *CUP Archive*, 1977 [1843].

3 NEGRI, Antonio. *Insurgencies*: constituent power and the modern State. Minneapolis: University Minnesota Press, 1999, p. 206.

> normas por meio das quais o sistema político excluiu o povo como uma agregação concreta de agentes sociais... *Assim que declarada por seus representantes, a vontade do poder constituinte quedou completamente silente*, e o povo (nação) foi definitivamente expulso do exercício do poder (grifo nosso).[4]

E, enquanto as posições de sujeito coletivo do constitucionalismo a partir de então tiveram que ser lembradas do ponto de vista do poder constituído – as estruturas e instituições de "representação" em vez de "presença" –, um argumento chave deste livro é que a realização institucional do constitucionalismo político não pode se dar ao luxo de perder de vista o tema do poder constituinte.

Da perspectiva democrática radical que Negri ocupa, as formas sedimentadas dos constituídos são nada mais que a negação do movimento constitutivo. Se ele aborda o pensamento democrático a partir de seu limite externo, por exemplo, pensando em revolução, é porque essa esfera expressa, em última análise, a forma pura do constituinte. Em outras palavras, se a linha de pensamento democrática radical voltar à promessa de poder constituinte, é para forçar uma pergunta reflexiva que não poderia ser feita dentro da ordem constituída de representação. O argumento principal em *Insurgencies*, de Negri, envolve como manter a questão do poder constituinte como expressão da potencialidade de romper com a lógica da reprodução capitalista. Em cada etapa do argumento, ele apresenta a pergunta: "o que é poder constituinte da perspectiva da teoria jurídica?" Em cada etapa, a resposta é a mesma: o constituinte é desmentido no ato de dar-lhe expressão ao longo dos caminhos do constituído. As formas jurídicas "afirmam e negam"

---

4 THORNHILL, Claude. *A sociology of Constitutions*: Constitutions and State legitimacy in historical-sociological perspective. Cambridge: Cambridge University Press, 2011, p. 219.

o constituinte simultaneamente, diz ele, e infligem-lhe "todo tipo de distorção":

> O poder constituinte deve ser ele próprio reduzido à norma da produção do Direito. Deve ser incorporado ao poder estabelecido. Sua expansividade se mostra apenas como atividade de revisão constitucional. Nisto o jurídico encobre e altera a natureza do poder constituinte. (...). Mas encerrar o poder político na representação não é nada além da negação da realidade do poder constituinte?[5]

O pensamento democrático da democracia, para Negri, deve pensar o constituinte em termos que não o retorne ao constituído – por isso, ele insiste que conceitualizemos o constituinte como irredutível para o pensamento jurídico. Para Negri, é o princípio do antagonismo à ordem jurídica que, se sustentado no modo da negatividade, pensa o constituinte como revolucionário. Numa polêmica pública com os institucionalistas e com seus epígonos mais sofisticados, como Claude Lefort, Negri declara:

> Quando a força é institucionalizada, ela é necessariamente negada... Além das banalidades apologéticas do institucionalismo contemporâneo, qualquer filosofia que, mesmo heroicamente, tenha um resultado institucionalista deve ser recusada se quisermos apreender a força do princípio constituinte".[6]

A alavancagem da negatividade – e o que poderíamos chamar de antagonismo (para contrastar com o agonismo) – não é apenas típica da tradição europeia de pensamento de esquerda, mas

5 NEGRI, Antonio. *Insurgencies*: constituent power and the modern State. Minneapolis: University Minnesota Press, 1999, pp. 3/4.

6 NEGRI, Antonio. *Insurgencies*: constituent power and the modern State. Minneapolis: University Minnesota Press, 1999, pp. 22/23.

surgiu como chave para importantes trabalhos teóricos e práticos na América Latina. Voltando à mais fundamental das perguntas, feita por Gramsci e renovada por Spivak, "os subalternos podem falar?",[7] a atenção foi direcionada ao que Walter Mignolo chamou de "*locus* da enunciação",[8] e, com isso, uma resistência a deixar a história ser sempre contada por outros em termos de desenvolvimento, progresso e modernidade. Retomar o lugar de fala carrega toda a força do constituinte ao trazer o subalterno ao palco em um gesto radical que desafia as formas que tipicamente chamam "o povo". O trabalho influente de Enrique Dussel é típico desse gesto.[9] Se a visão de Dussel é caracterizada como utópica, é porque ela se apega a uma ausência de (conforme disse Mignolo) *locus* ou *topos* de enunciação. Reivindicar o palco, reivindicar a locução, só pode ser contra o "poder institucionalizado e autorreferente". E o "povo" evocado pelo gesto é aquele que até então era pensado como "os outros", como "os excluídos da modernidade". No trabalho de Dussel, esse processo político constituinte empresta de Gramsci, e depois de Laclau, a noção de desenvolvimento *positivo* de poder político como "reivindicação universal hegemônica". A ideia é formar um bloco a partir de baixo, ou um "hegemônico analógico".[10] Dussel usa o termo *hiperpotência* – o predicado "hiper" é provavelmente para exprimir tanto excesso quanto

---

7 SPIVAK, Gayatri. "Can the Subaltern Speak?" *In*: WILLIAMS, Patrick; CHRISMAN; Laura (Coord). *Colonial discourse and postcolonial theory*: a reader. Nova York: Columbia University Press, 1994.

8 MIGNOLO, Walter; ENNIS, Michael. "Coloniality at large: The Western Hemisphere in the colonial horizon of modernity". *The New Centennial Review*, vol. 2, 2001.

9 Em DUSSEL, Enrique. *The Invention of the Americas*: eclipse of "the Other" and the myth of modernity. Trad. Michael D. Barber. Nova York: Continuum, 1995, que desafiou o pensamento eurocêntrico, reorientando a investigação para uma prática "decolonial e liberatória nas Américas"; e, mais recentemente, seu programático *Twenty Theses on Politics*. Durham: Duke University Press, 2008.

10 DUSSEL, Enrique. *Twenty Theses on Politics*. Durham: Duke University Press, 2008, p. 73.

magnitude – para designar o emergente "poder do povo" em sua importância constituinte em toda a América Latina.[11]

Faço menção a isso de passagem para aludir ao pensamento análogo de poder constituinte nas tradições radicais da Europa e da América Latina. Se começamos nossa análise do constitucionalismo político com sua proposta *radical* e o retornamos à tradição revolucionária e ao pensamento de *potentia*, é, entretanto, para *não* entender a conquista constitucional como renovação constante do poder, em algumas formas (trotskistas) ou outras de "revolução permanente". É, em vez disso, recuperar sua potencialidade nos contextos em que foi encoberto, obscurecido ou extirpado. Para denotar, em outras palavras, *que o constituinte carrega o élan que corre dentro do constituído como sua mais alta possibilidade*. É o limite que equipa o constitucionalismo político com a compreensão do que garante a predicação "política". É isso que justifica a ênfase no constituinte *tanto* como referência necessária *quanto* irredutível à lógica do constituído.

Há ainda mais uma razão para permanecer, talvez por mais tempo do que normalmente se imagina necessário, no pensamento democrático radical do constituinte e sua irredutibilidade às condições sistêmicas do poder constituído. E isso tem a ver com o elemento enfaticamente antissistêmico da mobilização política na América do Sul e a dimensão antissistêmica do imaginário constitucional do

---

11 A noção de *hiperpotência* de Dussel vem de sua mais importante distinção conceitual, uma "cisão ontológica originária" entre, de um lado, o poder em si – uma "vontade comum de viver" fundamental em todas as comunidades (*potentia*) – e, de outro, esse poder constituindo-se como poder instituinte (*potestas*). O poder como *potestas* institucionalizado é de dois tipos. Primeiro, pode ser "obediência" à vontade de viver das pessoas, caso em que surge uma nova "nobre vocação da política", com representantes delegando poder para nutrir as necessidades das pessoas por libertação material, democrática e viável. Alternativamente, *potestas* podem se tornar "fetichizadas", absolutizando a própria vontade dos representantes, com o poder se tornando dominação e ação coercitiva. (DUSSEL, Enrique. *Twenty Theses on Politics*. Durham: Duke University Press, 2008, pp. 19 e 32).

continente.[12] O antissistema, como constituinte, entra em cena sem ser anunciado. Sua aparição não se alinha nem segue os caminhos sistêmicos previstos de sua expressão. Esse argumento encontra uma de suas principais articulações nos últimos trabalhos de Marx, sobre a Comuna de Paris de 1871.[13]

E embora retornemos a esses deslizes no imaginário constitucional, vamos aqui nos ater a um importante argumento sobre a relação entre semântica constitucional e estruturas sociais. Questões fundamentais e objeções surgem nessas conjunturas. Uma é: se a questão do poder constituinte organiza os imaginários constitucionais das sociedades do início da era moderna, não é *anacrônico* se referir a elas hoje? Em grande parte da literatura constitucional, portanto, o constituinte é extirpado como origem mítica ou é

---

12 Mais uma vez, ver o trabalho de Dussel sobre a possibilidade de um socialismo exclusivamente latino-americano; sobre a ruptura com imaginários pós-coloniais, ver MIGNOLO, Walter; ENNIS, Michael. "Coloniality at large: The Western Hemisphere in the colonial horizon of modernity". *The New Centennial Review*, vol. 2, 2001; e, mais recentemente, GUARDIOLA-RIVERA, Oscar. *What if Latin America ruled the world?*: how the South will take the North through the 21st century. Londres: Bloomsbury Publishing, 2010.

13 Segundo Marx, o conceito de *autogestão* que a Comuna de Paris inaugurou na história moderna é o que, na teoria constitucional, significa poder constituinte. Nasceu com os jacobinos e foi reivindicado pelos próprios trabalhadores com a Comuna. Marx vê isso como a emergência da forma política, uma forma que pode permitir ao comunismo romper com os dilemas que acompanham a tomada do poder do Estado. Marx é inflexível nos últimos escritos sobre a Comuna: "a classe trabalhadora não pode simplesmente se apoderar da máquina estatal pronta e manejá-la para seus propósitos. O instrumento político de sua escravização não pode servir como instrumento político de sua emancipação" (MARX, Karl. *The Civil War in France*. Moscow: Progress Publishers, 1972 [1871], p. 196). A esta última fase do marxismo, da fenomenologia política de forma emergente, liga-se mais profundamente o "espontaneísmo" de Rosa Luxemburgo e a filosofia da práxis de Georg Lukács.

posto de lado como "supérfluo",[14] improdutivo ou anacrônico.[15] Outra objeção questiona a adequação de uma semântica do poder constituinte em um momento em que o político, como "supercodificado" pelo Direito,[16] está amplamente sob a alçada de formas de poder jurídico constituído. Em outros registros importantes, o poder constituinte *se dissipa* em face do surgimento da "sociedade mundial",[17] ou globalização. Contra essas correntes, minha intenção é me ater a uma concepção claramente normativa do que constitui uma semântica *adequada*, e defender que é possível reverter a tendência que esvazia, evacua e acaba levando à perda do conceito de Constituição Política. A questão que se coloca é o que pode significar e o que pode ser necessário, *se ater* a uma semântica constitucional que se oponha à deriva estrutural, ou seja, contra a forma que geralmente se supõe que o desenvolvimento semântico vai sempre se adaptar a novos dados estruturais. O livro pode, então, ser visto como uma tentativa de resposta à seguinte pergunta: o que significaria se ater aos recursos semânticos que a Constituição oferece para resistir ao deslizamento das expectativas

---

14 Por exemplo, Dyzenhaus defende que "a teoria legal e constitucional deve evitar a ideia de poder constituinte. É inútil tentar entender a autoridade da lei e o lugar das Constituições escritas em tal entendimento. Em particular, resulta em uma profunda ambivalência sobre se a autoridade está localizada dentro ou fora da ordem legal. A teoria jurídica deveria, então, focalizar a questão da autoridade do Direito como algo inteiramente interno à ordem jurídica, tornando, assim, supérflua a questão do poder constituinte" (DYZENHAUS, David. "Constitutionalism in an old key: legality and constituent power". *Global Constitutionalism*, 2011, p. 229).

15 A esse respeito, ver as discussões em LOUGHLIN, Martin; WALKER, Neil (Coord.). *The Paradox of Constitutionalism*: Constituent Power and Constitutional Form. Oxford: Oxford University Press, 2007.

16 Ver o tratado sobre o sistema político de Luhman, postumamente publicado: LUHMANN, Niklas. *Die Politik der Gesellschaft*. Frankfurt am Main: Suhrkamp, 2002. Ver também THORNHILL, Claude. *The sociology of law and the global transformation of democracy*. Cambridge: Cambridge University Press, 2018, p. 130.

17 LUHMANN, Niklas. "Die Weltgesellschaft". *ARSP*, vol. 57, 1971.

normativas para as cognitivas e, com efeito, resistir à entrega do valor constitucional à determinação e à validação do mercado?

***

O constitucionalismo latino-americano nos apresenta duas características bastante novas. Já as mencionamos: a característica dos movimentos políticos antissistema[18] e uma referência explícita ao poder constituinte tanto em documentos quanto em discurso.[19] Vamos começar pelo último.

A teoria do poder constituinte, escreve Joel Colón-Ríos,[20] está presente há muito na teoria e na prática do constitucionalismo latino-americano. Ela encontra expressão primeiramente, argumenta ele, na doutrina constitucional dos "limites implícitos à reforma constitucional", uma vez que informa uma série de Constituições na região, e depois, na ênfase, tanto na jurisprudência constitucional quanto no discurso constitucional, ao exercício do poder do constituinte "original" em vez do "derivado". Para Colón-Ríos, a importância da doutrina dos "limites implícitos" sob uma perspectiva democrática é que, ao limitar o poder governamental de reformar a Constituição, ela requer que mudanças constitucionais sejam adotadas por meio do exercício do poder constituinte. Em suas palavras,

> a doutrina supõe que, quando mudanças constitucionais fundamentais – mudanças que equivalem à criação de uma

---

18 Ver ZIBECHI, Raul. *Dispersing power*: social movements as anti-state forces. Oakland: AK Press, 2010.

19 Ver BETANCES, Emelio; IBARRA, Carlos F. (Coord.). *Popular sovereignty and constituent power in Latin America*. Nova York: Palgrave Macmillan, 2016; HUGHES, Carys. "The transformative potential of constituent power: a revised approach to the new Latin American Constitutionalism". *Latin American Perspectives*, vol. 46, 2019.

20 COLÓN-RÍOS, Joel. "Constitutionalism and Democracy in Latin America". *New Zealand Association for Comparative Law Yearbook (2015)*, *Victoria University of Wellington Legal Research Paper*, nº 118, 2017.

> nova Constituição – são propostas, o "povo", como sujeito do poder constituinte, deve ser autorizado a ficar fora da ordem constitucional e dizer se as mudanças são substancialmente desejáveis por meio de procedimentos altamente participativos (já que apenas esses procedimentos seriam considerados suficientes para equivaler a um exercício do poder constituinte).[21]

O procedimento provavelmente se dá por meio de uma assembleia constituinte eleita a partir de um referendo que desenhe uma Constituição que só entre em vigor depois de aprovada pelo eleitorado.

Podemos rastrear essa *problématique* constitucional nas inovações constitucionais radicais introduzidas por toda a América Latina. Quando Hugo Chávez ganhou as eleições democráticas de 1998 na Venezuela, seu governo encontrou oportunidades limitadas de emenda oferecidas às legislaturas pela Constituição venezuelana de 1961.[22] Chávez editou um decreto para convocar um referendo com o objetivo de criar uma assembleia constituinte e promulgar uma nova Constituição. A questão de saber se ele estava constitucionalmente autorizado a ignorar os procedimentos de emenda claramente enunciados chegou à Suprema Corte do país, que declarou, talvez surpreendentemente, que a Constituição de 1961 era "silente" quanto à possibilidade de se convocar um referendo, e não viu obstáculo à convocação de uma assembleia constituinte. Isso é o mais próximo de exercício de poder constituinte sem uma revolução para derrubar o regime.

---

21 COLÓN-RÍOS, Joel. "Constitutionalism and Democracy in Latin America". *New Zealand Association for Comparative Law Yearbook (2015), Victoria University of Wellington Legal Research Paper*, nº 118, 2017, p. 162.

22 COPPEDGE, Michael. "Venezuela: popular sovereignty versus liberal democracy". *In*: DOMÍNGUEZ, J. I.; SHIFTER, M. (Coord.). *Constructing Democratic Governance in Latin America*. 2ª ed. Baltimore: Johns Hopkins University Press, 2008.

Ainda assim, havia precedente. Menos de uma década antes, em 1990, a Suprema Corte de Justiça da Colômbia tomou uma decisão que autorizou a criação de uma nova Constituição por meio de uma assembleia constituinte. De novo, em questão as regras de emenda, e de novo a Corte invalidou os limites estipulados, garantindo à assembleia constituinte o poder de fazer Constituições que foi, na expressão explícita da Corte, "original" em vez de "derivado".

No caso da Bolívia, a Corte Constitucional estava preparada para dar apenas poder "derivado" ao MAS (Movimiento al Socialismo), de Evo Morales, que foi alçado ao poder depois de uma vitória acachapante em 2005. Morales argumentou que, embora formalmente prevista no artigo 232 (que estipulava as condições sob as quais era possível emendar a Constituição), a assembleia seria, ainda assim, uma assembleia constituinte "original". A Suprema Corte de Justiça insistiu que a assembleia constituinte teria apenas "poder constituinte derivado" e que todo o esforço do governo de escrever uma Constituição estaria limitado às leis em vigor. Contudo, o MAS de Morales, com o histórico da militância das guerras da água, não se contentaria com poderes "derivados". O partido havia prometido uma assembleia constituinte, uma plataforma de reforma agrária ampla e a nacionalização dos recursos naturais.[23] A resposta do novo governo foi a promulgação da nova Constituição em 2009. A referência, no artigo 411, ao caráter "original" da nova assembleia constituinte pode ser vista com uma tentativa dos delegados de garantir que qualquer futura assembleia constituinte tenha um caráter original. A seguir, o texto da nova Constituição:

> A reforma total da Constituição, ou aquela que afete suas premissas fundamentais, direitos, deveres e garantias, ou

23 GAMARRA, Eduardo. "Bolivia: Evo Morales and democracy". *In*: DOMINGUEZ, J. I.; SHIFTER, M. (Coord.). *Constructing democratic governance in Latin America*. Baltimore: John Hopkins University Press, 2008.

> ao primado e reforma da Constituição, se dará por meio de uma Assembleia Constituinte plenipotenciária originária, acionada por vontade popular por meio de referendo (...). A Assembleia Constituinte elaborará seu próprio regulamento para todos os efeitos, devendo o texto constitucional ser aprovado por dois terços de seus membros presentes. A validade da reforma deve ser aprovada por referendo constitucional.

Provisões similares podem ser vistas nas novas Constituições do Equador e da Venezuela.[24] Em todos os casos, andando ao lado de regras mais convencionais sobre emendas constitucionais, está um procedimento especial que precisa ser usado para mudanças nos fundamentos das Constituições.

É no caso do Chile, no entanto, que temos, na demanda por uma nova assembleia constituinte em 2019 e na sua realização um ano depois, a mais clara irrupção recente do poder constituinte. Trinta anos depois do golpe de Pinochet, irrompeu no Chile o que Polanyi notoriamente chamou de "movimento duplo" – a resposta da sociedade à exposição intensa ao mercado – com veemência e dinamismo que surpreenderam o mundo. A economia de mercado estava sacramentada por meio de um acordo constitucional que havia subordinado a política a estruturas capitalistas. A "constitución tramposa", como descreveu Fernando Atria,[25] havia tornado a reparação política impossível. Se os movimentos sociais varreram o acordo constitucional com suas hierarquias cuidadosas, equilíbrios e articulações, foi porque o momento *constituinte* do Chile não conseguia mais encontrar expressão no plano dos constituídos, mas apenas como contraditório à Constituição, como antissistêmico, um momento de negatividade num imaginário constitucional emergente.

---

24 Ver o art. 444 da Constituição do Equador (2008) e os arts. 347-350 da Constituição da Venezuela (1999).

25 ATRIA, Ferdinando. *La constitución tramposa*. Santiago: LOM Ediciones, 2013.

Tipicamente, um "momento constitucional" seria invocado nessa conjuntura. Tais momentos marcam ocasiões em que "o povo" exerce "julgamentos ponderados" deliberativos sobre "os direitos dos cidadãos e os interesses permanentes da comunidade", como Bruce Ackerman notoriamente anotou nas palestras Stors.[26] Eles são "ratificados por uma massa mobilizada de... cidadãos expressando seu consentimento por meio de formas institucionais extraordinárias".[27] Essa é a narrativa e o *insight* de Ackerman que, desde então, povoam a teoria constitucional (dedicada a discernir "movimentos" até mesmo no mais inócuo dos desenvolvimentos constitucionais nas sociedades políticas).

Agora, se a revolução constitucional do Chile for descrita como um "momento constitucional", duas qualificações importantes precisariam ser inseridas de partida. Primeiro, como o momento obtém sua vantagem a partir da Constituição, é preciso detectar essa vantagem. Claro, como sabemos não apenas por Ackerman, mas por todo o discurso dessas histórias "anedóticas", o conceito sempre foi paradoxal, preso entre certo excedente democrático/político que pode qualificar alguma coisa como um *momento* ao tirá-lo do fluxo homogêneo da história constitucional *business-as-usual* e dos processos de combustão lenta de evolução constitucional, e, ao mesmo tempo, mantê-lo *constitucional*, em consonância com o que a Constituição pode compreender como oportunidade de renovação. E ainda assim a *constituición tramposa*, como veremos, não

---

26 ACKERMAN, Bruce. "Discovering the Constitution". *Yale Law Journal*, vol. 93, 1984.

27 Como os dispositivos constitucionais não autorizam esses momentos de criatividade, a inovação que o momento constitucional traz não é, juridicamente falando, democraticamente autorizada. No entanto, eles são democráticos em um sentido mais fundamental como exercícios de "criatividade constitucional" no sentido de que a população como soberana periodicamente instiga transformações de tal profundidade que se pode afirmar com credibilidade ressituaram o significado de liberdade, democracia e autodeterminação. (ACKERMAN, Bruce. "Discovering the Constitution". *Yale Law Journal*, vol. 93, 1984, pp. 1042 e 1072).

oferece vantagem. É um mecanismo de impasse, não de abertura. A Constituição do Chile foi o que impediu a capacidade política, e não a que a garantiu. O movimento, então, só conseguiu ser um momento constitucional *apesar* da Constituição.

O segundo problema de transpor os "momentos constitucionais" ao contexto chileno é este: a resistência que surgiu no Chile e se espalhou como rastilho de pólvora foi um *movimento antissistema* do tipo que não se havia observado na América do Norte ou na Europa no século passado. Momentos constitucionais intimam a contenção da mesma forma que intimam a aceleração da dinâmica constitucional. Mas mesmo que signifiquem inovações constitucionais, estão baseados na lógica dos processos institucionais, que, em casos extraordinários, vão além da estrutura de sua reprodução e supostamente reconfiguram essa estrutura. Porém, na maioria esmagadora das vezes, Constituições são resultados de processos evolutivos graduais. Presos nessa dialética, surtos revolucionários ou *momentos* são acelerações de processos sociais e políticos *embutidos*, nos quais processos de aprendizado lentos e de outra forma indiscerníveis dão lugar apenas excepcionalmente a mudanças transformativas nas estruturas normativas e de autocompreensão da sociedade. Mas o que nos afeta no Chile são irrupções revolucionárias voláteis da atividade social normativa e dramaticamente emancipatória, "momentos" de inovação constitucional em larga escala.[28] O Chile nos ofereceu momentos de poder constituinte, episódios constitucionais que expressam a presença constitucional (de um povo) e suspendem as restrições constitucionais. É isso que garante a invocação do poder *constituinte*.

A experiência constitucional recente do Chile combina nela mesma o constituinte e o antissistema. Já mencionei que o antissistema é o que caracteriza muito das mobilizações constitucionais

---

28 THORNHILL, Claude; CHRISTODOULIDIS, Emilios. "New bearings in the Sociology of Law". *Social & Legal Studies*, 2014.

que não encontraram, ou não conseguiram encontrar, o passo dos caminhos dados por uma Constituição, e só conseguiram renovar a Constituição Política ao se afastar dela, na modalidade do constituinte. Elas têm sido uma presença ativa na política da América do Sul por décadas sob a forma de correntes socialistas não sectárias, do Fórum Social Mundial em Porto Alegre ao profundamente anti-institucional movimento mexicano dos zapatistas, aos movimentos indígenas na Bolívia e no Equador, aos desempregados trabalhadores-ativistas da Argentina, aos *piqueteiros* e à onda de grevistas nas fábricas, ao MST no Brasil, ladeados por movimentos indígenas na Bolívia, no Equador e no Peru. No caso da mobilização industrial, ela foi, mais uma vez, marginalizada, e setores informais da força de trabalho acabaram assumindo a liderança, em vez dos sindicatos fortes dos ciclos passados. As pesadas lutas dos trabalhadores que sacudiram o Chile na metade dos anos 2000 foram conduzidas *contra* a lei. Na maior mina de cobre do mundo, Escondida, trabalhadores violaram a lei quando pediram publicamente o retorno dela à propriedade estatal para reverter o escândalo de uma indústria em que empreiteiras multinacionais, que haviam conseguido, por meio de contratos de longo prazo, o direito de explorar as minas, foram completamente liberadas de pagar *royalties* ou de efetivamente pagar quaisquer impostos. Em um país em que há a estrita proibição de greves políticas, trabalhadores da indústria florestal se juntaram aos trabalhadores das minas para pôr as empreiteiras de joelhos em maio de 2007, e a ambas as categorias se juntaram alianças fluidas entre os assalariados urbanos e mais de um milhão de estudantes, que ocuparam instituições de ensino por mais de um mês em 2007 para protestar contra a privatização de escolas e pensões.[29] As mobilizações estudantis sacudiram o *establishment* político do país alguns anos depois.

---

29 Sob o governo de Bachelet, o "Royalty 2" foi finalmente aprovado pelo Parlamento em 2004, estabelecendo uma sobretaxa de 5% sobre os lucros da mineração, enquanto em 2006 o envio de dinheiro dessas empresas ao exterior era o equivalente a 75% de todo o orçamento do Estado chileno.

No Equador, movimentos urbanos derrubaram três administrações seguidas, inclusive o governo reformista de Lucio Gutierrez, em 2005. As instâncias de mobilização dos "movimentos sociais autônomos" (uma autodenominação que pode ser rastreada até o Fórum Social Mundial) são abundantes; elas inauguraram uma nova militância; apontam para a mesma dinâmica de mobilização dos recursos constitucionais existentes *e* transitórios.

Em todo o continente, o novo constitucionalismo se esforça na contenção das energias sociais em suas novas formas "plurinacional" e "emancipatória". Uma tensão que inevitavelmente caracteriza qualquer tentativa de dar expressão à mobilização política de forma institucional. A motivação certamente é visível em algumas instâncias, como na tentativa da Constituição da Bolívia de abarcar um pluralismo extensivo, ao se comprometer com a *Justicia Ordinaria* e com a *Justicia Indígena Originaria Campesina (JIOC)* e, depois, estabelecendo nos artigos 190-2 que "toda autoridade ou pessoa pública deverá cumprir as decisões da [JIOC]" e que "o Estado vai fomentar e fortalecer a JIOC". A respeito do reconhecimento da subjetividade política dos indígenas (como *Naciones y Pueblos Indigena Originario Campesinos*), a Constituição chegou a garantir que "considerando a existência pré-colonial das NPIOC e o controle ancestral de seus territórios, garante-se a sua autodeterminação na unidade do Estado, que consiste nos seus direitos de autonomia, autogoverno, cultura e reconhecimento de suas instituições e a consolidação de suas identidades territoriais, que se conformam nesta Constituição e nas leis". Há numerosos exemplos do "pluralismo legal igualitarista" amplamente comemorado por constitucionalistas do continente como decolonial, democrático e empoderador.[30]

Ver RIESCO, Manuel. "Is Pinochet dead?" *New Left Review*, vol. 47, 2007, p. 5.

30 WOLKMER, Antonio C; WOLKMER, Maria de Fátima S. "The Principle of the 'common', legal pluralism and decolonization in Latin America". *Law and Critique*, vol. 33, 2022.

Até que ponto essas acomodações são adequadas, se elas exploram e estendem os limites da plasticidade institucional ou se inevitavelmente "domesticam" movimentos sociais, são questões importantes e amplamente discutidas às quais não vou me ater com mais profundidade aqui. Em vez disso, essa pesquisa rápida, com sua ênfase no constituinte e no antissistema como novos atributos do constitucionalismo, procura estabelecer algo mais modesto. Que é argumentar que o constitucionalismo político depende constitutivamente do elemento democrático, e que essa dimensão informa – mesmo quando não é totalmente ou completamente concretizada – o novo constitucionalismo "transformativo", "plurinacional" ou "andino".

Claro que, até mesmo para poder fazer essa declaração, é preciso falar algo mais sobre as trajetórias históricas das nações sul-americanas, para registrar suas histórias constitucionais com algum grau de especificidade. Vamos poder falar um pouco mais disso no final do próximo capítulo, em que olhamos os elementos "democrático-associativos" que ficaram subentendidos nas formas constitucionais corporativas do continente. Mas, apenas para introduzir a trajetória: a onda atual que, de maneira pejorativa, tem sido chamada de "onda rosa/*pink tide*" de governos progressistas reformistas na região renova algo do radicalismo do pós-guerra na região.

Emir Sader, um intelectual público militante e ativista do Brasil, oferece um influente relato histórico de todo o continente durante o período em termos de luta político (que simplifico aqui): (i) o surgimento das organizações militantes de trabalhadores (influenciadas pela Revolução Cubana), um ciclo que acabou com o experimento único de Allende no Chile; (ii) o ciclo da supressão da esquerda nos anos 1970 com a imposição de regimes militares, com Chile, Argentina e Uruguai se juntando a uma lista de países já sob lei marcial: Brasil, Bolívia, Equador, Paraguai e Peru, entre outros; (iii) o surgimento, e consolidação, de vitórias progressistas em todo o continente: Chávez na Venezuela, em 1998; Lula no Brasil, em

2002; Vazquez no Uruguai, em 2004; Morales na Bolívia, em 2005; Correa no Equador, em 2006; Lugo no Paraguai, em 2008. E ainda continua no continente uma noção, conforme Sader argumenta em seu importante livro *The New Mole* (*A Nova Toupeira*), de 2008, de que "o neoliberalismo esgotou seu potencial hegemônico" ao produzir crises devastadoras (México, Brasil, Argentina) e com isso levar à desindustrialização, a fragmentação e informalização da força de trabalho. Durante os anos 1990, escreve Sader, o modelo neoliberal foi imposto em praticamente todos os países do continente, e, no fim da década, os Estados Unidos estavam, sem resistência, pressionando pela adoção da Área de Livre Comércio das Américas (ALCA). Ainda assim, o novo século "começaria com uma surpresa para a América Latina (...). O continente que havia sido território privilegiado para o neoliberalismo, rapidamente foi se tornando o principal palco não apenas para a resistência, mas também para a construção de alternativas ao liberalismo".[31] Depois de sua eleição em 1998, Chávez foi o único líder a votar contra a ALCA em 2000; em 2004, ela já estava morta e enterrada. "Qual é o significado dessa reversão radical", escreve Sader, "mais rápida que qualquer outra que o continente já experimentou antes, para dar o maior número de governos progressistas, seja de esquerda, seja de centro-esquerda, que ele viu em toda a sua história?" Como explicar "a surpreendente capacidade da esquerda de se recuperar de suas derrotas?"[32]

Claramente, desde 2009, tem havido uma série de contratempos à "guinada à esquerda": o golpe contra Dilma Rousseff no Brasil, o abandono da Argentina das políticas neoperonistas dos Kirchner e a situação econômica devastadora da Venezuela, para mencionar alguns. Ainda assim, algo do consenso da formação de

---

31 SADER, Emir. *The New mole*: paths of the Latin American left. Trad. Ian Bruce. Londres: Verso, 2011, p. 5.

32 SADER, Emir. *The New mole*: paths of the Latin American left. Trad. Ian Bruce. Londres: Verso, 2011, pp. 6 e 10.

um "novo consenso social"[33] ao redor de um tipo de aprofundamento democrático, a experimentação constitucional realizada na luta antissistema e na invocação do poder constituinte, que discutimos, bem como um compromisso duradouro com a proteção social e com medidas de provisão social editadas na maioria dos países (medidas que governos neoliberais bem sucedidos tiveram cuidado ao desmontar) com o efeito de reduzir a desigualdade, assim como uma tentativa de recuperar alguma autodeterminação econômica. Em todo caso, é prematuro afirmar o "refluxo da maré rosa", como alguns comentaristas se apressaram em fazer,[34] numa época em que os chilenos, pela segunda vez nesta metade de século, embarcam numa tentativa profunda de renovar o socialismo.

---

33 Empresto de GRUGEL, Jean; RIGGIROZZI, Pía. "Post-neoliberalism in Latin America: rebuilding and reclaiming the State after crisis". *Development and change*, vol. 43, 2012.

34 ROJAS, René. "The ebbing 'pink tide': an autopsy of left-wing regimes in Latin America". *New Labor Forum*, Los Angeles, vol. 26, nº 2, 2017.

CAPÍTULO II

CONSTITUCIONALISMO POLÍTICO

O significado do *constitucionalismo político* se baseia constitutivamente na distinção entre poder constituído e poder constituinte (*pouvoir constituant and pouvoir constitué*). O significado de "constituinte", como discutimos no capítulo I, tem raízes na tradição revolucionária, que é o que carrega o *animus* da democracia para a distinção. A dimensão constituinte, em outras palavras, importa a medida irredutível da *potencialidade* como o primeiro polo da distinção constitucional. O outro polo encaminha essa potencialidade de volta aos caminhos do "constituído" e, como tal, captura o momento da *institucionalização*. O constitucionalismo político precisa ser entendido como a *forma* de distinção que mantém os dois polos juntos. A relação entre os dois polos da "distinção constitucional" é dinâmica e "antinômica". Para nos adiantar por um momento, é claramente concedido que o momento constituinte *puro* não atinge qualquer autorreflexão e não encontra expressões não mediadas no constitucionalismo político. Em vez disso, o constitucionalismo político deve ser entendido como uma conquista evolutiva que mantém os dois termos vivos e "cooriginais". A relação da implicação mútua que define o constitucionalismo político envolve a primeira (constituinte) como reservatório das "energias" constitucionais e o último (constituído) como a definição do alcance da reflexividade constitucional, sua medida e limite. O capítulo contém uma análise da noção de reflexividade em sua especificidade institucional ao longo das três dimensões do significado da Constituição Política:[35] na dimensão *social*, a questão é a respeito do objeto que a Constituição nomeia; na dimensão *temporal*, a questão é sobre a capacidade da Constituição de recrutar o passado em suas operações de construção de expectativas para o futuro; na dimensão *material*, a questão é a respeito do limite da *unidade* que o agregaria (todo o sistema legal) como um todo significativo. Esses são os requisitos do limite para atribuir significado constitucional, e é nessa função que eles sustentam todas as expressões de *reflexividade constitucional*.

Veremos tudo isso em mais detalhes no presente capítulo, o que será feito por meio da complementação da distinção constituinte/constituído com outra, mais familiar, a distinção analítica entre *formal* e *substantivo*. E faremos isso para mapear "como o Direito pensa", como Gunther Teubner notoriamente registrou num artigo que, num nível constitucional, convida a um gesto de autorreflexão: "como o Direito pensa sobre si mesmo".[36] Ao longo da dimensão *formal*, a reflexividade *constitucional* se liga às propriedades da Constituição que podem ser identificadas ou descritas como *hierarquia*, *entrincheiramento* ou *racionalização*. Esses são os três elementos familiares da constitucionalidade: uma norma está constitucionalmente *entrincheirada* quando só pode ser modificada por meio de mecanismos de emenda constitucional; a *hierarquia* eleva as provisões constitucionais para acima das atividades ordinárias de regulação legal. A segunda dimensão, *substantiva*, convida a uma ênfase no conteúdo: aqui o que importa

---

35 Para as três dimensões, ver capítulo II de LUHMANN, Niklas. *Social Systems*. Redwood City: Stanford University Press, 1995.

36 TEUBNER, Gunther. "How the law thinks: towards a constructivist epistemology of law". *Law & Society Review*, 1989.

é a forma com que os valores e princípios constitucionais operam no nível constitucional para informar o *significado* das normas em níveis ordinários de produção de leis.

Vamos explorar isso em alguma extensão ao longo deste capítulo e vamos fazer isso em três etapas. Na primeira, vamos voltar a falar algo mais sobre a distinção constitucional, seu significado e implantação e a forma com que isso sustenta a *reflexividade* constitucional. A Constituição Política gira em torno da distinção constitucional, na qual as energias democráticas da autodeterminação coletiva encontram as oportunidades e limites de sua liberação legal. Isso, conforme será argumentado, é uma das articulações das duas que sustentam a mutualidade irredutível. Na segunda etapa, vamos olhar para como a reflexividade é organizada ao longo de sua dimensão formal. Na terceira etapa, vamos olhar como, juntas, as dimensões formal e substantiva fornecem o *significado* do constitucionalismo político como uma conquista de unidade (material), norma (temporal) e autodeterminação (social).

A distinção constitucional

A teoria do constitucionalismo político defendida neste livro toma a distinção entre *poder constituinte* e *poder constituído* como a distinção fundacional do constitucionalismo e se apega a ela não *apesar*, mas *por causa* da tensão entre os dois polos, assimétricos, desalinhados, por vezes contraditórios: cada uma dessas afirmações leva tensão e crise ao conceito de constitucionalismo, mas o faz, como argumentarei, de maneira produtiva. A abordagem costumeira identifica isso como *o paradoxo do constitucionalismo*.[37] Paradoxal no que o poder constituinte parece estar sempre implicado com a forma constitucional, o instituinte já embutido no instituído. O

---

37 Ver a coleção de artigos em LOUGHLIN, Martin; WALKER, Neil (Coord.). *The Paradox of Constitutionalism*: Constituent Power and Constitutional Form. Oxford: Oxford University Press, 2007.

paradoxo consiste nisto: que o poder político *deve* se apresentar como condicionado e, com ele, o poder político só é soberano, por assim dizer, quando não o é. Porque, para ser autorizado, precisa ser imputado na Constituição que estabeleça as condições sobre as quais a vontade popular possa ser expressa como soberana. Direito e democracia são reconciliados apenas por meio da supressão do paradoxo que inevitavelmente impacta a elaboração da Constituição como nunca totalmente constituinte. E por isso que, enquanto teorias constitucionais notoriamente chegam a um impasse nos limites da institucionalização, o quebra cabeça fundamental do pensamento constitucional persiste teimoso.

Vejam a notória dificuldade que o constitucionalismo enfrenta na dimensão social no que diz respeito ao *demos*. O problema para a democracia é que ela não pode retroceder ao seu ponto de partida para perguntar "*quem pertence ao demos?*", porque isso levantaria a questão do mandato de quem é competente para fazer a pergunta. Partindo do importante trabalho de Ernst-Wolfgang Böckenförde, Fernando Atria explica com excepcional clareza: democracia é a ideia de que

> o poder do Estado precisa ser articulado de maneira que tanto sua organização quanto seu exercício derivem da vontade do povo ou possam ser atribuídos a ela. O fato de as regras de atribuição serem parte do que deve ser atribuído ao povo sugere que o povo tem dois modos de ação, que há, podemos dizer, dois conceitos de povo: um conceito institucional e um conceito pré-institucional. Institucionalmente falando, o povo é o que age por meio da operação de normas de atribuição. E pré-institucionalmente falando, o 'povo' é o que deseja essas regras de atribuição.[38]

---

38 ATRIA, Ferdinando. "Living under dead ideas: law as the will of the people". *In*: DEL MAR, Maksymilian; MICHELON, Claudio (Coord.). *The Anxiety of the Jurist*. Londres: Routledge, 2013, p. 103.

As respostas ao paradoxo são conhecidas; são tão inconclusivas quanto exaustivamente ensaiadas. Nos dois extremos estão Carl Schmitt e Hans Kelsen. Para Schmitt, a determinação pré-institucional do "povo" – política, existencial – é o que rompe a ligação dupla, ao entender o coletivo como formação independente e anterior à atribuição. Enquanto, para Kelsen, a atribuição retorna até, hipoteticamente, a posicionar aqueles que efetivamente exercem o poder constituinte como legisladores[39] – ao que Schmitt notoriamente interpõe: mas como Kelsen pode *começar* com uma norma? Note que ambas são tentativas de quebrar o paradoxo do constitucionalismo negando que o povo possa ocupar dois lugares na conjuntura da presença e da representação, sendo tanto agentes quanto sujeitos da atribuição. O povo é, em vez disso, no caso de Schmitt, colocado como origem imanente e concreta e, no caso de Kelsen, extirpado como condição abstrata e transcendental da iteração constitucional.

Mas o que significa dizer que no coração do constitucionalismo tem um paradoxo? E se está relativamente claro *qual* é o paradoxo, o que significa sê-lo? O que significa que o pensamento constitucional se afasta e inevitavelmente retorna ao paradoxo? E já que a Constituição indubitavelmente é, o paradoxo que descobrimos que a infecta deve ser visto como um sinal de teorização inadequada, da teoria constitucional girando em círculos em torno de si mesma? Se não é isso, o que é?

Para começar em algum lugar, vamos propor que só haja paradoxo se ambos os lados da distinção (constituintes/constituídos)

---

39 Para uma leitura excepcional de Schmitt *vis-à-vis* Kelsen, ver Lindahl. Com Schmitt, o constituinte permaneceu imanente na ordem constituída, mas foi tratado como autônomo na *ordem da decisão* que não deveria e não poderia ser reduzida à ordem do constituído. O pensamento democrático da democracia é, então, explicitamente em Negri e implicitamente em Schmitt, a recusa em prostrar a democracia a uma forma, uma forma que, tipicamente no período moderno, recebe sua semiose no idioma jurídico/constitucional, para Schmitt, como *leis constitucionais*.

são operacionalizados ao mesmo tempo, atualizados *in tandem*. Mas se aceitamos que, como observadores, podemos estar apenas em um dos lados da distinção, poderemos ser capazes de resistir à ontologia irrealista da Constituição que a condena ao paradoxo. A Constituição é o lugar do casamento entre Política e Direito, constituinte e constituído, e, portanto, atravessa a distinção, mas só pode ser observada e tematizada a partir de apenas um de seus polos. Mesmo que a razão jurídica consiga sua orientação do constituído, sua razão está enraizada no constituído. Em outras palavras, seu desdobramento é entendido no pensamento constitucional nos termos de soluções *internalizadas* que são produtivas para o e do pensamento constitucional. Em seu impressionante escopo, essas internalizações constituem na variedade de modalidades de acomodação da vontade democrática na razão constitucional.

É nesse sentido, então, que tomamos a distinção *constituinte/constituído* como a *distinção-guia*[40] do constitucionalismo. A distinção constitucional que forma a "distinção-guia" do constitucionalismo político só pode ser atualizada pelo lado do "constituído", e é daí que o constituinte será observado, tematizado e tratado na prática. Os conceitos de referência (e autorreferência) são entendidos, com Niklas Luhmann, no que diz respeito ao "manuseio operacional" de uma distinção que é posta com uma diferença e operada a partir do lado indicado. Uma perspectiva é aos fornecida aos poucos por meio de operações repetidas que atravessam a fronteira. Por meio dessas operações de distinção constituinte/constituído, "re-entra" o campo do constituído. A "re-entrada" permite vislumbrar, e o

---

40 Para a noção de "distinção diretriz", ver LUHMANN, Niklas. "Distinctions Directrices: Uber Codierung von Semantiken und systems". *In*: NEIDHARDT, F.; LEPSIUS, M. R.; WEISS, J. (Coord.): "Kultur und Gesellschaft". *Kolner Zeitschrift fur Soziologie und Sozialpsychologie* (special issue), vol. 27, 1986. Para refletir alguma coisa, para observar alguma coisa, é preciso começar fazendo a distinção, diz Luhmann, e ele designa como *referência* a operação que consiste em dois elementos: distinção e indicação. Uma referência é uma operação que coloca uma distinção e indica um de seus lados.

que é dado pode ser *tematizado* porque agora ele pode ser visto à luz de alternativas.

De que essa descrição contém uma concessão significativa, não há dúvida. Se a distinção constitucional só pode ser lançada a partir do lado indicado (o polo do "constituído"), então o constituinte não atrai nenhuma "*auto*expressão". E, no entanto, há algo de crucial em manter o constituinte correndo ao lado do *animus* democrático. Encontramos isso no capítulo I. Se começamos nossa análise do constitucionalismo político com a *proposta radical* de Negri e seu retorno à tradição revolucionária, não foi para localizar a conquista constitucional nessa proposta e nessa tradição, mas apenas para reivindicar essa potencialidade para a análise. Para indicar, em outras palavras, que a tradição revolucionária carrega o élan que corre *por dentro do constituído* como sua maior possibilidade.[41]

A seguir, vamos desenvolver a análise da reflexividade que é particular à Constituição, explorando a lógica do fechamento normativo e da abertura cognitiva que é específica a ela. Mas, por

41 O que a tradição radical legou ao pensamento do poder constituinte? Em outro trabalho (CHRISTODOULIDIS, Emilios A. *The Redress of Law*. Cambridge: Cambridge University Press, 2021), desenhei essa problemática por meio da erupção da Revolução Francesa, do constitucionalismo radical de Rousseau, na medida em que informava o pensamento dos jacobinos, na medida em que encontrava expressão na "negativa" do pensamento constitucional de Hegel, conforme se desenvolveu na obra de Marx na discussão com a dialética de Hegel: no seu desenvolvimento contínuo da "contradição não oculta" de uma expressão legislativa puro-sangue, por meio do movimento real da Ideologia Alemã, da iconoclastia do 18 Brumário, ao movimento espontâneo, emergente e *autogestionnaire* que deu origem à Comuna de Paris. A tradição do "poder constituinte" seguiu pelo século XX. Primeiro em Weimar, notoriamente com Carl Schmitt na clara contradistinção entre Constituição e leis constitucionais. O povo, para Schmitt, é uma força da natureza, a unidade da presença inicial que é fonte e sujeito da Constituição. Depois, o poder constituinte emerge no discurso do *operaísmo* e *autonomia* do marxismo italiano, especialmente à medida em que o pensamento dá uma "guinada política" com Toronti e Negri.

enquanto, continuamos com a conjuntura improvável do constituinte e do constituído como o local onde o significado constitucional é gerado. No lado do constituinte, temos a libertação e a aceleração do tempo político. No lado do constituído, temos a consequência, a repetição e a fixação constitucional do tempo. Onde, junto com a dimensão *temporal*, o constituinte introduz uma provocação contínua que perturba qualquer determinação ou sedimentação do seu exercício, o constituído insinua dependências de caminhos que dão forma a continuidades. A tensão é produtiva em todas as três dimensões do significado constitucional. No lado do constituinte, temos a presença e as invocações de semelhança e comunidade. No lado do constituído, temos estruturas de representação. Onde o constituinte, junto com a dimensão *social*, expressa desejo por comunidade[42] e evoca "perspectivas-nós" alternativas (identificações na primeira pessoa do plural), o constituído evoca essas semelhanças. No lado do constituinte, na dimensão *material*, temos potencialidade. No lado do constituído, temos as temáticas habituais e variações que reativam terrenos conhecidos. Em tudo isso, é possível discernir uma dialética improvável. Se, como

---

42 O poder constituinte deve ser entendido como "um procedimento absoluto e ilimitado" que não procura expressão institucional, mas deseja o ser social, comunidade. "The desire for community is the spirit and soul of constituent power – the desire for a community that is as thoroughly real as it is absent, the trajectory and motor of a movement whose essential determination is the demand of being, repeated, pressing on an absence". ["O desejo para a comunidade é o espírito e a alma do poder constituinte – o desejo para uma comunidade que é tão real quanto ausente, a trajetória e o motor de um movimento cuja determinação essencial é a exigência de ser, pressionando uma ausência"]. E nisso, sua alusão mais direta à potencialidade, ele cita Aristóteles: "what is potent can be and not be". "Communism is nothing but an activity – an activity and therefore an opening, a radical practical act that connects freedom to desire, desire to sociality, and sociality to equality". ["o que é potente pode ser e não ser". "O comunismo nada mais é do que uma atividade – e, portanto, uma abertura, um ato prático radical que liga a liberdade ao desejo, o desejo à sociabilidade e a sociabilidade à igualdade"]. (NEGRI, Antonio. *Insurgencies*: constituent power and the modern State. Minneapolis: University Minnesota Press, 1999, pp. 23, 24 e 265).

argumentei, o conceito de constitucionalismo político se baseia constitutivamente na distinção entre poder constituinte e poder constituído, a *forma* da distinção que mantém os dois polos juntos é o que pressupõe sua articulação dialética. O polo "constituinte" importa em todos os casos a medida irredutível da potencialidade. O outro polo desdobra essa potencialidade ao longo dos caminhos temporal, social e material do "constituído". É ao segundo polo, o do poder constituído, que nos voltamos agora. Para o conceito de constitucionalismo *político* que este livro defende, começar desse lado da distinção não é para sugerir que o constituído sobredetermina, ou mesmo ofusca, o constituinte, e sim para analisar como o constituinte é sustentado como referência fundacional na modalidade de sua acomodação *imperfeita* da razão constitucional.

Na tradição do constitucionalismo político, a distinção entre Política e Direito, entre vontade e razão, entre democracia e direitos, ou, nas formulações mais abstratas que temos usado, entre poder constituinte e poder constituído, é configurada como uma *assimetria*. Variadas como são as formas com que a *distinção constitucional* é tematizada, a perspectiva constitucional é lançada a partir do ponto de vista do polo do "poder constituído". Como diz Cornelius Castoriadis, a *Constituição imaginária da sociedade* é "algo que só pode ser apresentado na e pela instituição, mas que é infinitamente mais que a instituição".[43] O constitucionalismo político é o nome para a articulação da instituição com dinâmicas normativas mais profundas (Castoriadis, "infinitamente mais"). De fato, o que qualifica essas articulações institucionais como instâncias do constitucionalismo político é a promessa do constituinte que é tida, em todos os casos, como o *vis-à-vis* constitutivo. Na assimetria entre constituinte e constituído, temos tanto a contenção quanto a promessa da política, e, entre as duas, a possibilidade de tração. É por isso que o constitucionalismo político mantém a

43 CASTORIADIS, Cornelius. *The imaginary constitution of society*. Paris: Seuil, 1987, p. 112.

promessa que a assimetria será produtiva: a Constituição oferece dar ao "povo" o vocabulário para fornecer experimentações democráticas enquanto simultaneamente contém e delimita o campo. Se ele atinge ambos imperfeitamente, então é a imperfeição que dá ao constitucionalismo o seu élan: na indeterminação, ele abriga responsividade ao dinamismo do político, mas uma responsividade que permanece dentro do âmbito da razão constitucional.

Isso não é para sugerir que não há variações importantes no âmbito do constitucionalismo político. Mas o que as qualifica como variantes é que, em cada caso, o "constituinte" e o "constituído" são mantidos juntos como estrutura organizadora e é sua conjunção que sustenta o ponto de vista constitucional: é sua articulação que lhes dá jogo, e seu movimento dialético que lhes dá unidade. Em todos os casos, o constituinte gira em torno do constituído, se apega a ele e, de maneira crucial, *retorna a ele*.[44] A dependência da trajetória atrela o constituinte à lógica da instituição que, por si só, lhe confere unidade e expressão. Aqui está a tradição da "*jurisgenesis*", que desdobra a Constituição na contenção normativa contínua de uma comunidade ao longo do tempo (constitucional) contínuo e dá origem à variedade de republicanismos americanos.[45] Também é possível encontrar a integração do constituinte no *diálogo constitucional*, com a virada discursiva. E, claro, *teorias críticas de direitos* comprometidas em manter o constituinte vivo sob a forma de desestabilização, ou, *in extremis*, como "suplemento perigoso",[46]

---

44 Explorei em outras oportunidades a promessa frustrada da Constituição de carregar o constituinte *per se*: CHRISTODOULIDIS, Emilios A. *Law and Reflexive Politics*. Dordrecht: Kluwer, 1998; CHRISTODOULIDIS, Emilios A. "Against substitution: the constitutional thinking of dissensus". *In*: LOUGHLIN, Martin; WALKER, Neil (Coord.). *The Paradox of Constitutionalism*: Constituent Power and Constitutional Form. Oxford: Oxford University Press, 2007.

45 Ver Robert Cover para o trabalho que influenciou a onda de constitucionalismo republicano nos Estados Unidos no trabalho de Bruce Ackerman, Cass Sunstein, Paul Kahn e outros.

46 Principalmente nas variedades dos estudos legais críticos nos EUA.

são também expressões chave da acomodação imperfeita do constituinte no discurso constitucional.

“O proletariado acredita na palavra da burguesia”, declarou Engels em referência direta à Revolução Francesa, aos direitos humanos e ao direito natural burguês. E Ernst Bloch, que o cita, continua: “em sua maioria, a revolução burguesa [de 1789] foi inquestionavelmente mais burguesa que revolução (...), mas ainda assim contém a forma utópica concreta da promessa a que a revolução real pode se apegar”. “Esse é o soldo dos direitos humanos”, “antecipação da humanidade” e “apontando para muito além dos horizontes do mundo burguês”.[47] A análise de Bloch foi uma renovação intrigante da tradição do Direito Natural que anexa a articulação jurídica dos direitos a recursos políticos, éticos e sociais mais profundos. A posição transcendente do Direito Natural retém o “potencial radical do direito” para o presente, valendo-se de uma reivindicação de verdade acima do que o senso comum estabelece como possibilidades existentes. Claro que é preciso cuidado para distinguir aqui a tradição radical do Direito Natural do discurso dos direitos comprometidos com a reprodução de processos dependentes de trocas da formação social.

Também vamos voltar a essas reformulações de esquerda, que são contrapostas à análise mais serena da coimplicação. Imanentes nas formas constituintes, mas transcendentes em sua capacidade de subverter essas formas, essa teoria “crítica” ou “constituinte” do Direito tem que navegar um complexo mar de sutilezas e informar os usos estratégicos do Direito. Mas se há oportunidade estratégica significante nessa interpretação crítica dos Direitos, também há limitações significantes, e implantações estratégicas devem ficar atentas a elas. “Que trapaça colossal”, escreve Marx, em *A Sagrada Família*, “ter que reconhecer, sob a égide dos direitos humanos, a

---

47 BLOCH, Ernst. *Natural law and human dignity*. Cambridge: MIT Press, 1986, p. 174.

sociedade burguesa moderna". Nesse texto, e em muitos outros, Marx não deveria ser interpretado como se tivesse dado aos direitos humanos o papel de *epiphenomena* das relações econômicas. A noção fundacional de que os valores normativos incorporados aos direitos podem fornecer uma linguagem para registrar não apenas a exploração econômica, mas uma degradação mais ampla, e, portanto, fornecer influência para transcender o sistema que os infligiu, está embutida na própria lógica da "crítica imanente" do marxismo. Também no trabalho de Foucault, notória e mais explicitamente em seus últimos trabalhos, existe uma dependência nos direitos como imanentes ao campo da luta política, e trabalhos recentes importantes entraram nesse rico campo.[48] Existe, de fato, um caminho bastante percorrido na política constituinte dos direitos.

O argumento a ser evitado na discussão da assimetria e da não coincidência é que o reino das instituições (a dimensão do poder *constituído*) é o que dá tração ao *constituinte*. A tração e a antinomia é o que informa o pensamento constitucional *crítico*. Não há nada de óbvio, espontâneo ou garantido nessa articulação ou operação: o pensamento constitucional crítico requer imaginação, ambição, compromisso político e lealdade. O que for conquistado politicamente por meio dessas implantações não deveria ser prontamente negociado, e as conquistas do constitucionalismo político devem se prevenir, primeiro, contra seu próprio colapso sem deixar vestígios no quadro institucional e, depois, contra a deformação mercantil do constitucionalismo – que será explorada mais adiante – e as expansões suaves de que ela se aproveita para a delimitação de direitos, a comensuração de valores constitucionais, o diálogo constitucional imaterial e a fácil *jurisgenesis* da "constitucionalização" do Direito Global.

48 Para Ben Goulder, "as invocações de direitos [de Foucault] são estratégicas nesse sentido incongruente, pois estão situadas nos espaços de formação política, mas pretendem resistir e ir além dessa formação, transcendê-la" (GOLDER, Ben. "Foucault's critical (yet ambivalent) affirmation: three figures of rights". *Social & Legal Studies*, vol. 20, 2011, p. 295).

Para o restante do capítulo, vamos usar a distinção formal/substantivo com uma rota útil para analisar o constitucionalismo. O termo "formal" como aplicado à Constituição captura a dimensão interna, a maneira pela qual suas regras legais de meta-nível de reconhecimento, jurisdição, mudança etc. organizam o desdobramento do discurso jurídico. No típico gesto de autorreferência que está na raiz de tudo, elas permitem que o Direito "pense sobre si mesmo", como dissemos antes. Mas o alcance interno da autorreflexão e a implantação do pensamento constitucional buscam suas oportunidades de fora: o que sistemas adotam como seus ambientes. É apenas essa "outro-referência" que permite a autorreferência: afinal, a jurisdição depende de *algo* estar em necessidade de ser regulado, conceitos jurídicos precisam estar atrelados a *temáticas* no mundo, a personalidade precisa encontrar seu *sujeito de atribuição e trato*, direitos precisam representar *interesses* etc. É aqui que a dimensão "substantiva" orienta o pensamento constitucional (mais precisamente, "metodologia") para o "conteúdo". A distinção dentro/fora desdobra as operações do Direito, tornando os dois lados possíveis nesse desdobramento, interno e externo, formal e substantivo, *atualizados em conjunto*.

Se o substantivo nomeia a "travessia" – do Direito *até o que* ele se refere – não podemos e não devemos perder de vista sua intrínseca conexão com o formal. Olhada como uma questão de reflexividade constitucional, a relação entre os lados formal e substantivo da implantação da razão constitucional, diz respeito a *como o Direito estrutura a si mesmo internamente para estruturar seu alcance conceitual no mundo real*, ou o que podemos identificar mais especificamente como seu ambiente social e político. E, assim como a dimensão formal envolve o processo que estrutura os caminhos internos que dão expressão à razão constitucional, a dimensão substantiva envolve as formas da *junção estrutural* do Direito com seus ambientes político e social, nos quais as *seleções de significado* podem ser parcialmente menosprezadas e implantadas para construir padrões mais estáveis de referência a esses ambientes.

Precisamos tratar disso aos poucos ao longo da rota da metodologia constitucional com foco específico na lógica da referência, com vistas a entender como as operações jurídicas na primeira-ordem são controladas na segunda-ordem, no nível constitucional, na forma com que são estruturadas, emolduradas, sancionadas e pensadas. E, assim, como o significado constitucional é gerado nas dimensões sociais, materiais e temporais. Isso, conforme argumentarei, é o que a teoria dos sistemas pode oferecer ao pensamento constitucional, que, em face da globalização, está varrendo conquistas constitucionais.

A dimensão formal da Constituição Política: hierarquia, entrincheiramento, racionalização

Por que a teoria constitucional hoje acha tão extraordinariamente difícil enfrentar seu problema de identidade e responder à pergunta "o que é a Constituição"? As respostas que conhecemos vão desde um *a priori* teórico a suposições insustentáveis sobre cultura constitucional, a contrastes fracos de soma zero entre o constitucionalismo político e o jurídico e a delineamentos fracos e provisórios expressos numa linguagem de tantos pluralismos e de constitucionalismo rasteiro, que todos se rendem à dimensão política da Constituição e traem tudo aquilo de que ela tão obviamente fala: unidade, enquadramento, entrincheiramento, fundamento, imutabilidade, orientação e racionalismo.

Vamos dizer, sem rodeios, que constitucionalidade é o termo para descrever como uma lei se relaciona com outras esferas – política, econômica etc. – é sempre, constitutivamente, mediada e acompanhada pela autocompreensão. Isso torna a autorreferência fundamental e, com ela, a constitucionalidade uma condição tanto para a abertura da lei a outras esferas quanto, ao mesmo tempo, seu próprio fechamento como sistema (complexo). Sistematicidade não antecede a abertura a outras esferas. Na teoria dos sistemas, o sistema jurídico é apenas um sistema *vis-à-vis* um ambiente, e nesse vis-à-vis, autorreferência e outro-referência são atualizadas *in tandem*. É isso que dá à auto-observação da lei (ou constitucionalidade, como estamos chamando) forma e significado.

Primeiro, vamos nos livrar rapidamente da circularidade inútil de se teorizar "constitucionalismo legal" como se estivesse em oposição ao "constitucionalismo político". Está claro, e vai ficar ainda mais claro quando analisarmos a implantação autorreferencial da razão constitucional, que todo constitucionalismo é jurídico, e não pode ser nada além disso. Nas teorias em que o contraste é implantado, a pretensão é conotar uma oposição entre constitucionalismo político, em seus sobretons "democráticos", e a "juristocracia"[49] da adjudicação dos direitos pelas cortes constitucionais. O contraste deu origem a milhares de variações. Basta dizer que é um erro categórico reduzir o constitucionalismo à função da adjudicação como questão de *construção teórica*. É quando as análises centradas nos tribunais elevam suas ambições ao nível da teoria do constitucionalismo "jurídico" que elas enfrentam questões que são categoricamente incapazes de responder. Se os tribunais atuam como "guardiões" da Constituição, se defendem seus compromissos fundamentais, ou se aumentam ou esgotam as formas democráticas de conduzir a política são questões contingentes, e não definidoras. Escolha apenas um desta miríade de exemplos: o que significa celebrar a Suprema Corte dos EUA como a personificação da razão constitucional na esteira do Citizens United?[50] Esses casos normalmente deixam tontos os constitucionalistas teóricos americanos, sempre em busca de argumentos *ad hominem* sobre juízes virtuosos, do tipo de Brennan, Holmes ou Warren, ou

---

49 HIRSCHL, Ran. *Towards juristocracy*: the origins and consequences of the new constitutionalism. Cambridge: Harvard University Press, 2009.

50 *Citizens United v. Federal election commission*. 130 US Sup. Ct 876 (2010).

imaginários, como Hércules.[51] Da construção teórica à competição institucional de soma zero entre tribunais e legisladores, o "constitucionalismo jurídico" se deleita com sua introversão sufocante.

Em vez disso, vamos perseguir uma teoria do constitucionalismo político que é jurídica, com a radicalidade de que a noção da autorreferência leva à formulação, e na qual tanto direitos quanto o discurso democrático exercem um papel. Esse é um entendimento do constitucionalismo que se configura com a democracia como seu *vis-à-vis* específico e, portanto, *precisa* navegar sua referência ao ambiente político e ao desafio da democracia, sem a qual não teria nada a observar, nada a tematizar e nenhum lugar para ir. Remover o constituinte da equação é privar o pensamento constitucional da distinção que o fundamenta. Como este se comportou historicamente no constitucionalismo político moderno pode ser mais bem observado, para começar, nas dinâmicas da coevolução dos sistemas político e jurídico no contexto do Estado-nação. Para Luhmann, constitucionalismo é a reação à diferenciação funcional entre um sistema político e um sistema jurídico que não podem mais ser identificados entre si, subordinados um ao outro ou incorporados a alguma hierarquia sob um direito natural abrangente de governar. A *conquista evolutiva* da Constituição surge com a positivação do Direito e da democratização da política sob as condições da modernidade. Isso ocorre num ponto crucial da

51 Alternativamente, o empreendimento é apoiado, numa veia mais "pragmática", por argumentos suplementares, ainda que anêmicos, sobre a capacidade dos tribunais constitucionais, conforme Frank Michelman, de "captar vozes das margens" ("Law's Republic". *Yale Law Journal*, vol. 97, 1988) e onde tais argumentos são descartados até mesmo pelos teóricos da inclusão discursiva – Habermas, por exemplo, brinca: "Michelman is apparently guided by the intuition that the discursive besiegement of the Court by a mobilized society gives rise to an interaction that has favourable consequences for both sides" (HABERMAS, Jürgen. "Constitutional democracy: a paradoxical union of contradictory Principles?" *Political Theory*, vol. 29, 2001, p. 73) – o pragmatismo é carregado no afastamento do ideal em direção ao "consenso bem fundamentado".

coevolução dos subsistemas diferenciados do Direito e da política, quando a autodeterminação democrática do "povo" se torna atrelada à semântica do Estado-nação e se expressa em seu Direito.

A "articulação" entre os sistemas político e jurídico que acabo de descrever cai no que Luhmann chama de "*performance*". Numa tricotomia chave – *função, performance, reflexão* – que organiza o campo da diferenciação funcional, *performance* é o termo que captura a contribuição de um subsistema funcional à autorreprodução de outro. Na coevolução da política e do Direito por meio da Constituição, as formas da ligação estrutural que a última oferece apoiam a *performance* mútua do sistema. Se *performance* descreve a interface intersistêmica, *função* descreve a relação que cada sistema funcionalmente diferenciado tem com o sistema geral da sociedade.[52] *Reflexão*, finalmente, vira a observação para dentro, como intrassistêmica à reprodução do próprio sistema.

Vejam a combinação de "*performance*" e "reflexão", que é fundamental aqui: a dependência recíproca (*performance*) dos sistemas político e jurídico além da fronteira e sob o signo da Constituição é sempre medida pela autorreferência (*reflexão*). Os sistemas não se prestam a sínteses proporcionais. Em suas mútuas referências cruzadas por meio da fronteira sistêmica, as comunicações sistêmicas se juntam em torno de conceitos comuns, mas

---

52 Com a "virada autopoiética" em sua teoria, a sugestão de Luhmann para a função do Direito é que ele seja visto em conjunto com a "the exploitation of conflict perspectives for the formation and reproduction of congruently generalized behavioural expectations" (LUHMANN, Niklas. "The third question: the creative use of paradoxes". *JL & Society*, 1988, p. 27). O Direito alcança a ordem "'using the possibility [better: occasion] of conflict for a generalisation of expectations in temporal, social and substantive aspects" (LUHMANN, Niklas. "Distinctions Directrices: Uber Codierung von Semantiken und systems". *In*: NEIDHARDT, F.; LEPSIUS, M. R.; WEISS, J. (Coord.). "Kultur und Gesellschaft". *Kolner Zeitschrift fur Soziologie und Sozialpsychologie* (special issue), vol. 27, 1986, p. 121), uma formulação também ecoada em LUHMANN, Niklas. *Law as a Social System*. Oxford: Oxford University Press, 2004.

o alinhamento de significado é sempre, e só poderia ser, interno a cada um dos sistemas. As referências de uns aos outros (hétero-referências) dependem de vocabulários projetivos, significantes que transitam entre os sistemas. Significativamente, para a teoria da reflexividade desenvolvida aqui como implantada no constitucionalismo político, o conceito de poder constituinte é uma referência organizadora chave entre os dois sistemas.

Luhmann insiste que a Constituição, em sua função de assegurar a junção dos dois sistemas ao longo do tempo, é uma conquista *improvável*. O que a faz improvável é o fato de que, para garantir sua junção, os sistemas precisam se adaptar e organizar seus próprios recursos semânticos *adequadamente*, para que as estruturas de expectativa possam ser reproduzidas de maneira estável, e não aleatória, embora seus próprios vocabulários projetivos, sensores e ativações só possam se aproximar de outras construções sistêmicas em seu ambiente. O conceito da "adequação" de um sistema, ou (sua própria interna) "complexidade adequada", captura e mede a *ressonância funcional*. Como Thornhill explica, a ressonância se centraliza no "elemento funcional adaptativo que o elemento político da sociedade moderna gera para si mesmo, como meio pelo qual o sistema político 'simplifica' e 'ordena adaptativamente sua estrutura funcional".[53] A Constituição sustenta uma junção do Direito com a política que é reproduzida ao longo do tempo em ambos os sistemas. "Improvável", como dissemos, porque exige que cada sistema ajuste sua própria complexidade interna adequadamente para garantir a ressonância funcional ao longo da fronteira sistêmica com um sistema em seu ambiente, que ele não pode controlar ou prever. A forma de junção, que, como parte do desempenho de cada sistema, garante a reprodução estável de ambos, se chama "junção estrutural" e tem um papel chave na teoria dos sistemas. Com a "junção estrutural", um sistema funcional pode

53 THORNHILL, Claude. "Contemporary constitutionalism and the dialectic of constituent power". *Global Constitutionalism*, vol. 1, 2012, p. 376.

tratar certas estruturas em seu ambiente como certas e confiar nelas. No nível operacional, a junção do Direito com a política, expressa como sua *performance*, envolve sua junção numa base contínua. Desse modo, o sistema jurídico impacta na função do sistema político, que é a reprodução da sociedade por meio do *processo coletivo de tomada de decisão*, decisões tomadas sob um pano de fundo de posições conflituosas. Ao mesmo tempo, o sistema jurídico depende do sistema político (entre outros) para fornecer (coletivo) perspectivas de conflito que permitirão a ele cumprir sua função de generalizar expectativas normativas na sociedade. Ambos os sistemas dependem um do outro e precisam pressupor certas estruturas cognitivas e normativas como chave para o seu funcionamento, o que eles não podem produzir por si mesmos. As formas duradouras de junção estrutural sustentam o "desempenho" nessas "conjunturas". Diferenciação e junção, função e *performance*: categorias-chave para sustentar e manter a reprodução da sociedade como organizada e implantada sob a égide do constitucionalismo político.

Já nos referimos brevemente às três dimensões do significado de "constitucional". Na dimensão *social*, a questão está sobre as posições-sujeito que a Constituição nomeia e desdobra. Na dimensão *temporal*, a questão está na habilidade da Constituição de invocar o passado na operação de vincular expectativas ao futuro. Na dimensão *material*, no limite da *unidade* que o reúne (o sistema jurídico) como um todo significativo. Esses são os requerimentos-limite para atribuir significado constitucional, porque associamos à Constituição as funções constitutivas de prover unidade ao sistema jurídico, de ligar normativamente certas expectativas-chave para o futuro e de nomear o sujeito da soberania popular. Nesse sentido, elas são formas essenciais de *reflexividade constitucional*, pois a Constituição organiza seu alcance reflexivo em termos de como o sistema opera sua dupla referência a si mesmo e ao seu ambiente. *Combinar* as dimensões é chave, porque o significado não pode *aparecer* em apenas uma dimensão. E, embora eles possam ser "analisados separadamente", diz Luhmann, "eles *aparecem juntos* em comunicações significativas".[54]

Já enfatizamos que, no constitucionalismo *político*, a construção de sentido é efetuada contra o horizonte do constituinte. Isso pode ser observado nas três dimensões. Na medida em que a questão *temporal* pergunta como as expectativas constitucionais do presente podem unir passados constitucionais com a abertura radical para o futuro; na medida em que a dimensão *social* envolve a questão do eu da "autodeterminação" e da soberania popular; na medida em que a questão *material* envolve a conquista da unidade para um sistema que renova a si mesmo por meio da contingência aberta da legislatura democrática, mas precisa reter sua identidade ao longo do tempo; então, em cada caso, essas perguntas são feitas nos termos da junção estrutural entre Direito e política. Em cada caso, é a contingência *política* que precisa estar sob controle jurídico, o sujeito político para encontrar expressão. A estrutura esperançosa do Direito, no contexto do constitucionalismo político, o coloca na direção do imaginário democrático/político, e está constitutivamente ligado à distinção constituinte/constituído.

Observe como a distinção opera a dimensão material onde, como em todos os sistemas sociais, estão incluídos *todos os temas* da comunicação significativa. Aqui, a construção do significado

---

54 O *locus classicus* da discussão de Luhmann sobre a construção de significado continua sendo o segundo capítulo de LUHMANN, Niklas. *Social Systems*. Redwood City: Stanford University Press, 1995, pp. 74, 86 e 89: "If meaning is complex enough, [material references] must adapt themselves to complicated interdependencies with temporal and social meaning references". But this joint appearance should not detract from the fact that "specific semantics [to each] have emerged to regulate performances of differentiation – above all a semantics of time, (...) and a semantics of the social". ["Se o significado é complexo o suficiente, [as referências materiais] devem adaptar-se a interdependências complicadas com referências de significado temporal e social". Mas essa aparência conjunta não deve desvirtuar o fato de que "semânticas específicas [a cada] surgiram para regular as performances de diferenciação – sobretudo uma semântica do tempo, (...) e uma semântica do social"].

equilibra a exposição do sistema jurídico ao ambiente do qual ele recolhe informação, que é sua própria necessidade controlar, conter e tornar produtivo o elemento de surpresa que encontra ali. O alcance temático precisa ser variado o suficiente para garantir capacidade de resposta, enquanto mantém, a todo tempo, o limite da *unidade* que o juntaria – isto é, o sistema legal – como um todo significativo, uma esfera de contingência controlada nos turbulentos ambientes de alta complexidade em que ele precisa estar. O que está em jogo é o que pode ser juridicamente comunicado a respeito do ambiente de forma que mobilize os recursos semânticos do Direito para estender seu alcance semântico, mas que também permite internamente a geração de significado por meio do alinhamento de temas com critérios jurídicos de relevância, com as combinações de significados que eles permitam (e as que excluam).

Vejam a *hierarquização primeiro*: dizer que pensar sobre a Constituição envolve a distinção entre a criação de normas de níveis de primeira e de segunda ordem certamente não é novidade. Mesmo para os teóricos ligados à tradição pragmática do *Common Law*, contrária à arquitetura conceitual das jurisdições civis, existe concessão a uma forma básica de sistematicidade. Notoriamente, entre os teóricos jurídicos dessa tradição, a descrição de H. L. A. Hart do Direito como "a união de regras primárias e secundárias" envolve a articulação de primeira e segunda ordens, uma hierarquização que organiza o Direito como sistema. Regras "secundárias" para Hart estão "num nível diferente das regras primárias, pois só dizem respeito a essas regras".[55] A importância dessas regras está em sua relação com as regras primárias como regras do sistema: elas desempenham, assim, a elementar *função constitucional* de estabelecer critérios de identificação e seleção de regras como *estruturas* do sistema específicas ao sistema. Elas dobram o sistema sobre si mesmo ao estabelecerem critérios de

---

55 HART, H. L. A. *The concept of Law*. Oxford: OUP, 1961, p. 92 (grifo do autor).

identificação, ou "reconhecimento", incluindo também regras de mudanças que orquestram como a unidade do sistema consegue manter sua identidade ao longo do tempo. Constitucionalidade está aqui, para Hart, na condição de possibilidade de um sistema jurídico, e a supostamente notória "circularidade" do argumento – o "reconhecimento" é efetuado por atores já sempre "reconhecidos" como capazes de garanti-lo – é, na verdade, a condição inevitável de cada sistema que opera por meio da autorreferência.

Se a hierarquização, ou seja, a articulação de níveis, fundamenta a constitucionalidade como condição para o sistema jurídico em Hart, ela chega a expressões altamente sofisticadas na história jurídica continental. Para Kelsen, o mais sistemático dos filósofos, a constitucionalidade subjaz a imputação, estabelece a memória constitucional, dá validade e, com isso, confere *sentido jurídico "objetivo"* a atos subjetivos que, no processo, são selecionados como elementos do sistema. Que ele precisa de uma hipótese como pontapé inicial (a *Grundnorm*) é, como já vimos, uma característica inevitável da autorreferência que, em algum ponto, precisa romper com a tautologia fundamental que é o Direito e que valida o Direito. Luhmann tem pouco interesse pela *Grundnorm* de Kelsen, essa "construção desnecessária e improvável". Para Luhmann, a positividade do Direito é inerente à circularidade no sentido de que o Direito é o que ele diz que é. A tautologia fundamental do sistema jurídico, conforme ele descreve, é que "o Direito é o Direito porque é o Direito".[56] Essa tautologia é "explorada" pelo próprio Direito para criar abertura cognitiva e, desse modo, responsividade a um mundo em transformação, no verso do fechamento normativo que o fundamenta *como* positividade, garantindo sua independência de qualquer instância "super reguladora" como a moralidade, a razão ou a natureza, e baseado somente em sua própria autorreferência. A geração de significado na base do que é

---

56 LUHMANN, Niklas. *Law as a Social System*. Oxford: Oxford University Press, 2004, p. 168.

"reconhecido" como conteúdo jurídico positivo e "conferido como sentido jurídico objetivo" por meio das "cadeias de validação" e subsunção a normas superiores é uma expressão chave do que, no sentido da dimensão formal da constitucionalidade, é identificado como *racionalização*.

Para entender a *racionalização* como uma função formal da constitucionalidade, precisamos analisar a implantação dos *conceitos-chave* de *papéis, programas e valores. Papéis* são abstrações que permitem à personalidade legal se tornar ponto de morada e atribuição de ação no sistema legal. A correção do comportamento é retirada do contexto pessoal e interpessoal e fixada no nível impessoal, nível em que as regras fundamentam a normatividade das expectativas da ação individual por meio de critérios impessoais de correção que deslocam a referência pessoal (ou interpessoal). *Programas* corrigem expectativas por meio de *regras*, que se separam em duas categorias: orientadas por objetivos e condicionais. Em um programa condicional, a condição é estipulada e mantida invariável para que, toda vez que essa condição seja percebida como preenchida, as consequências anexadas a ela sejam ativadas. Essa é a forma de programação mais típica ao Direito, a fórmula "se A, então B". Já num programa de objetivos, o sistema escolhe um objetivo e o usa como regra para selecionar as causas que o ocasionem. No nível constitucional, programas tipicamente selecionam e ativam *valores*. Como parte da programação orientada a objetivos, o valor fornece orientação. Já quando se trata de programação condicional, um valor normalmente desempenha o papel de um *limite negativo*, na forma, por exemplo, da proibição da violação da dignidade, da liberdade de expressão etc.

Mas, por mais que a proteção constitucional possa assumir a forma de limites negativos, é errado confinar a reflexão constitucional à função limitadora. A dimensão da racionalização impõe demandas muito maiores de reflexão constitucional. De fato, se nos concentrarmos na dimensão intrassistêmica dos valores constitucionais, veremos uma figura muito diferente. A função da Constituição é lidar com a interdependência de conceitos, regras e valores de forma a preservar a coerência e organizar o Direito como um sistema. E isso envolve mais do que os limites da observação. As generalizações do Direito sob a forma de papéis, programas e valores são mutuamente dependentes e determinam umas às outras reciprocamente: papéis são operacionalizados por meio de regras ou se tornam pontos de atribuição por meio de regras e valores, e regras dependem da existência de autodescrições, como os papéis.[57] Regras ativam valores, que "carregam" (no sentido de fato operacional) diretamente ou dependem para sua interpretação na programação de objetivos. Além disso, a revisibilidade depende do fato de que algumas expectativas se mantêm constantes como a espinha dorsal estruturante que permite ao sistema dar sentido à mudança. Conforme o Direito evolui, papéis, programas e valores mudam e, além disso, sua interação dinâmica e interdependência também mudam. O surgimento da racionalidade formal e o desenraizamento das relações jurídicas de seu contexto *Gemeinschaft* pré-moderno, bem como a reversão dessa tendência evolutiva na era "pós-liberal", são refletidas em uma renegociação de *valores* (certeza e justiça) mutuamente reforçada, uma mudança na *programação* (um recuo do condicional e uma expansão da programação de metas) e uma "rematerialização" dos papéis (da personalidade jurídica inclusiva a *loci* mais concretos de atribuição de direitos e deveres).

Agora, esse é um léxico que abrange a sociologia do Direito como um todo, e me refiro a ele apenas para defender um argumento bem menor. O de que a unidade do Direito, como articulado e assegurado no nível da Constituição, opera para reincorporar as generalizações e distinções de um sistema jurídico entre níveis em contextos sempre novos. Claro que, no processo, haverá forças centrífugas que prejudicam a unidade do Direito. Usos divergentes da discrição e interpretações inconstantes dos direitos são

57 LUHMANN, Niklas. *A sociological theory of law*. Londres: Routledge & Kegan Paul, 1985 [1972], p. 70.

precisamente forças centrífugas desse tipo. *Mas heterogeneidades desse tipo exigem agregações em níveis mais altos*, e é isso que a constitucionalidade alcança. Contra esse movimento de diferenciação há uma força de "*redundância*" presente, argumenta Luhmann, que define os limites da variação "tolerável" – para o sistema. A unidade do Direito depende dessa reunião de novos elementos. Elementos vão aparecer "incongruentes" ou não teriam valor de informação para o sistema: informação requer que o sistema seja "surpreendido" de alguma forma. Mas a Constituição se junta a essa variedade em torno de suas categorias e descrições existentes, que são reincorporadas conforme o sistema jurídico segue e são reincorporadas nos termos da interação dinâmica de níveis (papéis, programas, valores): a Constituição precisa garantir unidade ao sistema jurídico para assegurar que ele vai ser reproduzido *como um. E valores desempenham um papel significativo e crucial nesse processo, fortalecido pela recursão e adquirindo valor de orientação para o sistema.*

Mais especificamente, Luhmann toma o termo "*redundância*" emprestado da teoria da informação para denotar a tendência do sistema de reduzir seu elemento surpresa interno. Um sistema exibe redundância "na medida em que se sustenta no processamento de informações sobre o que já é conhecido (...). Cada repetição torna a informação supérflua, o que significa, simplesmente, redundante".[58] O sistema jurídico é primordialmente uma ordem redundante. Ao processar informação baseado no que já é conhecido, ele se sustenta e assimila de maneira autorreferencial o que é novo ao que já existe.

> Casos que exigem decisão são casos concretos e isso significa que são diferentes uns dos outros. Eles provocam o sistema a reconhecer suas diferenças. A argumentação pega essa provocação e a transforma em redundância [em termos de

---

58 LUHMANN, Niklas. "Legal argumentation: an analysis of its form". *Modern Law Review*, 1995, p. 291.

> programas e regras] que são testadas, condensadas e confirmadas em relação a um maior número de aplicações possível. A argumentação evidentemente opta pela redundância, pela economia de informações e surpresas.[59]

Ao "optar pela redundância" ("optar" porque *poderia* ser de outra forma), a argumentação jurídica reativa irresistivelmente terrenos conhecidos. Informação se torna confirmada em operações subsequentes e, gradualmente, fica entrincheirada em autodescrições, adquirindo valor de orientação para novos argumentos e valor de condensação para o sistema. Claro que a assimilação não pode ser completa. O sistema precisa reagir a um ambiente em transformação, e, para isso, "*variedade*" entra em campo. Significativamente, a prática de *distinguishing* [distinção] e *overruling* [superação total] "ocasionalmente inventa novos [terrenos] para alcançar posições nas quais o sistema pode, a partir de pouca informação nova, entender até rápido qual é seu estado e para que estado está indo".[60] A razão pela qual ele requer um "esforço especial" para se livrar da redundância do sistema e expandir sua imaginação é que o sistema tende a "reduzir sua própria surpresa a uma quantidade tolerável e permite a informação apenas como diferenças adicionadas em pequenas quantidades ao fluxo de garantias".[61] Em tudo isso, e marcando o momento da unidade, há uma certa racionalização de "*acúmulo*" em torno de princípios organizadores. A unidade do sistema é fortalecida por meio da redundância, e inversamente prejudicada – e em casos limite até erodida – se os novos atos de interpretação não puderem mais ser imputados de volta aos seus princípios organizadores. E é sobretudo aqui que

---

59 LUHMANN, Niklas. "Legal argumentation: an analysis of its form". *Modern Law Review*, 1995, p. 291.

60 LUHMANN, Niklas. *Law as a Social System*. Oxford: Oxford University Press, 2004, p. 291.

61 LUHMANN, Niklas. *Law as a Social System*. Oxford: Oxford University Press, 2004, p. 291.

se manifesta a *função constitucional*. A função constitucional é necessária se o equilíbrio entre redundância e variedade for preservado como produtivo para o sistema, permitindo a ativação de terrenos conhecidos em toda expansão a novos territórios. Um equilíbrio precisa ser encontrado nas duas frentes: externamente, porque, de outro modo, o sistema jurídico perde sua capacidade de resposta; e internamente, porque precisa manter sua unidade, minimizar incongruências, erros e interpretações divergentes. É uma minimização necessária para que cumpra sua função e dê estabilidade de expectativas.

Estamos em terras constitucionais conhecidas aqui.[62] Mas o que isso nos diz das duas questões fundamentais, sobre como entender (i) a generalização das expectativas *constitucionais* na dimensão material, e (ii) a relevância, nesse contexto, de constitucionalismo *político*.

(i) Vamos reiterar que a função constitucional na dimensão material tem a ver com a gestão da unidade do sistema – um sistema que precisa conduzir seu desenvolvimento em um ambiente complexo que tem um impacto centrífugo sobre ele porque o pressiona a desenvolver variações internas para enfrentar novas eventualidades. Se a geração de heterogeneidade exige agregações em altos níveis, como dissemos, a resposta constitucional envolve o realinhamento entre os níveis de generalização: realinhamentos *estritos* de conceitos e regras a programas e valores. Regras precisam mobilizar conceitos jurídicos de maneiras consistentes, e, com a ajuda desses conceitos, distinções podem ser armazenadas e disponibilizadas a um grande número de decisões. Para Luhmann,

---

62 Isso é dito, por exemplo, por DWORKIN, Ronald. *Law's Empire*. Londres: Fontana Press, 1986 como o requisito de adequação que impulsiona e contém as interpretações construtivas do direito para manter sua integridade, um compromisso amplamente esquecido pelo próprio Dworkin no posterior *Justice for Hedgehogs*, e claramente perdido na celebração da proporcionalidade por seus epígonos.

conceitos compõem informação, assim produzindo a redundância requerida pelo sistema. Mas esses conceitos também precisam se submeter a condensações mais acima na hierarquia de normas. Afinal, "a estrutura referencial de objetos ou temas significativos só podem ser usados na forma condensada. Sem essa condensação, o fardo da seleção seria grande demais para operações de conexão".[63] O uso repetido se condensa em *autodescrições* que adquirem valor de orientação no sistema e permitem o surgimento de complexidade estruturada. Vimos mais cedo neste capítulo como a "reflexão" implanta autodescrições para "desenvolver" a autorreferência na direção do conhecimento do ambiente. Talvez *a coisa mais importante* a se apegar ao longo da dimensão material é que a unidade mantém juntos, em uma ordem definida, níveis mais altos de valores e níveis mais baixos de programas e, em seguida, conceitos, pelos quais "pluralidade está relacionada à unidade como simbolizada por ela".[64] A ordenação assegura que os níveis mais altos informam a interpretação em níveis mais baixos, tanto positivamente, no sentido de fornecer os critérios de determinação, quanto negativamente, no sentido de estabelecer limites além dos quais a interpretação não pode ir. O alinhamento final aos valores antecipa e predetermina o manejo do sistema com seu ambiente, sua capacidade de ressonância, sua receptividade à mudança, sua adaptação e "aprendizagem".

(ii) Qual é o significado dessa insistência na unidade para o constitucionalismo *político*? Isso pode ser apreciado em contraste ao constitucionalismo que é *reativo*. O modo reativo, com a prioridade que dá ao ajuste, vem às custas do que o domínio *normativo* sobre a estrutura constitucional tem sobre o futuro. O modo reativo retira seu significado preventivo e, na melhor das hipóteses, trata

---

63 LUHMANN, Niklas. *Social Systems*. Redwood City: Stanford University Press, 1995, p. 96.

64 LUHMANN, Niklas. *Social Systems*. Redwood City: Stanford University Press, 1995, p. 93.

os valores como limites negativos, como vimos, embora, também aqui, esses limites negativos sejam cada vez mais frequentemente inseridos em processos de otimização e balanceamento, à medida que a constitucionalidade se torna cada vez mais proporcional. No capítulo IV, em referência a valores, vamos acompanhar o desmoronamento das conquistas constitucionais nas modalidades "constitucionalização", pluralismo constitucional e proporcionalidade, nas quais, em sua modalidade reativa, a Constituição simplesmente vem sancionar as distribuições de mercado. É isso que, conforme será argumentado, subscreve o domínio do "constitucionalismo de mercado". O que o constitucionalismo *político*, em contraste, ainda tem a oferecer à dimensão material é a racionalização dos elementos díspares sob sistemas de valores como generalizações simbólicas que são democraticamente sancionadas e normativamente mantidas como uma questão de escolha política e comprometimento, informando a contenção normativa da sociedade política. Os valores, então, equipam as expectativas incorporadas em programas e funções, *antecipadamente com limites normativos*, imunizam essas expectativas do "aprendizado" e as projetam como à prova de decepções no futuro, para superar descontinuidades, alinhá-las aos valores, selecionar e reter referências que se prestam à generalização de acordo com esses valores; em uma palavra, dar forma à potencialidade[65] em uma veia normativa.

A referência a expectativas que são à prova de decepção e, portanto, normativamente vinculantes, nos remete ao último elemento da dimensão formal da Constituição, que é o entrincheiramento. A distinção crucial que define a normatividade – "o que quer dizer quando as expectativas são vivenciadas com a qualidade do 'devia

---

65 A diferença entre identidade e diferença é instituída por meio da diferença entre atualidade e potencialidade, "para controlar a última dentro das operações da primeira" (LUHMANN, Niklas. *Social Systems*. Redwood City: Stanford University Press, 1995, p. 66).

ser'?"[66] – não é entre a normatividade e o factual – o "devia ser" contra o "é" –, mas entre a normatividade e o cognitivo. Normatividade envolve o pré-compromisso, a determinação de uma expectativa de futuro que não vai ser desacreditada se não for, de fato, atendida. Expectativas normativas são, nesse importante sentido, à prova de decepção. Aqui, Luhmann, em seus primórdios, em *Sociology of Law*:

> As expectativas são vivenciadas e tratadas como cognitivas quando se adaptam à realidade em caso de decepção. Para as expectativas normativas vale o oposto: que não devem ser rejeitadas se alguém age contra elas (...). A expectativa é fixa e qualquer discrepância é mantida contra o ator (...). Assim, as normas são expectativas comportamentais estabilizadas contrafactualmente (...). O símbolo do "devia ser" expressa primordialmente a expectativa de tal validade contrafactual.[67]

Se as expectativas à prova de decepção são o que caracteriza sistemas normativos, o Direito, como subsistema funcional da sociedade, "reivindica um uso específico da normatividade para si".[68] O Direito garante a confiabilidade das expectativas normativas organizadas e respaldadas constitucionalmente. Esse é o significado de *entrincheiramento*. Quanto à dimensão temporal do significado constitucional, o foco é na habilidade da Constituição de convocar o passado em suas operações de vinculação de expectativas para o futuro, e no processo de garantir a unidade do sistema jurídico. Isso envolve um uso especificamente constitucional da normatividade.

---

66 LUHMANN, Niklas. *A sociological theory of law*. Londres: Routledge & Kegan Paul, 1985 [1972], p. 23.

67 LUHMANN, Niklas. *A sociological theory of law*. Londres: Routledge & Kegan Paul, 1985 [1972], p. 33.

68 LUHMANN, Niklas. "Distinctions Directrices: Uber Codierung von Semantiken und systems". *In*: NEIDHARDT, F.; LEPSIUS, M. R.; WEISS, J. (Coord.). "Kultur und Gesellschaft". *Kolner Zeitschrift fur Soziologie und Sozialpsychologie* (special issue), vol. 27, 1986, p. 27.

A essência da normatividade é que ela envolve o pré-compromisso de se atrelar a uma expectativa de futuro que não vai ser desacreditada se não for, de fato, atendida. O Direito opera por meio de provisões que são vinculantes para o futuro, isto é, não são de forma alguma *testadas* pelos atos que determinam. A normatividade das expectativas é sustentada no nível constitucional de segundo nível. A Constituição fornece um tipo de normatividade de segunda ordem por meio da qual as expectativas normativas podem ser esperadas normativamente sob condições reconhecíveis e sistematicamente estipuladas. Ela garante e subscreve a *estruturação do tratamento da normatividade.*

Mas a diferenciação relativamente fácil entre expectativas cognitivas e normativas fica mais complexa quando olhamos para a distinção nos níveis de primeira e segunda ordens. "Existem quatro combinações possíveis com reflexividade de dois níveis".[69] No nível da segunda ordem, não podemos esperar expectativas nem normativas nem cognitivas, normativamente *ou* cognitivamente. Isso é enormemente significativo para a nossa discussão sobre o constitucionalismo político e sua diferença do constitucionalismo de mercado. E embora a mudança daquele para este só vá se manifestar inteiramente no capítulo IV, já podemos identificar aqui, ao longo da dimensão temporal, o tamanho das apostas.

Se a função das expectativas normativas é fornecer estabilidade em face a eventos discrepantes, como podemos entender decepções de *segunda ordem no nível constitucional* que podem forçar os sistemas normativos a mudar suas distribuições de "normações" (termo de Luhmann) e, portanto, a aprender? Dissemos que a Constituição fornece o tipo de normatividade de segunda ordem por meio da qual as expectativas normativas podem ser normativamente esperadas. Mas estruturas também podem ficar

---

69 LUHMANN, Niklas. *A sociological theory of law*. Londres: Routledge & Kegan Paul, 1985 [1972], p. 39.

"decepcionadas", diz Luhmann, e por uma boa razão, quando não conseguem atingir (tudo é, obviamente, funcional o tempo todo com Luhmann) um equilíbrio adequado entre a entrega de uma "complexidade suportável" na especificação de problemas (o domínio cognitivo) e sua adequação em termos de providenciar estabilização e continuidade (o domínio narrativo). Em situações nas quais não faz mais sentido se apegar a expectativas narrativas, a estrutura das expectativas deve ceder ao *aprendizado constitucional*. Isso vai envolver a receptividade no nível da estrutura, longe de um apego normativo teimoso a expectativas normativas para a sustentação cognitiva de expectativas normativas, abertas ao aprendizado e à adaptação.

Vale notar que Luhmann apresenta a questão do "aprendizado constitucional" como uma questão de *adequação* constitucional. A seguir, o que ele escreveu 1972, dois anos antes da celebração arrebatadora de Hayek do "mercado como procedimento de descoberta". Em 1972, ainda era cedo para a mudança do atacado para o cognitivo, que é a marca do sucesso do paradigma de mercado. E, embora depois ele vá associar a globalização a uma mudança definitiva do normativo para o cognitivo, os primeiros trabalhos ainda refletem uma ambivalência importante:

> A sociedade pode regular a retenção de um compromisso entre as necessidades de adaptação à realidade e as expectativas por meio dessa diferenciação [entre normativa e cognitiva]. Pode institucionalizar as expectativas comportamentais como cognitivas e não censurará seus membros por sua adaptação das expectativas à realidade da ação enquanto predominar o interesse pela adaptação. Ela transferirá as expectativas para a esfera normativa e as articulará lá se a segurança e a integração social da expectativa forem a prioridade máxima.[70]

---

70 LUHMANN, Niklas. *A sociological theory of law*. Londres: Routledge & Kegan Paul, 1985 [1972], p. 34.

Luhmann vai acrescentar que "riscos estruturais também vão aumentar com o aumento da complexidade da sociedade e esse aumento deve ser enfrentado pela diferenciação ampliada entre expectativas cognitivas e normativas.[71] E, embora o critério do equilíbrio ainda *não* coincida com o "interesse em se adaptar", uma curiosa linguagem de "risco" e de imperativos ("deve ser enfrentado") convida ao julgamento sobre qual é a resposta *adequada* ao aumento da complexidade: se é continuar a tratar a segurança da expectativa como "prioridade máxima" ou se é para mudar para o apego cognitivo a expectativas normativas.

A questão que surge de maneira crucial para uma defesa do constitucionalismo político, e para uma teoria constitucional *crítica* mais genericamente, é: como *sabemos* que somos confrontados com uma falha em alcançar um equilíbrio adequado? Lembre-se que a distinção entre expectativas normativas e cognitivas não foi desenhada semanticamente, mas funcionalmente, como uma solução ao problema de como lidar com a adequação das estruturas expectativas. E a distinção, como vimos, está relacionada ao tratamento da experiência da decepção. O problema também se relaciona ao limite no qual a expectativa normativa consistentemente decepcionada não é mais mantida, mas desacreditada. Todas essas foram questões que a função constitucional de manter normativamente as expectativas normativas pretendia bloquear. O valor do escalonamento constitucional de níveis foi justamente o de evitar que a decepção de uma expectativa se transformasse em descrédito da estrutura. Por exemplo, se trabalhadores normativamente sustentam que não vão ser demitidos se a greve é protegida por lei, eles não esperam que o resultado da greve seja a revisão do sistema da proteção trabalhista. Algo contou como decepção, dada a operação de redução ao nível da estrutura. Para a estrutura ceder diante da decepção das expectativas que fornece,

---

71 LUHMANN, Niklas. *A sociological theory of law*. Londres: Routledge & Kegan Paul, 1985 [1972], p. 34.

normalmente ela não dá conta da forma como entendemos seu funcionamento como constitucional.

Exceto que, às vezes, ela dá. E quando dá, os efeitos costumam ter amplo alcance. Está claro a essa altura por que a questão da *adequação* é uma questão normativa. Porque é uma questão normativa de se, por exemplo, estamos preparados para permitir que a proteção constitucional do trabalho ceda e aprenda com os mercados, como aconteceu com efeito devastador na Europa,[72] ou se, nos termos de Luhmann, tratamos "a segurança e integração social da expectativa como prioridade máxima", como um compromisso firme com as estruturas de expectativas, mesmo quando elas colidem com a otimização do mercado. Mais genericamente, a questão-chave que surge no nível constitucional de seleções é como combinar normatividade e cognição, ou como combinar entrincheiramento e "aprendizado", e é aqui que a exigência de um constitucionalismo *político* seja que a combinação só possa ser decidida democraticamente, que os valores democraticamente arraigados como constitucionais não sejam submetidos à recalibração do mercado, o que significa também que a normatividade no nível de segunda ordem seja defendida contra a "veridicção" do mercado.

A dimensão substantiva da Constituição Política: a questão dos valores constitucionais

Das três funções "formais", é a última, *racionalização*, que mais claramente se conecta à dimensão substantiva da reflexão constitucional, na qual *valores* desempenham papel crucial. O uso de valores constitucionais, formalmente entrincheirados como uma

72 Para a enormemente importante, e devastadora, forma de "aprendizado constitucional" nesse campo, ver a quadra de decisões de Leval/Viking do Tribunal de Justiça em 2007 e 2008. Ver, entre tantos, FREEDLAND, Mark; PRASSL, Jeremias (Coord.). *Viking, Laval and Beyond*. Londres: Hart Publishing, 2014.

questão de decisão política e postos hierarquicamente acima do processo ordinário de Direito, racionaliza o campo da aplicação do Direito. A Constituição, em outras palavras, pode desempenhar a função de racionalização em virtude de valores constitucionais. Eles são tipos de depósitos hermenêuticos que precisam de determinação antes que possam ser aplicados: os valores precisam ser fundamentados, o abstrato precisa ser tornado concreto nas ocasiões particulares de sua aplicação.[73] Como ponto de regresso normativo dentro do discurso constitucional, valores são onde a razão constitucional encontra sua fonte, e, portanto, função como limite do alcance da razão constitucional. Ao mesmo tempo, valores constitucionais delimitam o alcance do que pode contar como uma seleção válida. O que transcende seu limite escapa à autorização constitucional. Conforme prosseguirmos, vamos introduzir o conceito de *dogma* de forma mais completa para capturar algo do seu status "axiomático" no pensamento constitucional. O senso, em outras palavras, no qual os valores constitucionais não são negociados como tais. O que permanece negociável são suas fundamentações. Elas são, em algum sentido, as fundações que tornam o raciocínio institucional significativo. Ainda vamos voltar a esse ponto difícil e controverso.

É nesse contexto de valores que podemos discutir de maneira útil a *dimensão social* da Constituição. Como já dissemos, a dimensão social do significado da constitucional diz respeito a posições de sujeito que a Constituição reconhece, os pontos de *atribuição* e *direção da subjetividade* no Direito. Questões de

---

73 A ideia de *determinatio* (de Aristóteles) capta a lógica da fundamentação, na direção de como esses princípios se concretizam. O pragmatismo da fundamentação é o que conhecemos e praticamos como Direito. *Determinatio*, na bela simplicidade de sua pura direcionalidade, captura a conexão entre fornecer julgamento (com conteúdo) e fornecer contornos e limites para o que pode contar como interpretação razoável. Para uma reflexão mais aprofundada, ver CHRISTODOULIDIS, Emilios A. *The Redress of Law*. Cambridge: Cambridge University Press, 2021.

representação e presença são cruciais aqui, nos termos do processo ativo de formação de vontade. O outro lado da dimensão social são os valores constitucionais que subtendem a *proteção social* garantida aos cidadãos pela Constituição. Claro que, como são abstratos, esses valores, de *dignidade* e *solidariedade*, ainda precisam ser fundamentados, concretizados, dado presença institucional e forma organizacional. A esse respeito, outros dispositivos de seleção precisam ser mobilizados por meio de raciocínio prático, e, normalmente, a proteção legal da personalidade, autonomia e liberdade individual, bem como instituições de proteção social e seguro social, e a gama de direitos sociais e econômicos cumprem esse papel em relação a ambos os valores. Direitos sociais são particularmente importantes para esses dispositivos, exigindo maior concretização por meio de seleções na prática do discurso constitucional e da jurisprudência.

Na tradição britânica, o principal ponto de referência nessa discussão é a palestra seminal proferida por Thomas Marshall depois da Segunda Guerra, sobre *Cidadania e classe social*, na qual Marshall sugere que entendamos a continuidade entre categorias de direitos como contribuições à realização da "cidadania".[74] Ele argumentou que sucessivas ondas de direitos – civis, políticos e sociais – devem ser concebidas ao longo de uma trajetória contínua como marcadores da luta da sociedade para conter e *superar* o significado constitutivo de classe. As democracias liberais, argumentou Marshall, haviam sustentado, em grande parte de maneira análoga, três ondas de direitos: direitos civis e de propriedade para garantir direitos de propriedade e *habeas corpus*; depois, direitos políticos de participação no processo político; e, finalmente, direitos sociais e econômicos para proteger as pessoas dos caprichos e custos da operação dos mercados. O argumento de Marshall para a continuidade de gerações de direitos foi entendido como um meio

---

74 MARSHALL, T. H. "Citizenship and social class". *In*: ______. *Sociology at the crossroads and other essays*. Londres: Heinemann 1963 [1949].

para superar as indignidades e as lesões da sociedade de classes. Porque, para Marshall, a forma de continuidade que culmina nos direitos sociais pode ser *relida através* das gerações anteriores para perturbar as distribuições recebidas e as posições de classe sancionadas pelos direitos de propriedade, *por meio* de direitos políticos. Direitos políticos, pelo menos no que diz respeito a esse argumento, estão ligados aos esforços do "poder político de substituir, suplementar ou modificar operações do sistema econômico para alcançar resultados que o sistema econômico não alcançaria sozinho, (...) guiado por valores diferentes daqueles determinados pelas forças de mercado". Para o desdobramento dialético de direitos, cada geração promete um momento de transcendência. Há uma mensagem clara em Marshall contra a prioridade das alocações de mercado e uma síntese que projeta de volta, ao longo do caminho de sua culminação, uma lógica diferente de distribuição: aqui, a dialética sequencial torna-se *transversal*. Para o "radical" Marshall, portanto, a continuidade é "antinômica" – a passagem de uma geração de direitos para a próxima não é suave. A passagem força a reconceitualização de como gerações anteriores eram entendidas. Até isso se transformar em direitos sociais, a cidadania é reformulada em novas bases: em um "sistema secundário de cidadania industrial", a atividade sindical assume "o disfarce de uma ação que modifica todo o padrão de desigualdade social".[75]

Um exemplo prático útil nos leva de volta ao direito de fazer greve. Talvez encorajado pela jurisprudência recente e pela nova mentalidade constitucional do Tribunal Constitucional Europeu (TJUE), o grupo de empregadores na Organização Internacional do Trabalho (OIT), numa manobra que criou um impasse prolongado, contestou a interpretação consolidada da Convenção 87 e a jurisprudência de décadas da OIT de que a proteção constitucional da liberdade de associação se estende

75 MARSHALL, T. H. "Citizenship and social class". *In*: ______. *Sociology at the crossroads and other essays*. Londres: Heinemann 1963 [1949], p. 28.

ao direito de fazer greve.[76] Eles argumentaram que a liberdade de associação se refere ao direito individual de o trabalhador se filiar a um sindicato e não se estendia a proteger a ação coletiva (industrial). Observe a clareza com que os paradigmas coletivista e individualista divergem aqui para ficar cada um de um lado dessa disputa. Entendido como um direito *social*, a liberdade de associação se junta a categorias democráticas e coletivas e é, portanto, indissociável do direito de fazer greve como a expressão democrática-coletiva de seu exercício. Como direito *individual*, a liberdade de associação está ligada ao direito de o indivíduo se associar (ou não se associar) e é, de fato, hostil à expressão democrática coletiva e, em última análise, na medida em que possa prejudicar os acordos coletivos e o sindicalismo, um movimento claro para "dessocializar" a liberdade de associação. Reunir os direitos e suas interpretações aqui não alcança nada além de uma insidiosa comensuração, e o direito, como direito social, em linha com o argumento de Marshall, precisa ser entendido e exercido como a culminação – ou "síntese" – pela qual o aspecto individual, portanto político, do direito de associação recebe seu significado completo no nível de sua realização como um direito social, e como reinstauração, nesse nível, dos valores de solidariedade e dignidade.

Nessa conjuntura, estão inscritos tanto os direitos políticos de formação coletiva da vontade *quanto* os direitos sociais de solidariedade. Da leitura "radical" de Marshall, duas coisas seguem para o constitucionalismo político e ambas levam a demandas modestas, mas intransigentes. A primeira é que uma sociedade política estende aos seus membros o laço de solidariedade por meio da institucionalização de direitos (socioeconômicos) os quais vão permitir que levem vidas dignas. "A ternura da demanda mais

---

76 Para uma discussão detalhada, ver LA HOVARY, Claire. "Showdown at the ILO? A historical perspective on the employers' group's 2012 challenge to the right to strike". *Industrial Law Journal*, vol. 42, 2013.

vulgar", como escreveu Adorno, "de que ninguém mais passe fome".[77] A segunda é que a solidariedade move as pessoas a agirem coletivamente, e, na medida em que as solidariedades se formam também em níveis intermediários (em torno do trabalho, profissões, práticas), a demanda é que a formação democrática da vontade seja reconhecida e apoiada também em níveis intermediários. Pelo resto deste capítulo, vamos analisar essas conquistas de um constitucionalismo político que (a) trate a demanda da solidariedade social como inextricavelmente ligada ao político e (b) reconheça associação e formação democrática da vontade em níveis intermediários. A primeira conquista é medida justamente nessa questão da adequação como questão de solidariedade, dignidade e satisfação das necessidades sociais. No que se refere à segunda, o constituinte mantém vivas na dimensão social as aspirações gêmeas de autolegislação e de comunidade. Em outras palavras, mantém vivo o ânimo democrático e solidário do pensamento constitucional.

A demanda por solidariedade social

Ninguém menos que Hannah Arendt empresta seu considerável peso ao esforço teórico a imunizar o processo político de demandas sociais-materiais. Para Arendt, inabalavelmente, uma sociedade repleta de necessidades só deveria ser representada no nível político como independente delas, ou seja, a prática política precisava ser desvinculada da "questão social". Democracia, "ação em concerto", "mundanismo" se tornaram significantes por meio dos quais o vocabulário projetivo constitucionalista se dirigia ao "social" para suplantá-lo: a democracia reproduzindo a legitimidade do sistema político a partir de uma cuidadosa excisão da questão da satisfação das necessidades sociais. O que aparece como resultado de um exercício classificatório (contradistinção entre trabalho e ação)

77 ADORNO, Theodor W. *Minima moralia: reflections on a damaged life*. Londres: Verso, 2005 [1951].

em *A Condição Humana* é revisitado em tons mais agudos em *Da Revolução*. Não é apenas para Arendt, claro, que essa evasão vital do social. Ela está em boa companhia. Claude Lefort, num retiro do esquerdismo de seus primeiros anos, sincronizado com Castoriadis, apresenta a política como um espaço vazio[78] para protegê-la de forças sociais que poderiam sobrecarregá-la. Notoriamente, "a referência a um espaço vazio (...) implica a referência a uma sociedade sem nenhuma determinação positiva, a qual não pode ser representada pela figura de uma comunidade". E, um ano depois, de maneira menos memorável, ele escreveu: "apenas a inteligência do político [*du politique*] pode nos tirar da rotina positivista em que a teoria marxista e as ciências sociais têm nos mantido".[79]

Contra esse esvaziamento do político, sua reformulação em uma forma pura de construção de mundo livre de materialidade e necessidade, nossa própria defesa da Constituição Política não contradiferencia o político do social, mas trata a Constituição social como constitutivamente ligada ao político como questão de sua *devida compreensão*. "Devida", porque o que se realiza nos direitos sociais, nas instituições de proteção social e na dignidade do trabalho e no atendimento das necessidades sociais são os valores constitucionais da solidariedade e da dignidade entendidos como os próprios *fundamentos dogmáticos* do Direito.

O termo é encontrado no importante livro *Homo Juridicus*, de Alain Supiot, que o empresa de Pierre Legendre. Supiot identifica a conquista da razão jurídica como aquilo que providencia o meio simbólico compartilhado que *liga* as pessoas por meio da "interposição

78 LEFORT, Claude. *Democracy and Political Theory*. Minneapolis: University of Minnesota Press, 1988 [1986], p. 226. Para a formulação de Lefort da instituição da democracia do *locus* do poder como um "espaço vazio", ver . LEFORT, Claude. *Democracy and Political Theory*. Minneapolis: University of Minnesota Press, 1988 [1986], pp. 16-19; LEFORT, Claude. *The Political forms of modern society*. Cambridge: Polity, 1986, p. 303.

79 LEFORT, Claude. "L'oeuvre de Clastres". *In*: ABENSOUR, M. (Coord.). *L'esprit des lois sauvages*. Paris: Seuil, 1987, p. 190.

de significado compartilhado" entre elas.[80] É aqui que Supiot situa a função antropológica do Direito, o que marca a ambição do trabalho. O que o Direito consegue, por meio das sociedades e da história, é gerar formas desse laço, a partir das quais também gera uma reciprocidade que repousa sobre obrigações assumidas. "Ligar" e "interpor", reciprocidade e obrigação: palavras que, para Supiot, sustentam, no nível fundacional, o significado de "humano" e "comum" *in tandem*.

O ponto-chave nisso tudo, para Supiot, é que *a razão jurídica se desdobra dentro de um conjunto de valores que decreta como pressupostos fundamentais para si*, e ela já pressupõe os conceitos-chave mobilizados como uma premissa profunda, fundamentação ou razão. Estas não podem ser desafiadas sem desfazer a ordem simbólica do Direito, e é por isso que, nesse nível profundo, Supiot usará o termo "dogma" para expressar o que é "axiomático" sobre eles. *Dogma* nomeia o que não pode ser transcendido e não pode ser destruído sem uma perda radical de significado. Para Supiot, o Direito como hermenêutica social procura restaurar um vocabulário adequado ao campo da associação humana, com base em seus próprios recursos autônomos e diferenciados, e a função de seu termo *interdição* capta bem isso. Interdição é um termo que carrega um equívoco produtivo, já que, por um lado, *resiste*, *origina e interrompe* e, por outro, medeia: *inter-dicts*. "Interdição" nos leva de volta ao poder da linguagem não apenas como uma ferramenta – embora, é claro, seja isso também –, mas como algo em comum, e antagônico, para Supiot, aos diversos reducionismos do imaginário constitucional à lógica da instrumentalidade e à lógica do preço, em particular às variedades de "Direito e economia", com suas concomitantes quantificações de valor que colapsam a razão jurídica em um idioma que não é seu. Diante de reduções ou simplificações na troca generalizada de *commodities*, a razão jurídica, Supiot faz questão de argumentar, recupera o "senso de medida", que é antes de tudo uma "medida humana".

---

80 SUPIOT, Alain. *Homo Juridicus*: on the anthropological function of the law. Trad. Saskia Brown. Londres: Verso, 2007, p xxiv.

Que seja dito novamente que o diagnóstico do que sejam medida e implantação "adequadas", bem como qual seja o limite adequado, qual o "desempenho" adequado, qual "assimetria", qual "funcional" contra quais "sobreposições" são todas questões com forte peso normativo. Elas vão se tornar gradativamente centrais para a nossa discussão conforme for ficando mais claro como o movimento em direção à globalização ameaça a conquista que é o constitucionalismo político, e o ameaça, podemos agora dizer, por meio da destruição de sua fundação distintiva da hermenêutica e do valor para os quais emprestamos o termo *dogma* para descrever. Se o constitucionalismo político nomeia uma conquista distinta da *ratio juris*, é porque, como já ficou claro, uma discussão mais ampla está escorada na diferenciação do Direito. Se há algum perigo em ultrapassar as "fronteiras" que recortam o domínio funcionalmente diferenciado da sociedade, é porque as patologias daí resultantes marcam uma diminuição da capacidade de atuar no campo relevante e de proteger os valores que dizem respeito à sociedade. A diminuição da capacidade acarreta também custos, em termos de inclusão de diversos atores e de sua experiência de perda de sentido. Questões carregadas de ressonância normativa se prendem a esses equilíbrios e à sua manutenção adequada, e este é caso aqui em particular, no qual, sob as pressões da globalização e a pressão para aumentar as taxas de retorno do capital global, o Direito não consegue resistir. Nossa preocupação aqui é como isso impacta o constitucionalismo na dimensão social, com ênfase na *associação e na solidariedade*.

Em seu sentido jurídico original que data do Direito romano, *solidariedade* era o termo para o que era efetivamente uma técnica de considerar corresponsáveis todos aqueles que tiveram alguma participação na produção de certo risco.[81] Esse significado acabou generalizado com o advento do Estado Social, que introduziu a junção dos riscos de existência e deu à solidariedade a forma

---

81 SUPIOT, Alain. "Grandeur and misery of the social state". *New Left Review*, vol. 82, 2013, p. 99.

organizacional da seguridade social e dos serviços públicos, para os quais se contribui conforme os próprios recursos e se usufrui conforme as necessidades. Que a crise do Estado Social marque hoje o declínio da solidariedade como forma *organizacional*, não marca, para Supiot, também seu declínio como recurso dogmático. Afinal, "o Estado Social é simplesmente um momento na história das solidariedades humanas, que assumiram múltiplas formas, nenhuma delas definitiva ou garantida".[82] Isso porque a solidariedade sustenta e mantém a razão jurídica de forma que nunca se esgota por nenhuma de suas instanciações (organizacionais). No nível da capacidade organizacional e da experimentação institucional, haverá renovação e renegociação. Mas o que não é renegociável é o valor constitucional, da solidariedade, com o qual será medida qualquer solução e qualquer novidade.

A esse respeito, o dogma desempenha uma função hermenêutica. Ela fornece as condições de inteligibilidade e, ao mesmo tempo, marca o limite a partir do qual a *hermeneia* é desfeita. Essa noção do ponto limite é, como já dissemos, importante. Pode-se pensar em dogma como aquilo que impede a passagem para um registro diferente para medir a adequação das soluções do Direito. Que a solidariedade pode se render a considerações de eficiência, e seu significado seja perdido. Em vez disso, é o gesto de autorreferência por meio do qual *o Direito volta sua reflexividade para si mesmo como dogma* que resiste às "verdades" de conjuntos externos de critérios, como os da eficiência dos mercados e o pensamento da ação racional. Já exploramos a oclusão autorreferencial da lei que marcou o que há de específico na reflexividade constitucional, expresso nas modalidades de entrincheiramento, hierarquização e racionalização (acima). Agora, e nos termos da última das três funções, a solidariedade como *valor constitucional* orienta a interpretação teleológica e sistemática. Ela fornece às suas instanciações

---

82 SUPIOT, Alain. "Grandeur and misery of the social state". *New Left Review*, vol. 82, 2013, p. 99.

particulares na prática jurídica um significado que de fato estará aberto à reinterpretação, mas também marca o ponto a partir do qual nenhuma dessas (re)interpretações pode ficar sem dar lugar ao significado do valor. Em termos de sua realização institucional, a solidariedade sublinha a proteção social e do trabalho e a obrigação da seguridade social, respaldando-as juridicamente como forma de responsabilidade objetiva. As formas que o apoio institucional pode assumir são negociáveis, mas o valor que a forma institucional apoia, não. Não precisamos ir, na função de instanciação, proteção e garantia institucionais, além da observação das fontes de vulnerabilidades que formam as especificidades da solidariedade *vis-à-vis*. Compreender a solidariedade como fundamento do Estado Social e o compromisso fundador de mutualizar os riscos da existência através da proteção social é apreciar o gesto que entende a valorização societal como irredutivelmente coletiva, onde mesmo os menos expostos aos riscos têm um dever de responsabilidade, uma vez que participam como beneficiários da totalidade da produção social.

Solidariedade e dignidade estão, portanto, na raiz da Constituição Política, porque, como seus *recursos dogmáticos*, são o que a *ratio juris* sustenta em virtude de seu próprio desdobramento. Existe, sem dúvida, um aspecto normativo no uso do conceito da Constituição Política, e não há aqui a pretensão de se esquivar do pleno alcance normativo do uso de conceitos, ou seja, de que a contestação normativa contamina o sentido dos conceitos, exigindo julgamento sobre a adequação de seu desdobramento e sua adequada extensão. Mas mesmo seguindo o caminho da análise funcional, esses recursos mais profundos do significado constitucional devem ser observados em qualquer explicação funcional do que é adequado, porque é claro que a adequação não pode ser determinada independentemente de um registro normativo. Sejam abordados sob um modo normativo, sejam abordados por um modo funcional, os recursos dogmáticos da Constituição Política mantêm o que o dissidente marxista Ernst Bloch notoriamente chamou de "*ortopedia* do porte ereto", que, para ele, "apontava para muito além das tradições do mundo burguês".[83] Em todos os casos, a retirada e a contração dos valores constitucionais da solidariedade e da dignidade são um sinal de patologia profunda do pensamento constitucional. E, na medida em que, como aspirações, eles informam o poder constituinte de uma sociedade para a autodeterminação coletiva, derrubam a distinção constitucional na raiz da Constituição Política.

Contra os caprichos da atividade mercantil, a solidariedade reformulada como recurso "dogmático" instala, na raiz da razão constitucional, certa inquestionabilidade: constitucionalizar a solidariedade sob as formas de direitos sociais e sócio-materiais, de proteção social e seguro social significa, no mínimo, introduzi-la como interdição axiomática e inegociável. E mesmo que ela fosse exagerar a função do constitucionalismo social para sugerir que já *resolveu* a contradição entre democracia e capitalismo, já apresentou capacidade demonstrável de proteger a democracia dos excessos capitalistas, imbuindo de força as instituições democráticas *dentro* da economia e permitindo o reconhecimento do papel constituinte da virtude na economia. É apenas um sintoma da expansão patológica do pensamento do mercado total que, para entender e teorizar a economia por meio de categorias democráticas e morais, ela é apenas vista como algum tipo de erro de categoria, ou se encerra nas "verdades" *a priori* do pensamento de ação racional. Voltaremos a isso também. Vamos apenas dizer que, quando George Herbert Mead falou na "construção da hipótese da reforma social" como a aplicação da inteligência ao controle das condições sociais,[84]

---

83 BLOCH, Ernst. *Natural law and human dignity*. Cambridge: MIT Press, 1986, p. 174.

84 "In social reform, or the application of intelligence to the control of social conditions, we must make a like assumption, and this assumption takes the form of belief in the essentially social character of human impulse and endeavor. We cannot make persons social by legislative enactment, but we can allow the essentially social nature of their actions to come to expression under

ele estava falando da economia como uma expressão da vida *democrática* e da política social como reconhecimento recíproco de vulnerabilidade e dependência, e certamente não estava se referindo às banalidades do pensamento de ação racional.

As expressões mais concretas, mais práticas, da importância de manter os recursos dogmáticos da Constituição social, e não permitir que eles mudem, são evidentes. Elas se manifestam particularmente na forma com que sociedades reagem a formas extremas de exposição ao mercado e à introdução da competição no centro da organização social. É a reação que Karl Polanyi notoriamente descreveu como "movimento duplo", identificado por ele como a reação quase espontânea das forças sociais a formas extremas de mercantilização dos elementos constituintes da sociedade: natureza, trabalho e dinheiro. A questão do atendimento das necessidades sociais mais básicas e o escândalo de seu aprofundamento e ampliação em meio à produção de riqueza sem precedentes continuam sendo aspectos fundamentais da questão constitucional. No constitucionalismo sul-americano, ela reaparece como "a prioridade do social",[85] que teve um retorno espetacular mais proeminentemente no Brasil, com o Bolsa Família, o controle de preços impostos à comida e à eletricidade no campo, o aumento sistemático do salário mínimo, as garantias de emprego formal etc. É claro que os programas de reforma das décadas de 1980 e 1990, com o aperto dos orçamentos e a contração fiscal, significaram que a proteção social se enfraqueceu e que os recursos disponíveis para distribuir na sociedade diminuíram. Mas as sociedades reagiram a essa diminuição de uma forma que se baseia significativamente no ideal político de solidariedade. E, na medida em que tantas das novas Constituições no continente decidiram entrincheirar os

---

conditions which favor this" (MEAD, George H. "The working hypothesis *in* social reform". *American Journal of Sociology*, vol. 5, 1899, p. 370).

85 SADER, Emir. *The New mole*: paths of the Latin American left. Trad. Ian Bruce. Londres: Verso, 2011, p. 53.

direitos sociais, seria interpretar mal a implementação da proteção social chamá-la de mero gesto compensatório. Aqui, cito o livro *A Nova Toupeira*, de Emir Sader: "desprezar esses mecanismos como 'assistencialistas' é reducionista e não entende o significado de transformar as vidas de 50 milhões das pessoas mais pobres do Brasil, dando a elas acesso, pela primeira vez, a bens e formas de consumo essenciais para uma vida digna".[86]

Democracia e associação

Se a solidariedade como valor dogmático é o que fundamenta a dimensão social do significado da Constituição, a satisfação das necessidades sociais é uma de suas dimensões fundamentais. A outra é como ela informa a habilidade de agir coletivamente quando mobilizada na prática constitucional como *associação*, como representação e como implementação das posições de fala coletivas e formas de ação. "Autodeterminação coletiva", capacidade coletiva de ação, a formação e consolidação de "perspectivas-nós" e posições de fala são todas informadas e sancionadas pelo valor constitucional da solidariedade. Um exemplo fundamental disso é o campo do trabalho. A virtude necessária para uma associação sustentável se transfere para instituições e práticas-chave no campo do trabalho, e aqui a solidariedade informa as relações de reciprocidade das quais dependem sistemas complexos de cooperação econômica e nos quais a negociação democrática está no centro das decisões sobre a distribuição de dificuldade. No campo do trabalho coletivo, a ação é sancionada constitucionalmente sob as formas de liberdade de associação, de participação da gestão democrática das empresas (onde essas instituições de democracia econômica estão disponíveis), de negociação e de greve. Em tudo isso, há um vínculo que pode ser traçado entre a defesa do modelo associativo

86 SADER, Emir. *The New mole*: paths of the Latin American left. Trad. Ian Bruce. Londres: Verso, 2011, p. 56, nota 8.

de democracia e o que poderíamos chamar de constitucionalismo corporativista. É aqui talvez mais evidente que muito pode ser aprendido com a experiência constitucional da América Latina e sua herança *corporativista*.

Na Europa, o constitucionalismo corporativista[87] tem uma longa tradição. É uma tradição separada (as duas principais linhas floresceram na Alemanha) que compreende tanto o constitucionalismo da social-democracia associativa, comumente associada a Otto von Gierke, quanto, muito mais tarde, o "constitucionalismo econômico", no sentido que Hugo Sinzheimer e Franz Neumann deram ao termo. No modelo associativo pluralista, a ênfase está em dar proteção constitucional às *associações intermediárias*. Para von Gierke,

> teorias do Estado estavam longe de reconhecer o Estado como a personalidade organizada do povo. E o mais importante, nenhum deles permitia a existência de intermediários autossubstantivos com o *status* de semelhanças menores entre indivíduo e Estado. De pontos de vista que vão de Hobbes a Rousseau, todos eles se declararam contra qualquer agrupamento independente separado dentro do Estado e, portanto, contra o direito dos cidadãos à livre associação.[88]

Com a noção de "comunhão", von Gierke reorientou o pensamento democrático contra qualquer "afinidade natural" da "relação de sangue" ou da "unidade externa" do paradigma de soberania, e na direção da noção da "união livre" das "associações populares

---

87 Empresto o termo de THORNHILL, Claude. "The rise and fall of corporatist constitutionalism: a sociological thesis". *In*: PINTO, Antonio C. (Coord.). *Corporatism and Fascism*: the corporatist wave in Europe. Londres: Routledge 2017, embora a minha se distancie da análise dele. Ver THORNHILL, Claude. *The sociology of law and the global transformation of democracy*. Cambridge: Cambridge University Press, 2018, p. 146.

88 VON GIERKE, Otto. *Community in historical perspective*. Cambridge: Cambridge University Press, 2002, p. 116.

de baixo", emergindo das solidariedades intermediárias e dos "atos constitutivos conscientes de associação voluntária".[89] O exemplo posterior de constitucionalismo corporativista surge na esteira da Primeira Guerra Mundial na Europa, e o surgimento de novas formas de participação política baseadas em classes que lutaram para obter reconhecimento constitucional, em condições em que "os Estados não tinham as formas organizacionais para absorver a intensificação, muitas vezes conflitantes, demandas de diversos grupos".[90] Durante os primeiros anos de Weimar, temos a insistente demanda por integração dos movimentos trabalhistas organizados na tomada de decisão política, como proposto pelos constitucionalistas de esquerda da República de Weimar, com a figura imponente de Sinzheimer entre eles. Em nenhum caso encontramos um alinhamento suave entre as formas políticas e jurídicas. E, no entanto, ainda há muito o que aprender aqui em termos de como as dinâmicas complicadas foram direcionadas sob o signo do constitucional, e as discordâncias constitucionais sobre o artigo 165 da Constituição de Weimar demonstram isso. Sinzheimer viu a solução constitucional da economia de Weimar como uma oportunidade para "acomodar" os conselhos dos trabalhadores revolucionários em um novo "sistema de conselhos" sob a égide da Constituição. Ele descreveu a função constitucional da "Constituição econômica" como a de "anunciar" os atores econômicos, de dar voz aos trabalhadores e, nesse sentido, implicando-os constitucionalmente no diálogo como parceiros.[91] Essas eram formas institucionais experimentais de gerenciar uma contenção difícil, para manter a linha tênue entre abertura democrática

89 VON GIERKE, Otto. *Community in historical perspective*. Cambridge: Cambridge University Press, 2002, p. 19.

90 THORNHILL, Claude. *The sociology of law and the global transformation of democracy*. Cambridge: Cambridge University Press, 2018, p. 150.

91 Ver DUKES, Ruth. "Constitutionalising employment relations: Sinzheimer, Kahn-Freund and the role of Labour Law". *Journal of Law and Society*, 2008; DUKES, Ruth. *The labour constitution*: the enduring idea of labour law. Oxford: Oxford University Press, 2014.

e oclusão institucional. Contra essas acomodações, formas de ação coletiva de autogestão protestaram com suas subsequentes compreensões de identidade e possibilidade, como as propostas sociais-democratas de Rosa Luxemburgo,[92] as quais entraram em choque com as formas que puseram em curto-circuito essas mobilizações para processos corporativistas e de Estado. Na Europa, esses experimentos com o constitucionalismo democrático tipicamente procuraram internalizar, e internalizar para aplacar, antagonismos de classe que ocorriam sem controle, com a Revolução Russa projetando sua grande sombra e com a democratização de massa representando um desafio à ordem constitucional estabelecida e à estabilidade do poder do sistema político.

Contra a divisão colonial do trabalho entre centro e periferia, por meio da qual a industrialização ocorreu na metrópole, enquanto as periferias eram exportadoras de matéria-prima, uma grande inversão histórica começou a tomar forma na Argentina, no Brasil, no México e no Uruguai, nos anos 1930, que viram o desenvolvimento industrial desses países realizado como projetos nacionais. Projetos de industrialização foram introduzidos para substituir importações. Esses projetos nacionais atraíram o grande proletariado para centros urbanos e reforçaram os sindicatos. Os projetos sul-americanos fomentados dessa forma tinham características específicas, como "interesses comuns na expansão do consumo doméstico, o aumento da integração dos trabalhadores na economia formal, o fortalecimento do papel do Estado e, em certa medida, a promoção do desenvolvimento econômico e a proteção do mercado interno.[93]

---

92 Historicamente, a postura de Luxemburgo está aqui em conflito com outras vertentes da democracia industrial que a vinculam constitucionalmente ao Estado. A variante "autogerencial" da democracia industrial que ela desenvolve com sua ênfase na ação grevista é, claramente, separada do Estado, e seu olhar, pelo menos em 1905, está voltado para o leste e a teoria e, posteriormente, para a prática do socialismo de Estado sob os bolcheviques.

93 SADER, Emir. *The New mole*: paths of the Latin American left. Trad. Ian Bruce. Londres: Verso, 2011, p. 31.

Se a experiência do constitucionalismo corporativista não sobreviveu ao período entreguerras na Europa, "na América do Sul ela se estendeu de formas variadas para bem depois da Segunda Guerra Mundial".[94] Essa experiência pode ser vista nas formas de consolidação da economia e da força de trabalho durante as eras Pron na Argentina (em 1945 e de novo em 1950), na consolidação da industrialização e do crescimento econômico; na constitucionalização do direito trabalhista durante o governo Vargas no Brasil, nos anos 1940; na inclusão dos sindicatos no poder governamental na Bolívia, depois de 1952, com a tentativa explícita de incluir as populações indígenas no sistema político nacional por meio da promoção dos *sindicatos camponeses*. Programas nacionais liderados pelo Estado de "industrialização por substituição de importações" com o objetivo de reduzir a dependência estrangeira tinham dado origem a movimentos trabalhistas militantes por todo o continente e, nos anos 1950, esses movimentos eram os sindicatos organizados. A criação de postos de trabalho impulsionou os números de empregados e o poder do trabalho organizado *in tandem* – claramente na Argentina, no Brasil e no México, mas também no Peru, Venezuela e Bolívia.[95] A sindicalização na Argentina, no auge das políticas de industrialização por substituição de importações (ISI), chegou a 50%.[96] Mas mesmo em economias predominantemente exportadoras de *commodities*, como o Chile (predominantemente exportador de estanho e depois cobre), um movimento forte de trabalhadores já estava desenvolvido no início do século XX, com a sindicalização nos anos 1950 perto de 35%.

---

94 THORNHILL, Claude. *The sociology of law and the global transformation of democracy*. Cambridge: Cambridge University Press, 2018, p. 80.

95 ROJAS, René. "The ebbing 'pink tide': an autopsy of left-wing regimes in Latin America". *New Labor Forum*, Los Angeles, vol. 26, nº 2, 2017, p. 77.

96 Ver ROBERTS, Kenneth M. "The crisis of labor politics in Latin America: parties and labor movements during the transition to neoliberalism". *International Labor and Working-Class History*, vol. 72, 2007, pp. 116-133.

É preciso enfatizar, para o argumento sobre a democracia associativa, que o envolvimento do trabalho organizado no arranjo corporativista do pós-guerra foi muito além de garantir formas básicas de proteção ao trabalho e provisão social e foi na direção da participação na tomada de decisões da produção, da cogestão de empresas e democracia econômica em geral, bem como da expansão da nacionalização da indústria. Talvez no Chile, mais do que nos demais, com Allende, que a rota democrática para o socialismo tenha sido forjada na força de um processo de trabalho nacional integrado. Com um programa para nacionalizar as 150 maiores corporações do país, nesse momento se visava sair de um socialismo reformista para a completa socialização dos meios de produção, o que, como tal, enviou um sinal de alerta prontamente atendido pelos Estados Unidos. Allende foi morto em 1973, no golpe militar liderado por Pinochet. E a onda de ditaduras militares que devastaram o continente nos anos 1970 colocou um final brutal na experiência corporativista, embora tenha permanecido como um projeto de reivindicações nunca atendidas para o futuro da América Latina.

Como Thornhill descreve, o "constitucionalismo corporativista" desse período foi a expressão da "tentativa de compensar dois conjuntos distintos de associação lateral": as lutas antissistema baseadas em classe, e as tendências centrífugas centro/periferia e fragmentação étnica.[97] Em ambos os casos, atores políticos e econômicos foram diretamente integrados no sistema político não por meio da cidadania formal com os direitos correspondentes, mas como adversários no processo de produção industrial.[98] Uma ênfase no Estado como o local da fusão entre o sindicalismo e o nacionalismo estatal, do tipo que nasceu na Itália e alimentou o

---

97 THORNHILL, Claude. "The rise and fall of corporatist constitutionalism: a sociological thesis". *In*: PINTO, Antonio C. (Coord.). *Corporatism and Fascism*: the corporatist wave in Europe. Londres: Routledge, 2017, p. 82.

98 THORNHILL, Claude. *The sociology of law and the global transformation of democracy*. Cambridge: Cambridge University Press, 2018, p. 146.

fascismo naquele país, encontrou ressonância no "corporativismo estatal" de Vargas no Brasil, inaugurado nos anos 1930 e no começo dos anos 1940, que "usou a legislação trabalhista como meio de inclusão" no processo de construção da nação, e "como instrumento tanto para comprar apoio dos sindicatos para o desenvolvimento nacional quanto para juntar atores regionais imediatamente à estrutura do Estado".[99] Da mesma forma, foi a consolidação do processo nacional de trabalho que, na Argentina, foi aproveitada para corrigir a "baixa densidade" do sistema político nacional e sua "capacidade de inclusão esgotada". Nos dois casos, como em outros no continente, o "constitucionalismo corporativista" é o termo para a inclusão política na estrutura do Estado na trajetória não mais histórica da construção nacional. É nessa direção que, sugiro, as experiências socialistas com soluções institucionais radicais (tipicamente no Chile com Allende, mas também antes, no Peru) podem ser exploradas de forma útil.

Se a experiência de inclusão do constitucionalismo corporativista falhou, a questão de saber se fracassou porque cooptou o trabalho organizado e funcionou como instrumento de subordinação do movimento operário ao capital, ou se, ao contrário, fracassou pela razão oposta, na medida em que o Estado perdeu funções integradoras elementares e transformou o sistema político em pouco mais que uma "câmara de compensação para as prerrogativas das organizações sociais que internalizou",[100] é uma questão extremamente importante, mas que não estamos em condições de abordar adequadamente aqui. Penso que podemos aceitar que a experiência corporativista abrigou as duas tendências e manteve

---

99 THORNHILL, Claude. *The sociology of law and the global transformation of democracy*. Cambridge: Cambridge University Press, 2018, pp. 82 e 84. Para o legado ambivalente da experiência corporativista no Brasil, ver também NEDER, Meyer E. *Constitutional erosion in Brazil*. Londres: Bloomsbury, 2021, p. 162.

100 THORNHILL, Claude. *The sociology of law and the global transformation of democracy*. Cambridge: Cambridge University Press, 2018, p. 89.

vivas as afiliações associativas e as capacidades de intermediar grupos. Em outras palavras, a experiência corporativista deu expressão a solidariedades intermediárias na sociedade civil. Essas formas de constitucionalismo acomodaram – embora de modo tenso – expressões de identificação (de classe, étnicas) e pertencimento que deram aos imaginários constitucionais sua dimensão social. Sim, foram processos plenos, e as formas constitucionais que eles engendraram foram relativamente instáveis, e os arranjos, propensos a crises. E, no entanto, algo profundo sobre a natureza política do constitucionalismo, seu significado social e recursos dogmáticos é assim expresso, permanecendo vivo para o que o subtende como sua base material, e vivo para como ele sanciona capacidades associativas, identificações e formação de vontade em níveis coletivos. Essas foram, tipicamente, solidariedades mantidas em níveis intermediários, certamente *acima* dos interesses individuais, mas *abaixo* das agregações do Estado.

Sabemos como as experiências com expressões constituintes de mobilização política mais espontâneas e associativas tiveram vida curta. Entre 1973 e 1979, ditaduras militares se consolidaram por todo o Cone Sul. Teria sido impossível se engajar no tipo de privatização por atacado dos bens públicos e da indústria dessa forma conduzida sem esmagar a sociedade civil. Sindicatos, associações e movimentos foram dizimados para que a América do Sul se transformasse no "laboratório do neoliberalismo", como era frequentemente chamada. A brutalidade militar aliviou nos anos 1980 para dar lugar à brutalidade das reformas estruturais negociadas com o FMI e com o Banco Mundial, que forçaram reformas no sentido de contração dos recursos fiscais e enfraquecimento dos sindicatos. O efeito cumulativo foi o encolhimento da forma associativa/corporativista de constitucionalismo político. Nos anos 1990, o modelo neoliberal já havia sido imposto em praticamente todos os países do continente. O Estado foi restringido, recursos foram tomados e privatizados, mercados foram abertos, barreiras comerciais foram removidas e o setor público encolheu. A economia tinha sido despida de suas funções sociais e, dentro de apenas uma década e meia, o conceito de sua organização democrática se tornou um absurdo à medida que o mundo do trabalho desapareceu dos debates nacionais.

E, no entanto, essa deformação brutal do imaginário constitucional do continente, primeiro por meio da supressão militar, depois por asfixia fiscal, não conseguiu *se incorporar*. Não porque a resistência tenha acontecido natural ou facilmente frente à ampla marginalização das alternativas que foram postas a efeito. Mas porque as forças sociais resistiram à imposição da "utopia de mercado", como Polanyi brilhantemente descreve projetos amplos de mercantilização que carecem de força e inserção nas forças e dinâmicas sociais reais. Polanyi, como é bem conhecido, de fato identifica um "duplo movimento" de reação no "ponto de inflexão",[101] com forças sociais invadindo o mercado como resultado da desincorporação radical da economia da sociedade. É um problema que, na maioria da literatura teórica recente, a compreensão de Polanyi tenha sido tão prontamente negociada, e que o recurso à reação "espontânea" tenha sido rápido demais, otimista demais e ansioso demais para lê-lo em movimentos que eram ao mesmo tempo muito fugazes e muito facilmente cooptados. Não quero entrar nisso aqui. Quero simplesmente inserir a observação de que brutalizar a imposição de um neoliberalismo desenvolvido em laboratório sempre teria impactos devastadores na reprodução social. Sabemos que o sistema de mercado teve, no passado, enormes colisões com a sociedade, e se Polanyi descreve a desincorporação radical (do sistema de mercado da sociedade que o abrigou) como uma extração violenta que marca a devastação social, é com claro senso histórico que mundos também se perderam nessas colisões em que nenhum movimento compensatório surgiu para se contrapor à exposição radical ao sistema de mercado.

---

101 POLANYI, Karl. *The great transformation*. Boston: Beacon Press, 1944.

É impressionante como as respostas à captura do imaginário constitucional pelo mercado têm sido mistas, às vezes vacilantes, frequentemente oscilantes (entre canais institucionais e extrainstitucionais). Para usar um exemplo, a esquerda da Argentina encontrou particular dificuldade para articular uma alternativa ao capitalismo abutre a que o regime Menem a submeteu, uma vez que o legado peronista no qual estava tão firmemente inserida não permitia nenhuma alternativa óbvia ou granjeou o apoio de nenhum bloco sólido fora do contexto institucional. As fortes organizações sindicais que foram parceiras dos projetos de industrialização nacional das décadas anteriores acabaram enfraquecidas por meio da informalização, da flexibilização e do desemprego. Se o projeto de Kirchner na Argentina aspira a reenergizar o trabalhismo peronista, é um esforço relativamente anêmico. E, no entanto, o projeto se comprometeu com a integração regional, com a Argentina se recusando a aderir a acordos de livre comércio com os EUA e, junto com outros, buscando a "alternativa bolivariana"[102] da ALBA – um programa de livre comércio orientado por necessidades que aspirava à criação de um espaço público de troca mútua e reciprocidade. Ao mesmo tempo, iniciativas políticas também estavam tomando a forma de lutas antissistema para reintegração de posse das fábricas pelas organizações de *piqueteros*, os trabalhadores desempregados e demitidos. Qualquer relato histórico honesto deve olhar para a canalização da resistência ao longo dessas duas rotas e seu desdobramento paralelo às vezes desarmonioso.

Com o novo século, a chamada "onda rosa" varreu o continente.[103] Chávez venceu as eleições na Venezuela, em 1998 e,

---

102 SADER, Emir. *The New mole*: paths of the Latin American left. Trad. Ian Bruce. Londres: Verso, 2011, p. 20.

103 Ver ROJAS, René. "The ebbing 'pink tide': an autopsy of left-wing regimes in Latin America". *New Labor Forum*, Los Angeles, vol. 26, nº 2, 2017; de maneira mais ampla, ver LEVITSKY, Steven; ROBERTS, Kenneth. (Coord.). *The resurgence of the Latin American left*. Baltimore: Johns Hopkins University Press, 2011.

no espaço de uma década, Lula venceu no Brasil; Kirchner, na Argentina; Tabaré Vázquez, em Montevidéu; Morales, na Bolívia; Correa, no Equador. Se isso levou, como dizem alguns analistas, a "novas identidades emancipatórias dessas forças em conflito", se os novos "movimentos sociais não trabalhistas ampliaram as bases sociais e as reivindicações políticas da esquerda latino-americana",[104] se levaram a acordos ou produziram soluções duradouras, se levaram à "consolidação dessas forças"[105] ou se diminuíram, são questões que não devo tentar responder aqui, ou, de qualquer modo, não devam receber respostas definitivas no presente. Basta enfatizar de novo que a "virada à esquerda" da política latino-americana enfrenta problemas genuínos de construção socialista: que formas de planejamento econômico democrático podem ser viáveis, quais esquemas de orçamento participativo podem ser viáveis, em que escala, o que significa levar a educação terciária de volta ao controle público. São questões que envolvem esforços constitucionais que ainda não entregam a questão da associação ao preço e à acumulação.

O que, portanto, interessa diretamente a uma discussão do constitucionalismo político que se define, como vimos, a partir do alinhamento assimétrico do constituinte e do constituído, é como a nova situação constitucional latino-americana, naquilo que abriga como constituinte e no que atrapalha a passagem suave para a prevalência de soluções de mercado global, é reveladora. Não só porque, para usar um exemplo, a guinada renovada para a integração regional significava que a ALCA, saudada apenas alguns anos antes por Clinton como o futuro, estava morta e enterrada em 2005. Mas porque, mais comumente na celebração da Constituição

---

104 DINERSTEIN, Ana Cecilia. *The politics of autonomy in Latin America*: the art of organising hope. Londres: Palgrave Macmillan, 2015.

105 LÖWY, Michael. "Continental Laboratory". *New Left Review*, vol. 68, 2011, p. 44.

"plurinacional",[106] na valorização da capacidade de ação pública e na proliferação de falas constitucionais, na extensão das formas de reciprocidade e parceria a povos até então excluídos em "assuntos que afetam sua subsistência",[107] na sustentabilidade da associação em níveis subestatais e na constitucionalização da cidadania social, uma novidade constitucional crucial foi encontrada.

Por todo o continente, o que encontramos nas últimas duas décadas foram arranjos experimentais, mas decisivamente novos, com forças antissistema sempre forçando a contenção e gestão constitucionais. Num nível profundo, esses arranjos expressam algo intenso sobre a natureza do constitucionalismo social, extraindo de sua dupla fonte de solidariedade social e autodeterminação, entendida como capacidade associativa de ação. E se esse "novo" constitucionalismo tem abrigado tensão, não foi menos produtivo por causa disso ao aprofundar a democracia a ponto de forçar observadores céticos a reconsiderar o que eles imaginavam ser facilmente atingido por meio da ação política. Ele permitiu a redefinição do escopo da capacidade de ação pública, concedendo subjetividade democrática a grupos étnicos,[108] capacidade política

---

106 POSTERO, Nancy G. *The indigenous state*: race, politics and performance in plurinational Bolivia. Oakland: University of California Press, 2017; WOLKMER, Antonio C; WOLKMER, Maria de Fátima S. "The Principle of the 'common', legal pluralism and decolonization in Latin America". *Law and Critique*, vol. 33, 2022.

107 Como no caso da Colômbia, ao conceder *status* constitucional ao artigo 169 da OIT, garantindo direitos de consulta às comunidades indígenas sobre assuntos que afetam sua subsistência.

108 Ver, por exemplo, a Constituição da Bolívia de 2009, na qual grupos indígenas ocupam uma posição distinta e elevada (THORNHILL, Claude. *The sociology of law and the global transformation of democracy*. Cambridge: Cambridge University Press, 2018, p. 437). Para a situação na Bolívia, ver também os importantes trabalhos de GOODALE, Mark. *Dilemmas of modernity*: Bolivian encounters with Law and Liberalism. Redwood City: Stanford University Press, 2009; GOODALE, Mark. *A Revolution in Fragments*: traversing scales of justice, ideology and practice in Bolivia. Durham: Duke University Press, 2019.

a novos atores coletivos[109] e reconhecendo formas de cidadania setorial ou segmentada. Estabeleceu, além da contestação (constitucional), que os bens públicos impõem restrições legítimas à maximização do interesse individual e à ganância corporativa.[110] Dessas e de outras maneiras, o novo constitucionalismo deu força ao diálogo constitucional como disputa normativa contínua em níveis plurais (e não cumulativos) e coletivos. Não como resultado dos processos suaves do discurso ideal nas expansões aspiracionais da racionalidade discursiva, nem como a calibração de interesses e preferências por mercados neutros, mas nas formas não ideais, fragmentadas, incorporadas e provisórias de um constitucionalismo social e material contestado, muitas vezes testado até o ponto de ruptura sobre se sua abertura institucional poderia proporcionar uma representação adequada para a sociedade.

Se, imagina-se, a representação só pode ser adequada se mantém o lado do constituinte *vivo*, se ela permanece suscetível à "presença", em vez de substituí-la – para que o poder constituinte seja *mediado* constitucionalmente, em vez de ofuscado –, então, a questão que o constitucionalismo político é chamado a resolver é o que precisamente significa perguntar: "quando a representação constitucional é *adequada*?" E é isso que talvez o constitucionalismo político hoje, em toda a extensão de suas novas formas, e com ênfase especial em sua dimensão social, nos convida mais uma vez a perguntar como uma questão de teoria e, como veremos no capítulo V, também como uma questão de estratégia.

---

109 Por exemplo, a Colômbia, onde a Corte Constitucional declarou que as comunidades indígenas formam um "sujeito coletivo" distinto (THORNHILL, Claude. *The sociology of law and the global transformation of democracy*. Cambridge: Cambridge University Press, 2018, p. 437).

110 As "guerras da água" da Bolívia são exemplares aqui. Ver GOODALE, Mark. *Dilemmas of modernity*: Bolivian encounters with Law and Liberalism. Redwood City: Stanford University Press, 2009.

CAPÍTULO III

A GRANDE DEFORMAÇÃO: GLOBALIZAÇÃO E O ECLIPSE DA CONSTITUIÇÃO POLÍTICA

Constitucionalização e pluralismo

Além do movimento rumo ao nível transnacional, em grande parte libertando-o de seu confinamento à forma estatal, o constitucionalismo tem, ao longo das últimas décadas, se desancorado de suas definições tradicionais para se tornar algo como um sinal flutuante na escala global. A metáfora náutica[111] não está de todo desconectada dos fluxos do capital. A nova semiose do constitucional envolve o casamento produtivo de dois termos, *constitucionalização* e *pluralismo*, em uma série de articulações que têm sido amplamente bem-sucedidas em revisar o debate constitucional em sua totalidade. Nesse contexto, o conceito de *constitucionalização* foi, por causa

---

111 Supiot já sugeriu a ideia do *ancre flottante*, um dispositivo cuja função não é manter no lugar, mas controlar e conter a deriva (SUPIOT, Alain. "Pourquoi un droit du travail?" *Droit social*, 1990, p. 491). Mas em um campo de significações em movimento, mesmo essa suposição pode ser pedir demais.

de sua subdeterminação, produtivamente acoplado ao conceito de *pluralismo constitucional*. Aqui, é crucial a noção de que *constitucionalização* é o processo de "se tornar constitucional", as condições desse processo, os critérios de atribuição de constitucionalidade e sua articulação constitutiva com o *pluralismo constitucional*.

Exploraremos as dimensões do significado constitucional na nova distribuição. No curso desta análise, veremos como "pluralismo constitucional" e "constitucionalização" tornam-se mutuamente viabilizadores e são conjugados em formações acima do nível estatal. Um repensar radical da relação entre semântica constitucional e estruturas constitucionais é efetivada no processo. Exploraremos o significado e os efeitos dessas várias formas, assim como as novas formas de legitimação que elas evocam. A possibilidade de manter um conceito de formação de vontade política, ou de uma teoria da justiça, torna-se cada vez mais tênue sob as condições da globalização, e a legitimação migra de acordo com a entrada democrática, para vincular-se à produção e ao crescimento, ou muitas vezes é facilmente abandonada, como veremos. Terminaremos com uma tentativa de explicação do que significa sucesso no contexto desse constitucionalismo rastejante que abre o caminho para sua cooptação pelo mercado, menos no sentido de pré-condições históricas e mais de pré-condições lógicas.

Vamos começar com *constitucionalização*, a curiosidade constitucional que é o processo incremental e fragmentário de *devir-constitucional*. Na nossa discussão anterior sobre constitucionalismo político, identificamos a função constitucional chave na dimensão temporal de vinculação de expectativas para o futuro, como elemento definidor da normatividade. Lá, o termo "constitucional" conota uma função de enquadramento, que pré-seleciona o que deve ser reconhecido como válido e o que pode ser contestado juridicamente. A mesma função de enquadramento é expressa como unidade, novamente a *pré*-seleção de instâncias que se conformam a princípios superiores em matéria de conteúdo, tipicamente como instanciação de valor constitucional, com instanciações contraditórias consideradas nulas, derrubadas ou remetidas às legislaturas. A noção de "sistematicidade" abrange todas as dimensões do constitucionalismo político no sentido acima.

Nesse contexto, o que significa falar de constitucionalização como processo contínuo de devir-constitucional? Se o constitucionalismo tradicionalmente denota certa articulação do político e do jurídico, a sanção jurídica da vontade democrática, onde se pode procurar agora essa conquista normativa? Se admitirmos o enfraquecimento ou colapso das oportunidades políticas de enquadramento, a constitucionalização não parece uma petição de princípio? Se, em outras palavras, a Constituição responde à questão fundamental "o que dá ao direito sua sistematicidade?", não é um oxímoro falar da função do enquadramento como ocorrendo *a posteriori*? As tentativas de responder a essa pergunta normalmente envolvem o recurso ao segundo de nossos termos, o *pluralismo constitucional*.

Não é injusto sugerir que chamar uma ordem constitucional de *plural* é, ao menos *prima facie*, contraditório. Como escreve Chris Thornhill, "a Constituição é o último ponto de regressão normativa no sistema".[112] Tal regressão é o que a sistematicidade exige, e a sistematicidade é o traço distintivo do ordenamento jurídico. Ou pelo menos foi para a vasta gama de formalismos jurídicos, que definiram o Direito por sua sistematicidade e, assim, com o mesmo movimento, contra a "pluralidade".[113] Contra a intransigência dos formalismos mais antigos, a questão constitucional

---

112 THORNHILL, Claude. "Legal Pluralism: the many books on Europe's 'many Constitutions'". *Social & Legal Studies*, vol. 22, 2012, p. 413.

113 Talvez seja indicativo de que a primeira rodada de agonia sobre as dificuldades de sustentar tais ordens de coleta no nível transnacional veio de teóricos do Direito versados nessas tradições. Neil MacCormick enfrentou a famosa questão sobre sistemas jurídicos sobrepostos e não hierárquicos em "Beyond the Sovereign State" (*Modern Law Review*, vol. 56, 1993) e alguns anos depois a "resolveu" ao acomodar qualquer pluralidade que pudesse na noção de uma "comunidade" (MacCORMICK, Neil. *Questioning*

foi agora "respondida" em grande parte fora de tais tentativas de pensá-la em termos do próprio conceito de Direito. A invasão de imaginários constitucionais "unitários" tradicionais pelo pluralismo constitucional sugeriu a remoção das velhas fixações e levou a uma renegociação de eleitorados, competências, níveis operativos e estruturas. A noção de um projeto constitucional em construção foi amplamente facilitada pela noção de constitucionalização como contínua, num ponto em que o casamento se torna mutuamente produtivo: o pluralismo ganha seu ponto de compra na constitucionalização que importa certa abertura para o futuro, e a constitucionalização ganha a justificação de sua capacidade de acomodar o plural. O devir-constitucional passa a dominar o novo espaço e imaginário.

O pluralismo constitucional costuma assumir três formas, e a união com "constitucionalização" é significativa em todos os três. A *primeira* forma supõe uma pluralização de *níveis* e vem na produção de "formas decididamente não holísticas de constitucionalismo", como escreve Neil Walker, na qual regras constitucionais são produzidas em níveis variados. O caso paradigmático é o "constitucionalismo multinível", mas também aqui as regras encontram suas soluções processuais de nicho que se baseiam em "*benchmarking*" e indicadores, e formas de "*soft law*" cujo *endurecimento como constitucional* se instala em conjunturas cruciais do sistema de mercado para produzir, como veremos, a "rigidez flexível" do constitucionalismo de mercado.[114] A *segunda* forma envolve a pluralização das constituições "setoriais" no nível transnacional como relativa a esferas funcionais diferentes de intercâmbio e interação transnacionais. Aqui, encontramos constitucionalismos

---

Sovereignty. Oxford: Oxford University Press, 1999), o que implicava uma espécie de pluralismo.

114 O termo é emprestado de HYMAN, Richard. "Flexible rigidities: a model for social Europe?" *In*: ALONSO, L. E.; MARTÍNEZ, L. M. (Coord.). *Employment relations in a changing society*: assessing the post-Fordist paradigm. Londres: Palgrave Macmillan, 2006.

das variedades "econômica", "social", "jurídica", "política", "de segurança" etc. A divisão do trabalho é "funcional" no sentido de que, em casa caso, a Constituição setorial é constitutivamente orientada a atender às exigências da regulação no nível transnacional da economia, do mundo real, da política, da segurança ou de qualquer que seja o campo. Nesse sentido, a proliferação de registros constitucionais envolve a separação da "Constituição econômica" da "Constituição social" ou da "Constituição Política". A *terceira* forma aparece nas variedades do *constitucionalismo social*, que, de muitas formas, é a radicalização do processo descrito acima de diferenciação entre constitucionalismos setoriais. Exceto que o "outro significativo" para a variedade "constitucionalismo social" é o Estado nacional, então seu movimento inaugural envolve separar o "constitucional" do "estatal" e seu retorno na forma capilar conforme apropriado à lógica do social.

Vamos explorar mais de perto as propostas pluralistas nas influentes sugestões de Neil Walker e Gunther Teubner.

***

A importante contribuição de Neil Walker para esse debate gira em torno da teorização do pluralismo constitucional como uma dissociação do constitucionalismo de seu confinamento na ordem e no imaginário do Estado-nação. Em um importante artigo que veio a se tornar um ponto fundamental de referência, ele diz:

> Uma linguagem reabilitada do constitucionalismo enfrentaria esses desafios por meio de uma versão do pluralismo constitucional. O pluralismo constitucional reconhece que no mundo pós-westfaliano existe uma gama de diferentes lugares e processos constitucionais configurados em um padrão heterárquico e não hierárquico, e busca desenvolver uma série de índices empíricos e critérios normativos que nos

> permitem entender essa configuração emergente e avaliar a legitimidade de seu desenvolvimento.[115]

Conceitualmente, argumenta Walker, para apreender todo o alcance da "experiência constitucional" e imaginar todo o alcance das possibilidades constitucionais na nova ordem plural, *constitucionalismo e constitucionalização* deveriam ser concebidos não como termos preto-no-branco, tudo-ou-nada, mas como questões de nuance e gradação. Não há um modelo unitário sob o qual o *status* constitucional pode ser definido como alcançado ou não. E sim uma aproximação nos termos de um conjunto de fatores vagamente e rapidamente unidos, que servem tanto como *critérios* a partir dos quais formas de constitucionalismo podem ser diferenciadas quanto como índices em que modos e graus de constitucionalização podem ser identificados e medidos.[116] E quanto à questão da definição constitucional, quase uma década depois,

> na análise final, para superar essa oposição, é preciso olhar além dos compromissos redutivos (...) até das mais profundas posições multiníveis e centradas no Estados. Deve-se perguntar se algo mais geral está em questão que é suscetível de ser reconhecido (...) e que pode, portanto, servir como um ponto comum para investigar suas diferenças.[117]

Walker aborda a questão em "termos funcionais". Nenhum "ponto comum" pode ser recuperado a não que as diferenças principais entre as posições possam ser projetadas como uma diferença

---

115 WALKER, Neil. "The idea of constitutional pluralism". *MLR*, vol. 65, 2002, p. 317.

116 WALKER, Neil. "The idea of constitutional pluralism". *MLR*, vol. 65, 2002, pp. 339/340.

117 WALKER, Neil. "Multi-level constitutionalism: looking beyond the German debate". *In*: TUORI, K.; SANKARI, S. (Coord.). *The Many Constitutions of Europe*. Londres: Routledge, 2011, p. 152.

entre "concepções de *meios constitucionais* necessários para *fins*". Para que qualquer posição se qualifique como constitucional, ela precisa se alinhar a esse dilema e oferecer uma resposta adequada sobre como meios que competem podem fornecer determinados fins. Ela deve se firmar nessa funcionalidade (meios-fins), ou definir-se irrelevante contra o registro metaconstitucional do que pode ser entendido como propriamente constitucional. Com esse movimento, tanto a metaquestão do que é propriamente constitucional se instala por meio da função quanto o pluralismo constitucional encontra expressão *na e como* perspectiva cindida. O constitucionalismo é instalado no nível do conceito cujas concepções dão expressão à pluralidade. A perspectiva é constitucional porque está fixada na função constitucional ("que meios vão resultar neste fim?") e, como cindida, acomoda a pluralidade. O fundamental nisso tudo é identificar o *fim*, como sem dúvida, ou *sem dúvida constitucional*, já que o que subentende a reflexão constitucional não pode ser ao mesmo tempo objeto dessa reflexão. E aqui Walker se compromete com o conceito *político*. "O constitucionalismo tem uma função profunda e permanente nos assuntos humanos, a saber, a função metapolítica de moldar o domínio da política amplamente concebida – de literalmente 'constituir o corpo político'".[118] Em jogo na reflexão constitucional está o "*interesse comum*", objeto do processo de decisão coletivo e medida de sua correção, e, como subdeterminado, o interesse comum importa uma "qualidade aberta, na verdade reflexiva". Não permite estipular *a priori* o nível apropriado, o eleitorado relevante, o equilíbrio correto entre "bens ou preferências coletivas e individuais". Concebido como "o fim último do projeto constitucional", o "interesse comum" permite ao projeto fundamentação suficiente quanto à função própria do engajamento *constitucional* e contestabilidade suficiente para permitir o *pluralismo* constitucional no nível das determinações. Porque, diz Walker de forma

---

118 WALKER, Neil. "Multi-level constitutionalism: looking beyond the German debate". *In*: TUORI, K.; SANKARI, S. (Coord.). *The Many Constitutions of Europe*. Londres: Routledge, 2011, p. 152.

reveladora, "não *se pode estipular antecipadamente* ou tratar como permanentemente resolvido quais são os locais apropriados para a busca do interesse comum, ou quais são os termos apropriados de engajamento entre esses lugares".[119] A sugestão dele é fixar a função do constitucionalismo, preservá-lo como "marcador de posição", e orientar a pluralidade *para* ele. Para ajudar o ideal constitucional conforme sua migração para longe do Estado como "receptáculo constitucional do interesse comum", Walker nos convida a mudar do enquadramento para função, como um critério mais adequado do significado da Constituição, e a amarrar essa função à busca do "interesse comum como fim último do projeto constitucional", pelo menos "em questões relativas à organização e regulamentação da tomada de decisões coletivas".[120] Essa busca não pode ser definida ou contida em um local exclusivo; a questão reflexiva do que a serve melhor é a questão constitucional por excelência.

No quadro que surge, a democracia não é mais definitiva da função constitucional. O constituinte recua para ser substituído pela "reflexividade" orientada para o "interesse comum". Agora, a unidade do projeto constitucional é moldada e mantida pela função. A Constituição, como conceito, permanece subdeterminada para abranger todas as suas instanciações, mas suficientemente determinada para orientar todas as concepções da Constituição para a função necessária e suficiente da busca do "interesse comum", talvez até do "bem comum", abrigando a diversidade e permitindo prática constitucional tanto permanecer a mesma – como conceito – quanto ser contestada – como concepção.[121] Mas agora notem

---

119 WALKER, Neil. "Multi-level constitutionalism: looking beyond the German debate". *In*: TUORI, K.; SANKARI, S. (Coord.). *The Many Constitutions of Europe*. Londres: Routledge, 2011, p. 152 (grifo do autor).

120 WALKER, Neil. "Multi-level constitutionalism: looking beyond the German debate". *In*: TUORI, K.; SANKARI, S. (Coord.). *The Many Constitutions of Europe*. Londres: Routledge, 2011, pp. 152 e 160.

121 Essa é uma abordagem bastante diferente da relação entre conceito e concepção daquela fornecida pelo conceito de "semelhanças familiares" de

como, com a mudança para função, certo deslize se manifesta. Está claro que a função que Walker vê como constitutiva do constitucional não é a função comum de *enquadramento* do processo político, a contenção jurisdicional, a vinculação de expectativas para o futuro. Na medida em que essas ligações cortam a reflexividade apropriada à realização do bem comum pelos espaços, locais e configurações do coletivo, elas só podem ser concebidas como desnecessariamente restritivas da reflexividade constitucional e da função constitucional. Porém, aqui reside o equívoco fatal da função "marcadora de posição", que abre o processo para a equivalência funcional. A abertura sugerida do pluralismo constitucional com função única de defini-lo deixa em aberto para que o mercado assuma a função. O "constitucionalismo de mercado", como vamos defini-lo, se oferece para desempenhar a mesma função de "determinar o interesse comum" com o testado e aprovado instrumento de *preço*.

O que quer dizer que, para uma teoria normativa do constitucionalismo, o problema com a confiança em definições funcionais é que elas convidam a equivalentes funcionais. Onde o pluralismo constitucional deixa o constitucional constitutivamente preso a funcionar sozinho, a cooptação prossegue com velocidade e magnitude surpreendentes, como discutiremos no próximo capítulo, quando examinarmos como a captura de mercado se move do econômico para o democrático e depois ao nível epistemológico.

Wittgenstein. A introdução da última permite certo afrouxamento do domínio do "conceito" sobre as "concepções", ou da categoria geral sobre as suas concepções, já que não é mais o caso de a primeira ("conceito") estabelecer condições suficientes para a inclusão destas ("concepções") em seu âmbito. Para uma análise da noção de Wittgenstein, ver Stephen Mulhall. Com "semelhanças familiares", nenhum conjunto de características precisa ser compartilhado por todas as instâncias: em vez disso, "semelhanças sobrepostas passam de um caso para outro por meio de casos intermediários" (MULHALL, Stephen. *Inheritance and Originality*. Oxford: Oxford University Press, 2001, p. 84), nos quais os critérios do que pode ser considerado significativo não precisam atender a nenhuma lista fechada de condições.

Mas já podemos dar um exemplo de quão facilmente os conceitos funcionais percorrem os trechos de equivalência, mesmo antes de olharmos para a subsunção abrangente da Constituição sob o "constitucionalismo de mercado".

O exemplo vem da teoria dos sistemas. A partir da influente afirmação do pluralismo jurídico na "*global Bukowina*",[122] Alberto Febbrajo oferece uma análise dos "instrumentos de regulação intersistêmica" – instrumentos, isto é, que administram relações *entre* sistemas, equilibrando expectativas externas e operações internas de variação, seleção e estabilização. Febbrajo identifica três "instrumentos". O primeiro é a "Constituição", e aqui ele faz eco à conhecida análise de Luhmann da Constituição como lugar de casamento estrutural entre os sistemas jurídico e político. O segundo é o mercado como "instrumento" que junta Direito e economia. Democracia é o terceiro instrumento, e para ela Febbrajo reserva a função um tanto maior de juntar o sistema jurídico (próprio) a "culturas jurídicas externas".[123] Sua função, diz ele, não é apenas produzir consensos, mas também garantir um *pool* de variedades para inovações no Direito.

A principal questão de Febbrajo é esta: dadas essas conexões intersistêmicas, o que acontece quando o "controle regulatório exercido pelo Direito e pela política sobre a economia por meio dos instrumentos de regulação intersistêmica se torna insustentável ou impossível devido ao reduzido papel do Estado e à ausência de alternativas críveis?"[124] E o diagnóstico:

---

122 TEUBNER, Gunther. "Global Bukowina: legal pluralism in the world-society". *In*: ______. *Global Law without a State*. Dartmouth: Aldershot, 1996.

123 Not that "culture" was ever one of Luhmann's preferred terms; for Luhmann, "culture was one of the worst concepts ever created" ["Não que 'cultura' tenha sido um dos termos preferidos de Luhmann; para Luhmann, "cultura foi um dos piores conceitos já criados"] (citado em STÄHELI, Urs. "Exorcising the 'popular' seriously: Luhmann's concept of semantics". *International Review of Sociology*, vol. 7, 1997, p. 127).

124 FEBBRAJO, Alberto. "The failure of regulatory institutions: a conceptual framework". *In*: KJAER, P.; G TEUBNER, G.; FEBBRAJO, A. (Coord.).

> A presente crise das regulações jurídicas pode ser vista como o resultado do enfraquecimento não apenas do Estado e do seu papel na sociedade, mas também do mau funcionamento circular de seus três instrumentos de regulação intersistêmica: Constituição, mercado e economia. Esses instrumentos, não mais apoiados por semânticas estatais confiáveis, (...) podem reforçar, em vez de reduzir, as razões para seu próprio fracasso.[125]

Dando mais um giro à ideia de "*soft law*", Febbrajo fala da emergência de uma

> espécie de Constituição 'líquida', destinada a ser constantemente reformulada pelos fatores culturais atuais e explicitamente baseada em uma espécie de 'compromisso multilateral' que não é capaz de definir níveis mais altos de valores para estabilizar as variações frequentes dos valores mais baixos.[126]

Febbrajo descreve isso como um novo tipo de pluralismo constitucional que confere "um mínimo de estabilidade constitucional a um confuso e contraditório realidade".[127]

The Financial crisis in constitutional perspective: the dark side of functional differentiation. Oxford: Hart, 2011, p. 290.

125 FEBBRAJO, Alberto. "The failure of regulatory institutions: a conceptual framework". *In*: KJAER, P.; G TEUBNER, G.; FEBBRAJO, A. (Coord.). *The Financial crisis in constitutional perspective*: the dark side of functional differentiation. Oxford: Hart, 2011, p. 293.

126 FEBBRAJO, Alberto. "The failure of regulatory institutions: a conceptual framework". *In*: KJAER, P.; G TEUBNER, G.; FEBBRAJO, A. (Coord.). *The Financial crisis in constitutional perspective*: the dark side of functional differentiation. Oxford: Hart, 2011, p. 294.

127 FEBBRAJO, Alberto. "The failure of regulatory institutions: a conceptual framework". *In*: KJAER, P.; G TEUBNER, G.; FEBBRAJO, A. (Coord.). *The Financial crisis in constitutional perspective*: the dark side of functional differentiation. Oxford: Hart, 2011, p. 294.

Podemos tirar algumas conclusões interessantes da análise de Febbrajo, análise que tem sido reproduzida de maneira inconstante em linhas semelhantes em uma gama significativa de funcionalismo sociológico, teoria da complexidade e, de maneira crucial, como veremos, teoria da governança global. Se, para Febbrajo, o mercado chega ao centro da "regulação intersistêmica", é porque é o mercado que "seleciona constantemente formas de comportamento e decisões através da determinação autonomamente mutável de preços e, graças ao seu fechamento recursivo, não destrua para o futuro as escolhas que excluiu".[128] Numa divisão reveladora do trabalho entre os três "instrumentos" (mercado, democracia e Constituição), a importantíssima função *regulatória* de *seleção* é, portanto, reservada para o mercado e para a lógica do preço; a função de *variação*, para a democracia – lembre-se de que sua função é sustentar "um *pool* de variedades para inovação"; e a função de *estabilização*, talvez de maneira nada surpreendente, dado que a função do Direito é estabilizar expectativas, para a Constituição. Vejam como a lógica da *equivalência funcional* tem, no processo, perfeitamente se definido: regulação pode ser realizada por qualquer um dos instrumentos de forma intercambiável. E uma vez estabelecida a equivalência funcional entre Constituição e mercado, dado o aumento da complexidade externa, é ao mercado a quem a seleção pode ser confiada para enviar mensagens autocorretivas e transmitir informações. A Constituição entra em cena apenas para estabilizar essas seleções como uma sanção que fornece reflexão tardia a essas distribuições, enquanto níveis adicionais de autorreflexão cognitiva são exigidos, o que inevitavelmente significa moderar sua normatividade e uma pressão para aprender com os mercados. Esse é o principal argumento desenvolvido no próximo capítulo. Aqui, apenas vislumbramos como um conceito

---

128 FEBBRAJO, Alberto. "The failure of regulatory institutions: a conceptual framework". *In*: KJAER, P.; G TEUBNER, G.; FEBBRAJO, A. (Coord.). *The Financial crisis in constitutional perspective*: the dark side of functional differentiation. Oxford: Hart, 2011, p. 2011.

de pluralismo constitucional, que está constitutivamente ligado à função, se oferece como equivalência com o mercado. Liberada da semântica "não mais confiável" do Estado, com que facilidade a semântica do constitucionalismo flutua à deriva em significantes sem referentes, para que estes possam se ligar a correlações mutáveis de processos globais de integração de mercado?

***

O *constitucionalismo social* envolve uma solução bem diferente para a relação intersistêmica e com uma base diferente de legitimação. "A globalização", diz Teubner, "acima de tudo, significa que a diferenciação funcional, primeiro realizada dentro dos Estados-nação da Europa e do norte da África, agora abrange o mundo inteiro".[129] Teubner vai admitir uma assimetria a esse carregamento de diferenciação ao nível global: "certamente, nem todos os subsistemas se globalizaram simultaneamente, com a mesma velocidade e intensidade. Religião, ciência e economia estão bem estabelecidas como sistemas globais, enquanto política e Direito se mantêm focados no Estado-nação".[130] Como resultado, "a natureza escalonada da globalização produz uma tensão entre a autofundação de sistemas sociais globais autônomos e sua constitucionalização político-legal".[131] Na antiga distribuição, como vimos, uma definição funcional conjugava o Direito com a política na "conquista evolutiva" da Constituição moderna, que dava ao sistema jurídico uma base democrática, ao sistema político, um meio de organizar a formação e expressão da vontade

---

129 Tal "realização" em nível global está longe de ser dada e, de fato, tem sido ferozmente contestada no que diz respeito à periferia. Sobre o conceito de "alopoiese", ver, em particular: NEVES, Marcelo. "From the Autopoiesis to the Allopoiesis of Law". *Journal of Law and Society*, vol. 28, 2001.

130 TEUBNER, Gunther. *Constitutional fragments*: societal constitutionalism and globalization. Oxford: Oxford University Press, 2012, p. 42.

131 TEUBNER, Gunther. *Constitutional fragments*: societal constitutionalism and globalization. Oxford: Oxford University Press, 2012, p. 43.

das pessoas para buscar o bem comum, e, a ambos os sistemas, a oportunidade de condensar sua semântica nesse acoplamento. Mas, como "nem todos os subsistemas se globalizaram simultaneamente, com a mesma velocidade e intensidade", o déficit do sistema político significa que a busca do "bem comum" não pode ser carregada em circuitos globais como questão de formação de vontade política e democrática.

A solução de Teubner para a assimetria entre a propulsão do sistema econômico ao nível global com os sistemas jurídico e político se arrastando atrás não é tentar reconciliar este último no nível global, mas abandonar a ideia de que *o Estado* pode servir como veículo para a auto-organização de uma sociedade política. A dimensão *constituinte* do constitucionalismo retrocede aqui, embora não seja abandonada, mas reconcebida como um "potencial comunicativo", "um tipo de energia social", um "processo pulsante"[132] que subtende e anima uma série de "Constituições capilares" da sociedade transnacional, as quais organizam várias esferas funcionais da sociedade numa ordem *acêntrica*, e enquadra a questão da ação coletiva como apropriada a cada uma delas. Esses campos, que abrigam estruturas duradouras para conjuntos particulares de trocas, incluem, é claro, a economia. Mas incluem também os setores globais de educação e comunicação, até a regulação da *internet*, das artes, do esporte etc. Teubner reserva o termo "constitucionalismo social".

A suposição é que, com a nova forma social de "autoconstitucionalização das ordens globais", sua dependência do "poder dos Estados, das políticas estatais e das ideologias dos partidos políticos" diminuirá, e, em vez disso, as constituições sociais serão fortemente juntadas às "constelações de interesses dentro dos fragmentos globais". Embora isso possa "resultar numa maior

---

132 TEUBNER, Gunther. *Constitutional fragments*: societal constitutionalism and globalization. Oxford: Oxford University Press, 2012, pp. 62 e 63.

capacidade de resposta às necessidades sociais do que a lei constitucional estabelecida pelas autoridades estatais", uma vez que são os atores coletivos descentralizados que moldam a ordem dos vários domínios, o risco é que um casamento excessivamente estreito de constituições sociais com "interesses parciais" possa levar a normas constitucionais "corruptas".[133] Resta saber, diz ele, se as influências compensatórias das instituições e da sociedade civil vão equilibrar o risco de corrupção. Essa é uma questão importante a que o livro *Constitutional Fragments* empresta uma visão significativa em vários aspectos. A abordagem de Teubner é perguntar se um grau suficientemente grande de pressão externa pode levar os subsistemas à autolimitação, ou melhor, recalibrar o equilíbrio entre suas funções constitutivas e limitantes. A intenção é rastrear a possibilidade de reajuste reflexivo, na parte da "constituição interna" de cada sistema, a ênfase na autolimitação, expressa em termos de "autodisciplina", focada em contrariar as tendências imperialistas do sistema de crescer. Diante da capacidade de destruição da crise financeira de 2008, Teubner não pergunta "quais são as pré-condições institucionais da autonomia dos subsistemas funcionais?" Em vez disso, ele pergunta: onde estão os limites de sua expansão, antes de suas tendências expansionistas "os leve a poder destruir"?[134] E também grande parte da preocupação agora, compreensivelmente, se afastou do expansionismo dos sistemas jurídico e político, rastreado como "juridificação" e "politização" em trabalhos anteriores, em direção à economia. E porque é preciso partir da dimensão "constitutiva", da autofundação, dos sistemas, para compreender as opções disponíveis para contê-los, para Teubner, a Constituição da economia, da ciência, da mídia etc. cumprem a mesma função constitutiva, assegurando a cada esfera a autonomia de seu meio específico, hoje em escala global.

---

133 TEUBNER, Gunther. *Constitutional fragments*: societal constitutionalism and globalization. Oxford: Oxford University Press, 2012, pp. 54 e 122.

134 TEUBNER, Gunther. *Constitutional fragments*: societal constitutionalism and globalization. Oxford: Oxford University Press, 2012, p. 75.

Desenvolvem regras organizacionais, procedimentos, competências e direitos subjetivos para ambas as orientações, codificando a separação entre as esferas sociais e, assim, sustentando a diferenciação funcional da sociedade.

O problema que a globalização coloca para o sistema jurídico é que ela o deixa num *estado de divisão*. A Constituição não é mais capaz de garantir a unidade do sistema jurídico. *De um lado* da divisão, no nível do Estado nacional, o Direito fica com funções limitadas, tipicamente, de policiamento e execução e, significativamente, de garantir "o preparo para o mercado".[135] Não apenas no modo de desregulação, como é normalmente presumido, mas, como descobrimos para nosso desgosto na esteira da crise, no modo de regulação "experimentalista", instrumentos "*soft*", *benchmarks*, incentivos, "*sandbox* regulatórios" e toda a panóplia lúdica de *soft law* que complementa o próprio "*hard*" e repressão punitiva às liberdades sindicalistas e à proteção social. Os programas de ajuste estrutural e as condicionalidades posteriores fornecem evidências devastadoras deste último. Os ideais constitucionais migraram (na memorável formulação de Choudry)[136] para o nível transnacional, seja regional, seja global, pois têm funções-chave no que diz respeito à regulação da produção global. *Do outro lado da divisão*, em nível global, o cenário jurídico pós-nacional regenera a complexidade que a função do Direito foi entendida como reduzir, em virtude de seu alcance e diversidade. E, como escreve Neil Walker em seu importante livro *Intimations of Global Law*, também por sua

135 Isso não quer dizer que os sistemas jurídicos nacionais tenham sido enfraquecidos como fontes de obrigação normativa. Ao contrário, tem-se argumentado que o Direito nacional e o transnacional se desenvolvem de forma complementar, o que intensifica mutuamente seu impacto.

136 CHOUDRY, S. *The Migration of Constitutional Ideas*. Cambridge: Cambridge University Press, 2007.

> fluidez de forma, sua multiplicação de novas formas de identidade e diferença legalmente codificadas, seu congestionamento, suas reivindicações sobrepostas e preocupações focais intersistêmicas, sua mecanismos de reconhecimento mútuo e impasse; e segue, sua irredutibilidade a uma lógica estatal-soberana de alocação jurisdicional mutuamente exclusiva.[137]

A questão do que resta do Direito como uma "redução-realização" institucional, como a teoria do sistema nos convidou a entendê-lo, é uma questão que se torna cada vez mais difícil de perguntar na atual distribuição, pois não é fácil identificar qual limite impede o Direito de ficar à deriva no reino de alta complexidade e, portanto, de entropia. Porque, no registro da normatividade, a capacidade de uma sociedade política de empregar o Direito para organizar sua autolegislação e autodeterminação parece se dissipar. E, se por um momento supomos que isso é uma coisa boa, em nome de uma nova reflexividade que supostamente não toma o eleitorado como certo, o que fazer com o "bem" que não tem "comum" para qualificar em termos de sua determinação democrática? É claro que será o pensamento de mercado a espada de Dâmocles que cortará essa introversão sufocante.

***

Vamos juntar os fios do argumento deste capítulo até agora. Posicionados como desafios ao monismo e à noção de unidade, os pluralismos devem negociar uma fronteira difícil.

Relatos de pluralismo que estendem a contenção da pluralidade para além do ponto de ruptura do que o sistema pode acomodar como variedade deixam de ser ordens plurais e dão lugar à entropia. Ao lado da proliferação de pluralismos que, em alcance impressionante, estendem os pressupostos "monistas",

---

137 WALKER, Neil. *Intimations of global law*. Cambridge: Cambridge University Press, 2015, p. 56.

ou pelo menos centrípetos do constitucionalismo, existem os pluralismos desenfreados, as variedades do "constitucionalismo de baixo", embora, na medida em que envolvam experimentação *institucional,* sejam diferentes em espécie daqueles que resistem à conquista institucional *tout court.*[138] Por mais lábeis que sejam as formas, ainda deve haver alguma consistência na predicação, se o plural deve girar em torno do constitucional. Não exploraremos esses muitos pluralismos em detalhes. A ambição não é fornecer nada parecido com uma visão geral ou com o mapeamento dos endossos panegíricos do pluralismo, nem apontar as dificuldades conceituais que acompanham sua definição. Em vez disso, nossa preocupação permanece ser saber se somos capazes (e em que condições) de manter o significante "constitucional" na nova dispensação. E, além disso, manter a normatividade que se atrela ao "constitucionalismo político" e explorar se ele pode ser levado ao nível transnacional. Da maneira como o desenvolvemos, foi a assimetria entre o constituinte e o constituído que produziu o significado constitucional. O risco que os pluralismos constitucionais presumem, e às vezes endossam explicitamente, de fato, dissocia o constituinte do constituído e desfaz a conquista que é o constitucionalismo político. Estaremos preocupados exclusivamente com as tentativas teóricas de manter a noção de constitucional em sua importância normativa contra seu colapso no ajuste cognitivo e a celebração das "energias" que o colapso supostamente libera.

---

138 Ver FALK, Richard. *Predatory Globalization*: a critique. Oxford: Polity, 1999, abordando o papel desempenhado pelos movimentos sociais na construção de uma visão alternativa da globalização ao neoliberalismo, que agora gerou uma extensa literatura em uma série de disciplinas. De uma perspectiva constitucional, Boaventura de Souza Santos buscou fundamentar-se no constitucionalismo a partir da "resistência popular às instituições neoliberais e iniciativas para formas jurídicas alternativas". (SANTOS, Boaventura de S. *Epistemologies of the South*: Justice against epistemicide. Londres: Routledge, 2015). Ver também GILL, Stephen. *Power and Resistance in the New World Order*. Basingstoke: Palgrave Macmillan, 2003.

Entre a limitação da primeira abordagem e a expansividade da segunda, uma trajetória constitucional mais cuidadosa pode ser percorrida para que a conquista específica que é a Constituição não seja perdida para a introversão – e consequente irrelevância – da primeira, nem para a subdeterminação e o risco de ser substituída que a segunda carrega. Não há nada que, por uma questão de definição (funcional ou não), vincule a Constituição como conquista institucional aos eleitorados nacionais. Mas isso não significa que ela pode ser flutuada indiscriminadamente nos circuitos do transacional. Em vez disso, precisamos ver que o conceito de Constituição carrega tanto a limitação institucional quanto a promessa de uma reflexividade do constituinte como algo fundamental para ela. A promessa constituinte requer a redução institucional para alicerçá-la – no que Luhmann chamou de "redução-realização". Vimos tudo isso no capítulo II, em que olhamos para como a reflexividade constitucional está ligada à lógica da instituição, tanto de maneira formal quanto de maneira substantiva. Em sua dimensão formal, descrevemos a constitucionalidade em sua função de enquadramento como fundamento da unidade do sistema nos termos relativamente precisos de manter firme o critério que decidia a inclusão (ou identidade) do que pertencia e do que não pertencia à ordem jurídica (o que é *ultra vires*, o que é inconstitucional), de permitir variedade (ao conter regras de mudança e delimitar o alcance interpretativo legítimo), de alocar jurisdição. Existem várias formas de redescrever o que o enquadramento significa e como ele é tornado efetivo, como os termos são postos e, claro, nenhum deles permite uma contenção estanque. Sempre vai haver espaço para ajustes interpretativos, para revisitar e renovar essas normas por meio de interpretações novas. E enquanto distinções possam ser feitas aqui entre constituições rígidas e flexíveis, ou a respeito de provisões específicas, como direitos humanos em sua dimensão formal, *constitucionalidade como tal*, *como coincidente com a própria reflexividade*, não pode ser posta em questão de maneira reflexiva. Isso quer dizer que as dimensões formais e substantivas são definitivas, não contingentes. Se a dimensão *formal* define a constitucionalidade na direção da delimitação do alcance da Constituição e de sua operação (entrincheiramento, hierarquia, unidade etc.), na dimensão *substantiva*, ela institucionaliza valor em níveis mais gerais, para que as determinações ou instanciações multifacetadas de valor efetuadas nas operações jurídicas possam se referir a elas. Nesse eixo substantivo, no cerne dele, o momento constituinte deve ser entendido como consagrador dos valores arraigados de dignidade, solidariedade e igualdade, e operacionalizando categorias democráticas na definição de participação, proteção e produção.

A *perda do conceito* da Constituição – e a perda do valor-orientação que ela oferece – deixa o pensamento de justiça confuso, enganado na conjuntura em que se generaliza entre os ordenamentos. A assimetria gerada entre conceitos econômicos, que são carregados com sucesso, e conceitos normativos, que são desocupados na fronteira nacional, deixa o pensamento constitucional à deriva, oscilando entre as alternativas delineadas acima, de seu estrito acoplamento à semântica do Estado, o que torna a injustiça um tema não abordado e não abordável no contexto global, ou seu acoplamento fraco a essa semântica ao ponto em que o constitucional é minado como uma conquista institucional por direito próprio, perdido para a "plasticidade" e para a equivalência funcional e atrelado à expansão do mercado.

A seguir, aprofundaremos dois pontos teóricos fundamentais, já encontrados na análise acima, sobre a relação entre a semântica da Constituição e as estruturas da sociedade global. O primeiro tem a ver com a *perda de conceitos*, no nosso caso, o conceito de Constituição Política, na operação que os "perde" em seu desdobramento como "significantes flutuantes". O segundo tem a ver com "processos de aprendizagem" e a distinção entre expectativas cognitivas e normativas que se tornarão chave para a análise da mudança de paradigma do constitucionalismo. Ele se conecta a como a equivalência funcional sacrifica a sustentação normativa que a Constituição oferece e, assim, se desconecta da justiça.

Semânticas e estruturas constitucionais

Uma maneira de explicar o domínio indiminuto da moeda simbólica do constitucionalismo é vê-lo como um caso do que Reinhart Koselleck chama de "contraconceitos assimétricos".[139] São conceitos que desqualificam moralmente a quem se opõe a eles por meio da introdução do "significado depreciativo" que funciona "como privação linguística" para os adversários (a distinção entre *helenos e bárbaros* é um exemplo clássico). Como resultado de seu uso expansivo como um "conceito político de combate" e como parte de uma "ofensiva vitoriosa", a Constituição, escreve Marcelo Neves referindo-se a "Die Idee der Verfassung", de Giovanni Biaggini, tornou-se "uma metáfora contextualmente ilimitada" no alto mar da globalização. "Contextualmente ilimitada" significa desacoplada de seu alicerce estrutural e institucional. Como resultado, escreve Neves, a metáfora "tornou-se irreconhecível como artefato semântico e não se refere mais reflexivamente a uma estrutura social específica".[140] O desacoplamento a esvazia de conteúdo e flutua muito além de suas coordenadas formais e substantivas em formas plurais e lábeis.

Um *significante flutuante* é aquele que não se liga inequivocamente a um *significado*, mas que, em vez disso, "ou uma sobredeterminação ou uma subdeterminação de significados impede que ele seja totalmente fixado".[141] Quando significantes perdem suas ligações com significados particulares, com conteúdos particulares, quando eles se tornam desconectados da especificidade da diferença, eles podem ser flutuados por trechos maiores de equivalência. Eles se baseiam na ambiguidade e estendem seu

139 KOSELLECK, Reinhart. "The historical-political semantics of asymmetric counterconcepts". *In*: ______. *Futures past*: on the semantics of historical time. Nova York: Columbia University Press, 2004 [1989], pp. 155 e ss.

140 NEVES, Marcelo. *Transconstitutionalism*. Londres: Bloomsbury, 2013, p. 7.

141 LACLAU, Ernesto. *Emancipation(s)*. Londres: Verso, 1996, p. 36.

alcance semântico a um campo mais amplo. Poderíamos dizer que sua *extensão* cresce à custa de suas *intenções*. Onde um conteúdo puramente diferencial ligaria um significante a um único significado, um movimento equivalente perde essa correspondência em certo deslizamento no plano simbólico, que abre o significante a uma variedade de rearticulações.[142] Um significante particular passa, assim, a representar uma "cadeia equivalente", e quanto mais ganha no plano da equivalência, mais perde sua especificidade no plano da diferença.

Até que ponto podemos viajar através das vastidões de equivalência para eleitorados cada vez mais remotos (regionais, globais), e temporariamente para processos acelerados fora de sincronia com os processos reais de formação de vontade, antes da "Constituição" – esse "símbolo de condensação" chave como Walker coloca tão bem – é esvaziado? Esse é o dilema no coração da "constitucionalização" e do "pluralismo constitucional". Além de certa fronteira, onde a equivalência supera a diferença, o conceito de Constituição está sujeito a perdas radicais de significado. É uma perda do domínio normativo sobre a linguagem e, portanto, também uma evacuação do *ponto de vista* em si. Vamos testemunhar isso na longa discussão sobre a constitucionalização do mercado na próxima parte, no sentido da perda fatal do domínio normativo que está implícito na Constituição e no *imaginário* específico a ela. Significativa para uma discussão sobre reparação é a oportunidade de *recuperação*. Um aspecto da nossa discussão de estratégia na última parte do livro envolve a recuperação da moeda simbólica do constitucionalismo, uma sugestão de insistência teimosa em sua dimensão política, que pode ser efetivada e posta em prática, diante do colapso da normatividade que nos confronta na nova

142 Sabemos por Jacques Derrida que, com a renegociação de tal especificidade (entre falante, ouvinte e observador), as possibilidades de interpretação e reinterpretação se radicalizam. Para Bakhtin, também, "a interpretação de estruturas simbólicas é forçada a uma infinidade de significados contextuais simbólicos".

dispensação, o deslocamento gradual das expectativas normativas por expectativas cognitivas nos processos de aprendizagem social que associado à globalização.

Mas tudo isso virá depois. Por enquanto, vamos olhar mais de perto como o ritmo acelerado da globalização força um *desalinhamento* entre a semântica constitucional da autodeterminação política e as estruturas da expansão do mercado, um desalinhamento que se agrava conforme ganha impulso.

***

Em seu ensaio "Die Weltgesellschaft",[143] de 1971, Luhmann argumentou que a globalização, ou como ele colocou na época do surgimento de uma "sociedade mundial", gradualmente levará a um deslocamento abrangente das expectativas normativas por meio de expectativas cognitivas, e que a confiança no Direito e na política, os quais antes desfrutavam de uma certa "primazia evolutiva e funcional" nas sociedades, será substituída por uma primazia da ciência e da tecnologia. Ele previu que, entre os dois tipos de expectativa, haveria tanto um deslocamento quanto um desfoque. Um deslocamento na medida em que, com o advento da sociedade mundial, as expectativas normativas são cada vez menos garantidas por um sistema jurídico funcionalmente diferenciado. E uma indefinição na medida em que qualquer primazia clara conferida às expectativas normativas pelo sistema jurídico fica sob pressão de adaptação e "aprendizagem". E, claro, aprender com a decepção é precisamente o que as expectativas normativas não fazem. Ao contrário das expectativas cognitivas, que são desacreditadas quando são decepcionadas, as expectativas normativas são mantidas contrafactualmente. Não haveria significado à normatividade de uma expectativa que não violasse a dignidade

143 LUHMANN, Niklas. "Die Weltgesellschaft". *ARSP*, vol. 57, 1971; cf. LUHMANN, Niklas. "Globalisation or World Society: how to conceive of modern society?" *International Review of Sociology*, vol. 7, 1997.

de alguém se, toda vez que uma trabalhadora fosse sujeitada a tratamento degradante, ela "aprendesse" da degradação e mudasse suas expectativas. O que vale para todas as expectativas normativas, aplica-se às expectativas legais *par excellence*. Quando chegamos ao nível da Constituição, a sustentação normativa se fortaleceu significativamente: no nível constitucional, as expectativas normativas são normativamente esperadas, sancionadas em termos de rigidez, entrincheiramento e afirmação axiomática do valor constitucional, como vimos.

Tudo isso significa que apenas uma mudança estrutural significativa vai permitir que expectativas normativas se transformem de forma abrangente em expectativas cognitivas. Essa é a mudança que, nos conta Luhmann, a "sociedade mundial" introduz. Ele vai abordar o desenvolvimento do desalinhamento da semântica constitucional e das estruturas globais, previsivelmente, como uma questão de complexidade. Para ele, "se o nível de complexidade muda, a semântica que orienta a experiência e a ação deve se adaptar a essa mudança, caso contrário ela perde sua conexão com a realidade".[144] Para sua análise funcional orientada para o problema, a ruptura do ajuste entre o significado da Constituição como ligada às estruturas do Estado-nação e a formação estrutural pós-soberana para a qual ela é transferida não é enfaticamente um abandono à significação "flutuante". É, em vez disso, um desalinhamento *produtivo* que vai reorientar semântica constitucional em crise para padrões estruturais emergentes. Em outras palavras, quando o enraizamento da semântica (constitucional) nas estruturas sociais a que dão expressão é perturbado, a tensão que se segue entre semântica e estruturas exige um realinhamento da primeira à segunda, *sempre no sentido de uma adaptação de semântica à nova configuração da estrutura*. Luhmann não está preocupado com essas transformações: se as expectativas cognitivas,

---

144 LUHMANN, Niklas. *Gesellschaftstruktur und Semantik*. vol. 1. Frankfurt am Main: Suhrkamp, 1980, p. 22.

disfarçadas de "novo conhecimento", inundam para preencher a lacuna do que costumava ser uma questão de decisão política, o encolhimento da política a coloca convenientemente fora de perigo. Mas, para nós, e para uma defesa do constitucionalismo político, o equilíbrio reflexivo do cognitivo e do normativo não pode ser abandonado ao realinhamento evolutivo. Veremos, abaixo, quais opções nos deixam.

Para os defensores das variedades do pluralismo constitucional, do cosmopolitismo constitucional e da governança democrática experimentalista (ver próximo capítulo), a mudança paradigmática que afrouxa as garras da normatividade que se tornou global é tratada como oportunidade para que novas vozes, novos temas, novos arranjos entrem em cena, todos carregados no idioma inflamatório dos novos constitucionalismos, como vimos. Para nossos pluralistas, empenhados em manter a semântica constitucional a par dos rápidos fluxos de troca global, a tarefa teórica torna-se a busca sem fôlego da "relevância", uma abertura expressa na vontade de aprender e ajustar.

É o "poder constituinte" para a era neoliberal: pluralismo é o termo que a teoria constitucional usa para reabastecer suas energias políticas esgotadas, longe das antigas definições e hierarquização de prioridades e compromissos, as muitas armadilhas do poder "constituído" pelo Estado. A perda da normatividade não passa de um ganho em termos de cognição. Qualquer sugestão contrária torna-se sinal de teoria ultrapassada, semântica redundante, intransigência, ingenuidade. E se for levantada a objeção de que o pluralismo constitucional deve fixar em algum nível o que é constitucional sobre a pluralidade que ele introduz, a resposta é tipicamente permanecer reflexivo sobre essa questão, mesmo que essa reflexividade agora exercida tanto no nível quanto no meta-nível deixe a teoria-construção paralisada. Contra as assimetrias neoliberais aninhadas, bem definidas e altamente hierarquizadas – a dominação da economia sobre a vida coletiva, do mercado sobre qualquer conceito de economia política, das finanças sobre a produção, dos serviços sobre a indústria etc.[145] –, os ganhos emancipatórios do pluralismo constitucional têm sido insignificantes.

Mas se o pluralismo constitucional responde à "tensão" entre a semântica constitucional e a estrutura que ameaça suplantá-la ao entregar a semântica do constitucionalismo à deriva estrutural da globalização, esse não é o argumento de Luhmann. Para ele, a tensão é mantida em nome da conquista do constitucionalismo. Assim, a assimetria entre *Gesellscaftstruktur* e *Semantik* é produtiva, porque põe em andamento certo movimento dialético para superar a "falta" semântica no sentido de seu ajuste – e correção *vis-à-vis* – à estrutura social correspondente, e reabilitar a normatividade. O ajuste semântico está preso ao processo da "autodescrição" sistêmica. A não ser que certa capacidade de ressonância seja garantida, o déficit de complexidade entre sistema e ambiente torna-se vasto demais para lidar. A correção é desencadeada quando a observação do sistema do seu ambiente fica aquém do que lhe permitiria uma adaptação adequada; adequado quando se trata de sistemas funcionais é medido em relação ao que significa desempenhar uma função. Para chegar à responsividade adequada, o sistema precisa lidar com a tensão entre variedade de redundância, que é a distinção por meio da qual ele lida com complexidade. Se o aprendizado do sistema pende muito para a direção da *redundância*, ele perde responsividade frente a um ambiente em transformação. Se o sistema pende muito na direção da *variedade*, ele alarga, a ponto de debilitar, sua *autocompreensão*. Tudo isso para dizer que um déficit de complexidade é intrínseco à formação e manutenção do sistema e que, portanto, a "falta" que estamos discutindo, para a qual a constitucionalização e o pluralismo são os supostos remédios, é constitutiva do sistema. A deficiência encontra expressão nas autodescrições do sistema que são, como deveriam ser, *simplificações*. Elas são os conceitos

---

145 Para uma análise dessas assimetrias, ver MAGRI, Lucio. "The Tailor of Ulm". *NLR*, vol. 51, 2008.

constitucionais que ajudam o sistema a conduzir a complexidade e que carregam suas autocompreensões, e esses conceitos-como--autodescrições são reiterações em novos conceitos que permitem durabilidade e fornecem a memória de seleções passadas para guiar as seleções presentes. E se a durabilidade e a reiteração importam mais no que diz respeito ao Direito, é porque é função do Direito generalizar expectativas de significado no sentido de reproduzir e entrincheirar normatividade.

Um *insight* fundamental diferencia a posição de Luhmann dos pluralismos livres que discutimos. Por um lado, sim, a reflexividade da Constituição que ele define com abertura ao aprendizado e à correção, nomeia a reconfiguração rápida, sempre *path-dependent*, de uma semântica que estava presa ao nível estatal, no qual as expectativas normativas e cognitivas ainda estavam calibradas em pressupostos dos círculos eleitorais nacionais, temáticas e tempos. Só assim a semântica desatualizada do sistema alcançará a *ressonância* necessária com o ambiente cujo aumento de complexidade ele é, funcionalmente, obrigado a atender.

É isso que torna a assimetria afirmativa, o que coloca o toque produtivo na *tensão* entre semântica e estruturas na visão evolutiva de Luhmann. E apesar de toda a ênfase na adaptabilidade da Constituição a estruturas mutáveis e de todo o evolucionismo, Luhmann não admitirá uma substituição total de expectativas cognitivas por normativas em nome de uma teorização supostamente adequada da globalização. A nova abertura semântica, gerida ao nível da autodescrição, é gerida de modo que a "conquista da redução" que é a Constituição não se desfaça, não perca a sua especificidade nas formas particulares que tem de reduzir a complexidade, e essa variedade estende a imaginação institucional apenas para não abrir mão do que é constitucional sobre a perspectiva que lança sobre o mundo.

No último capítulo de *Law as a Social System*, escrito mais de duas décadas depois de a "Sociedade mundial", Luhmann descreve a rápida mudança de expectativas que são consideradas contrafactuais e, em vez disso, são forçadas a "aprender" na sociedade global, e a repercussão dessa mudança para a função do sistema jurídico diante do "fluxo constante de decepções" ao qual a lei é "constantemente chamada a se ajustar".[146] Na tensão, Luhmann agora lê um risco que ele vê o Direito Global ser chamado a enfrentar e confrontar a assumi-lo como seu. Ele, no entanto, vai insistir, contra todos aqueles que clamam por repensar a função do Direito como completamente transformada para a coordenação de processos de ajuste de mercado (mais sobre isso no próximo capítulo), que o Direito deve, em sua essência, construir expectativas normativas. Sem garantias externas prestando-se a tal tarefa, Luhmann admitirá um estado de risco elevado, de Direito perdendo o controle de seu manejo do equilíbrio normativo/cognitivo. A questão crucial se conecta à auto-observação do sistema jurídico, a função constitucional *par excellence*, e pergunta "até que ponto o Direito é capaz de conhecer seu próprio risco?" É uma questão desafiadora que, dado o movimento estrutural que "impõe alta instabilidade temporal nas estruturas normativas", na dimensão social, experimenta com a mudança de eleitorado e redes e, na dimensão material, aumentou significativamente a "variedade" (experimentalismo) às custas de redundância (estabilidade).

O problema que está no centro disso é "encontrar formas jurídicas compatíveis com a autopoiese do Direito, com sua função específica e a peculiaridade de sua codificação".[147] Ou seja, sua capacidade de traduzir as demandas que lhe são colocadas em seus próprios conceitos, em particular porque a lei adota, cada vez mais,

146 LUHMANN, Niklas. *Law as a Social System*. Oxford: Oxford University Press, 2004, p. 468.

147 LUHMANN, Niklas. *Law as a Social System*. Oxford: Oxford University Press, 2004, p. 473.

> uma abordagem incremental que depende em grande parte de eventos incidentais e tenta resolver questões de forma não sistemática (...). Se algum dia houver conceitos jurídicos que sejam socialmente adequados, eles terão que ser encontrados através de um teste e reteste de soluções para estabelecer potenciais autovalores do sistema jurídico na sociedade moderna.[148]

O "risco próprio" do Direito é o risco de desfazer sua "conquista de redução" entendida como as autodescrições e vínculos por meio dos quais ele se mantém no nível de consistência interna contra os padrões de complexidade ambiental que discerne fora dele e convoca seletivamente a si mesmo para administrar. Aqui, a ênfase está na validade jurídica como alavanca e âncora de consistência interna, e a constitucionalidade do Direito proporciona o ponto de regresso normativo no sistema que subscreve e dirige as possibilidades de autorreferência interna. Se "hoje o sistema jurídico é impedido de expressar seu próprio risco adequadamente em seus textos normativos", é porque "os textos normativos têm que ser hermeneuticamente úteis e interpretativamente valiosos de acordo com a função normativa do Direito".[149] Ao fim e ao cabo, para Luhmann, é somente a função, expressa por meio de usos específicos da normatividade, que pode formar a base para a reflexividade do Direito. A palavra final de Luhmann sobre o Direito navega por tensões, paradoxos, variedades de diferenciação, dinâmicas de exclusão e inclusão, e pode ser lida como uma sugestão de que essas formas de seletividade e visibilidade seletiva são produtivas para o Direito se puderem contrariar o próprio risco do Direito Global, do colapso da normatividade em aprendizado abrangente e rápida adaptação aos mercados. Podemos identificar

---

148 LUHMANN, Niklas. *Law as a Social System*. Oxford: Oxford University Press, 2004, p. 473.

149 LUHMANN, Niklas. *Law as a Social System*. Oxford: Oxford University Press, 2004, p. 475.

aqui um elemento de normatividade, ainda que provisório, na posição de Luhmann, que mantém um papel normativo para a constitucionalidade em um contexto global.

***

Nesse ponto, surge uma série de questões para uma teoria crítica da Constituição.

Se é um "déficit de complexidade" que constitui um sistema, permitir que ele individualize e se mantenha *vis-à-vis* à imensa complexidade da sociedade como uma "ilha" de complexidade reduzida, *em que ponto o déficit, que é constitutivo da semântica constitucional, se torna um problema?* Quando, em outras palavras, a autodescrição instituída com sucesso se torna o problema? Nesse contexto, o que significa registrar a "suspeição" de que, "no aumento da complexidade", a linguagem ficou para trás, que as novas inclinações estruturais [inclinações a quê?] ainda não foram adequadamente tematizadas?[150] Outra forma de colocar a mesma objeção, mais próxima da análise funcional, é perguntar: o que significa falar da emergência de um *problema em busca de uma linguagem para descrevê-lo?* Na ausência da linguagem, o que o torna um problema? Qual é, em tudo isso, o significado do déficit semiótico entre a semântica da Constituição e as condições estruturais trazidas pela transnacionalização da atividade capitalista que coloca em questão a adequação da Constituição?

Um segundo conjunto de questões se apresenta neste ponto, e podemos interromper para perguntar: *por que* devemos entender o déficit semântico como *oportuno*? Por que *oportuno*? Se a tensão captura algo como uma não coincidência entre semânticas e estruturas, a resposta não pode ser simplesmente que, *não importa*

---

150 A resposta que Urs Staheli dá a essa pergunta é que "falar em distinção entre estruturas sociais e semântica deve ser lido como uma distinção que é 'sempre-já' reintroduzida: isso destaca que as próprias estruturas sociais são uma construção semântica se inseridas em o lado semântico da distinção".

como a tensão seja insinuada, a semântica *vai ser* restaurante no sentido de uma adequação renovada, que o equilíbrio *vai ser* recalibrado quando for alcançado.

Deixe-me reafirmar os dois conjuntos de perguntas acima na forma de três teses, que funcionarão neste estágio do argumento apenas como marcadores de posição. Precisaremos explorar como o constitucionalismo de mercado reconfigurou o campo constitucional antes de podermos apreciar sua importância e começar a desenvolvê-las e respondê-las. Mas elas já surgiram para nós na discussão da semântica do constitucionalismo como tendo perdido seu rumo na deriva estrutural associada à globalização.

> *Tese 1. A "inadequação" da semântica em relação às estruturas não é um dado factual, mas uma questão interpretativa carregada de normatividade. A tensão que discernimos entre semântica e estruturas depende da resposta à questão normativa da adequação e de sua medida.*
>
> *Tese 2. Se houver tensão entre a semântica e as estruturas, podemos corrigi-la adaptando a semântica às estruturas ou implantando a semântica para conter a deriva estrutural. Nessa conjuntura, uma fenomenologia crítica se liga à estratégia.*
>
> *Tese 3. A indeterminação e a contradição são fontes internas de tensão para a semântica da Constituição e têm um efeito importante nas estruturas. Para uma fenomenologia crítica, a contradição é um recurso semântico significativo.*

A respeito da *Tese 1*: a principal questão para qualquer fenomenologia – "sob quais condições algo surge como problema?" – se transfere, no contexto atual, para "*em que condições observamos uma tensão entre semântica e estruturas?*" Numa situação de complexidade, toda redução fenomenológica – uma operação que está no centro da teoria dos sistemas – (re)configura a distribuição do que é entendido como significação denegada. O que questiona a distribuição constitucional disponível entre os dois, e por qual medida decidiremos a adequação da semântica constitucional disponível – isto é, se estão ou não criticamente atrasadas – é, em si, uma questão carregada de normatividade. Aqui, a resposta de Luhmann causará um curto-circuito na configuração hermenêutica mais complexa da análise funcional e ofuscará a questão crítico-normativa da adequação. O que isso significa? Que, com a função conduzindo o pensamento, a "adequação" da semântica e qualquer déficit entre semântica constitucional e estrutura será medido na conquista da diferenciação funcional. A função do Direito, por mais redescrita que seja, invariavelmente gira em torno da "exploração" de perspectivas conflitantes levadas semanticamente para reproduzir, reiterar e estabilizar expectativas. Como resultado, qualquer assimetria dentro do conceito (de Constituição) entre a memória que ele mobiliza e a inovação que introduz (até que ponto ele pode flutuar da maneira que analisamos acima) vai sempre tender na direção da estabilização, dada a função. Avassaladora nesse sentido é a função de "vinculação de tempo" do conceito,[151] e é contra essa função que quaisquer adequação e deficiência serão medidas. O impulso da inovação é sentido na direção da variação ditada em última instância pela função, o que significa também dotada de uma relativa imunidade à surpresa.

Na formulação e na defesa concisas de Thornhill, a análise funcional procura corrigir o "reducionismo" fundamental da investigação normativa, os modelos dedutivamente construídos da teoria constitucional normativa, e reorientá-los para razões que não são normativas, mas sociológicas, e, mais especificamente, para

151 Sobre a função de "ligação temporal" dos conceitos, ver KOSELLECK, Reinhart. "The historical-political semantics of asymmetric counterconcepts". *In*: ______. *Futures past*: on the semantics of historical time. Nova York: Columbia University Press, 2004 [1989], embora Luhmann provavelmente estivesse relutante em seguir a sugestão politicamente carregada de Koselleck. (STÄHELI, Urs. "Exorcising the 'popular' seriously: Luhmann's concept of semantics". *International Review of Sociology*, vol. 7, 1997, p. 129).

"elementos embutidos de reflexividade social adaptativa".[152] Se o que é oferecido, de forma perspicaz, pela sociologia do constitucionalismo de Thornhill é sua proximidade com os processos societários pelos quais as sociedades aplicam e reproduzem recursivamente seu poder, o "rendimento de uma sociologia das Constituições", em minha leitura, tem uma dimensão crítico-normativa latente. Porque a análise funcional de Thornhill está atenta aos "desvios" das normas "que podem comprometer os recursos básicos e a forma estrutural da sociedade", que "podem minar sua capacidade de usar o poder político como uma facilidade autônoma" ou "abandonar sua capacidade de uma politização confiável de trocas sociais".[153]

Na linguagem do que pode ser "prejudicado", "perdido" ou "abandonado", na linguagem da "politização confiável" e da manutenção da capacidade política, algo semelhante a uma perspectiva constitucional crítica é erguido acima da conformidade cega às pressões adaptativas. E, embora seja improvável que Thornhill extraia algo flagrantemente normativo de tudo isso, a questão da adequação fornece alavanca para qualificar questões como as seguintes como *constitucionais*: o *dumping* social, a diminuição do direito de greve ou o exercício abusivo da gestão, formas prerrogativas e degradantes de subemprego constituem problemas que exigem uma semântica constitucional normativa para lidar com eles, ou os abandonamos à deriva estrutural de uma globalização neoliberal que os trata como ocasiões de "destruição criativa" na busca incansável do capital da sua própria valorização?

A respeito da *Tese 2*: se concordamos que a questão da adequação é uma questão normativa, então é crucial, para a perspectiva crítica,

---

152 THORNHILL, Claude. *A sociology of Constitutions*: Constitutions and State legitimacy in historical-sociological perspective. Cambridge: Cambridge University Press, 2011, p. 373.

153 THORNHILL, Claude. *A sociology of Constitutions*: Constitutions and State legitimacy in historical-sociological perspective. Cambridge: Cambridge University Press, 2011, p. 376.

resistir ao movimento fenomenológico que a evolução proporciona e forjar, a partir dessas constelações, oportunidades de resistência significativa ao giro semântico. É contra esse evolucionismo, da tensão como produtiva – e como oportunidade – para ajuste, e não como antinomia irredutível, que um projeto crítico de constitucionalismo se medirá. É verdade que com a ameaça de uma mudança abrangente do terreno constitucional, a questão de manter a semântica da solidariedade e da dignidade torna-se mais improvável, ainda que se torne mais urgente. A relativa autonomia da semântica das estruturas, seus campos de "politização" em Koselleck nos dão uma margem de manobra interpretativa nessa conjuntura. No contexto da questão constitucional sobre *adequação*, a elevação da solidariedade – um recurso *dogmático* – ao valor constitucional no nível substantivo e o entrincheiramento constitucional de sua não negociabilidade no nível formal expressam a conquista política da solidariedade face a tudo o que o mercado representa sob o signo da necessidade. Decisão é o termo-chave aqui, e um termo que, neste momento, resiste à mudança e à reconfiguração da semântica constitucional, para colocar o constitucionalismo político *contra* suas variedades de mercado que destroem o espaço da decisão política (para proteger o trabalho) ao submeter sua reivindicação à "verdade" para a verificação do mercado.

Uma leitura um tanto incongruente da teoria dos sistemas pode sustentar uma perspectiva crítica nesse ponto. A sociedade começa a se entender e a se descrever como global, para Hauke Brunkhorst, "quando [ela] se reconhece como uma sociedade mundial em sua descrição".[154] Será que uma operação especificamente constitucional poderia renegociar um alcance semântico diferente para a Constituição? Não porque uma perspectiva social possa

154 BRUNKHORST, Hauke. "The Return of Crisis". *In*: KJAER, P.; TEUBNER, G.; FEBBRAJO, A. (Coord.). *The Financial Crisis in Constitutional Perspective*. Oxford: Hart, 201, citado em NEVES, Marcelo. *Transconstitutionalism*. Londres: Bloomsbury, 2013, p. 21.

ser moldada de forma abrangente a partir disso; para relembrar uma das muitas variações lúdicas de Luhmann sobre o tema, "a sociedade é observável porque é inobservável",[155] porque, em outras palavras, qualquer tentativa de observá-la deve incluir um "colchete" fenomenológico ou *epoché* e, portanto, sua parcialidade inevitável. A sociedade é um objeto de auto-observação e autodescrição que jamais coincidirá consigo mesma. E, no entanto, podemos identificar momentos constitucionais – para implantar uma semântica quase esgotada – de autotematização política em que a sociedade se "desidentifica" com as autocompreensões dominantes e se livra da autoevidência de sua autodescrição. Esse é o desafio cujo "rendimento" seria uma teoria crítica dos sistemas. O desafio terá que esperar agora; ele será abordado posteriormente (capítulo V), e seu rendimento pode ser modesto.

A *Tese 3* invoca a lógica e linguagem da *crítica imanente*, e vamos explorar com alguma extensão o que significa "constitucionalizar uma contradição" no último capítulo do livro. Neste estágio, podemos identificar um gesto fundamental da crítica imanente no uso de um "conceito para ir além do conceito",[156] para efetuar uma desidentificação dialética, para provocar um momento negativo que se sustenta como tal.[157] Sustentada, isto é, contra a grande síntese que situa qualquer deficiência semântica do presente não como expressão da inadequação intrínseca de nossas categorias de pensamento, mas como mero estágio nos processos históricos inexoráveis de sua superação no curso de sua busca por expressão adequada na transformação estrutural, para entregar a história da integração do capital em uma linguagem constitucional que

155 LUHMANN, Niklas. *Die Politik der Gesellschaft*. Frankfurt am Main: Suhrkamp, 2002, p. 87.

156 Na formulação de Adorno, conforme citado por CORDERO, Rodrigo. "The negative dialectics of Law: Luhmann and the sociology of juridical concepts". *Social & Legal Studies*, vol. 29, 2019.

157 Este será um argumento-chave da estratégia constitucional no capítulo final do livro.

seja relativizada e pluralizada o suficiente para cumprir a tarefa. Com ênfase no que é "crítico" e no uso do "negativo", podemos discernir, na "disjunção" da Constituição de seu enraizamento em uma "estrutura social específica", um certo afrouxamento do artefato semântico de sua estrutura circundante que pode de fato dar à reflexividade alguma "folga" na junção. O pensamento de Koselleck sobre Begriffsgeschichte concentra-se em qual inovação semântica é trazida para a anatomia estrutural da sociedade moderna.[158] Sua sugestão introduz

> uma inflexão na maneira como nos relacionamos com os conceitos: de unidades coerentes de sentido (...) para uma teia complexa de significações heterônomas que têm a capacidade semântica de registrar experiências sócio-históricas, bem como a capacidade performativa de participar na formação da direção das transformações [estruturais].[159]

Podemos tirar de tudo isso uma coevolução entre semântica e estruturas em termos de uma reciprocidade que funciona nos dois sentidos, tanto incorporando semântica em estruturas quanto permitindo semântica mover as estruturas pelos caminhos da inovação. É o que faria da Constituição um "conceito político de combate". O que está em jogo é preservar a genealogia que vinculou o termo Constituição à fundação revolucionária e intrinsecamente à emancipação e, ao mesmo tempo, desassociar a semântica da Constituição de sua fundamentação estrutural e institucional e sua diminuição em termos de desempenho.

***

---

158 KOSELLECK, Reinhart. "The historical-political semantics of asymmetric counterconcepts". *In*: ______. *Futures past*: on the semantics of historical time. Nova York: Columbia University Press, 2004 [1989], p. 75.

159 CORDERO, Rodrigo. "The negative dialectics of law: Luhmann and the sociology of juridical concepts". *Social & Legal Studies*, vol. 29, 2019, p. 11.

Se tudo isso está indo rápido demais, também coloca em perspectiva o argumento essencial deste livro. Para fazer um balanço de onde nos encontramos, deixe-me repetir o dilema básico deste capítulo sobre como os novos imaginários constitucionais se distanciam das dimensões formais e substantivas da realização constitucional.

O problema, como identificamos neste capítulo, tinha a ver com a constitucionalização como qualidade *emergente* do constitucional. A partir de então, a função constitucional – ainda provisoriamente orientada para o bem comum, o que quer que isso signifique sob condições de pluralismo radical – passou a ser pensada como uma resposta adequada às contingências à medida que elas surgem, e a realização constitucional passou a ser pensada como um processo de sedimentação incremental. Vários locais e processos de criação de leis que operam na ausência de princípios constitucionais estatais adquirem *status* constitucional se puderem ser vistos como ainda "emoldurados" – o que quer que isso signifique agora – e guiados por princípios de legalidade, proporcionalidade, racionalidade etc. Junto a isso vem um entrincheiramento de normas que adquirem caráter constitucional por meio de operações recursivas, ou por meio da generalização como *benchmarking*. Processos escalonados, fragmentados e desconexos são carregados para o *status* constitucional. Despreocupado com *pedigree* e fixado em resultados – tarefas de "gerenciar, moldar, restringir o poder político" após o fato de seu surgimento –, o novo constitucionalismo nos força a repensar o constitucional em termos de um processo em que "gradualmente, as camadas do princípio normativo comum engrossam; elas passam a ser defendidas e adaptadas por meio de uma mistura de estudo comparativo e uma sensação de que são (ou estão se tornando obrigatórias)".[160]

---

160 KINGSBURY, Benedict. "The concept of law in global administrative law". *European Journal of International Law*, 2009, p. 32. Não é assim para Martti Koskenniemi, para quem, internacionalmente, não há equivalente ao bem comum definido pelas leis constitucionais domésticas "além das linguagens da diplomacia e do Direito Positivo cuja própria fragmentação

E, com isso, qualquer bloqueio constitucional se torna produtivo, o paradoxo dos déficits democráticos e sociais "desdobrados" no que está se tornando a conquista evolutiva de um constitucionalismo global, com o pluralismo substituindo a democracia e a constitucionalização substituindo a constitucionalidade.

Com essa inclusão totalizadora, fechamos o ciclo. A forma constitucional é pluralizada e se torna, inclusive, plurivocal, porque é fragmentada, uma pluralidade sobreposta a uma correlação variável de "*demoi*" e eleitorados, que resiste à designação singular. Combinada a essa pluralidade de superfície, temos o advento de uma constitucionalização econômica que procede reformulando seu sujeito e sua unidade (a ordem constitucional) não como condições, mas como produtos finais de um processo de devir-constitucional. Com essas garantias embutidas e com recursos próprios, e nada que a mantenha fiel a seus princípios, a constitucionalização procede ininterrupta, deslocando, realinhando e internalizando todos os obstáculos, infinitamente instável e, portanto, funcionalmente útil para a expansão do mercado. Começamos nossa discussão sobre a relação entre semântica e estrutura na parte 1 com a semântica que "esqueceu" o trabalho, e a revisitamos sobre um terreno constitucional, também para inserir três injunções que vão informar, na parte final, um pensamento estratégico do constitucionalismo. O pensamento constitucional enfrenta uma escolha teórico-política crucial em face da deriva estrutural para a globalização: de um lado, para ajustá-lo à deriva estrutural de tantos constitucionalismos compensatórios com suas elisões, escondendo e encobrindo. De outro lado, uma teimosa recusa

---

e indeterminação forneceram o ponto de partida para a busca por uma Constituição (implícita)" (KOSKENNIEMI, Martti. "The Fate of Public International Law: between technique and politics". *MLR*, vol. 70, 2007, p. 1). Isso pode ser pouco mais do que um floreio retórico apressado, uma vez que está profundamente questionando como a "busca" pela "Constituição implícita" vai "buscar seu ponto de partida" na "fragmentação" que deve, como constitucional, procurar superar.

em submeter a semântica constitucional à ressignificação, uma insistência, em outras palavras, em manter a conexão dogmática e as fontes de compromisso normativo.

CAPÍTULO IV

O PENSAMENTO DO MERCADO TOTAL

Em nossa discussão sobre o constitucionalismo político no capítulo II, era a *diferenciação* entre os sistemas político e jurídico que permitia à "distinção constitucional" abranger os dois, dando forma jurídica (poder constituído) à dimensão político-democrática da Constituição (poder constituinte). A diferenciação funcional,[161] associada à manutenção das fronteiras próprias dos sistemas, garantiram que os sistemas jurídico, político, econômico etc. mantivessem formas consistentes de ligação. Nossa preocupação com o constitucionalismo político tem sido uma preocupação sobre como essas formas se organizam sob o signo da Constituição de uma forma que permitiu surgir uma reflexividade constitucional específica.

O problema da diferenciação constitucional é, como discutimos no capítulo anterior, que, uma vez "carregada" no nível global, ela entrega suas conquistas e gera uma assimetria que se prolifera sob

161 Esta é uma tradição iniciada por Durkheim, desenvolvida por Parsons e radicalizada por Luhmann, para citar apenas alguns ao longo de sua longa trajetória.

seu próprio impulso. É o que conhecemos como a *generalização da razão econômica*. A hipertrofia de uma racionalidade sistêmica – a econômica –, uma vez elevada para acima dos sistemas político e jurídico sob condições de globalização, se torna impossível de conter. Consequentemente, a enorme assimetria entre o sistema econômico, de um lado, e os sistemas político e jurídico, de outro, não pode ser tratada como uma questão de desenho, que é a razão pela qual a submissão dos sistemas políticos à lógica do capital não foi recebida com nenhum gesto de compensação, nenhuma força na outra direção, de Estados reclamando suas economias nacionais. Com base no que foi dito até agora, podemos tentar discernir por quê.

A diferenciação funcional designa a racionalização das esferas de atividade com base em funções especializadas e leva a um aumento da complexidade nas esferas diferenciadas que o desempenho adequado dessa função torna necessário. Uma arquitetura cuidadosa de *performances* mútuas organiza o campo da diferenciação funcional com demandas sobre a reflexão dos sistemas em termos de autolimitação e a manutenção de limites adequados. Mas se a divisão do trabalho designa uma interdependência, a manutenção da ordem deve evitar o risco de que a interdependência se reparta em fragmentação.[162] E é precisamente isso o que acontece com a globalização. A diferenciação designa um *princípio de conexão* que mantém as partes juntas de forma significativa – como diferenciadas e, portanto, mantendo uma relação tanto com o todo quanto entre si. A fragmentação, por outro lado, significa simplesmente dispersão; marca o afastamento do todo e em direção ao quebrantamento. A diferenciação se rompe sob o peso de uma assimetria entre um sistema econômico e os sistemas jurídico e político, na qual a organização do primeiro dos fluxos globais de capital depende da exploração do segundo,

---

162 Não é coincidência que o livro de Teubner sobre Direito Global seja intitulado *Constitutional Fragments*.

ainda em grande parte preso ao nível estatal. Esse déficit não é uma anomalia temporária ou transitória; ao contrário, é estruturalmente construído na *arquitetura do capitalismo global*. No caso da Europa, a assimetria aparece na desigualdade da integração dos mercados nacionais (através da aceleração da integração econômica) face à fragmentação dos sistemas de proteção social dos Estados. No nível da "sociedade mundial", isso é visto na criação extremamente bem-sucedida do "turbocapitalismo global" contra os processos multifragmentados de transnacionalização política. Em cada caso, a assimetria é vital e produtiva para a integração do capital e para a extração do lucro. Onde o sistema econômico sobrecarrega (e o político decepciona), o transnacional é, na lógica já largamente colonizada, que deve causar "impacto". A ideia que um sistema transnacional, *cuja própria lógica de conectividade* (o "trans" de transnacional) *joga com a da competição* (entre sistemas nacionais) e com a da vantagem comparativa, possa, *ainda assim*, agir para conter o que o sustenta é irracional. De maneira deprimente, estamos familiarizados com as maneiras pelas quais o transnacional é organizado sobre as linhas da gestão da "preparação para o mercado" – por meio da "desproteção" do trabalho, a supressão dos salários e sucateamento do sindicalismo, a reversão dos principais custos da reprodução do trabalho de volta ao trabalho etc. A relação entre capitais e Estados é crucial aqui, e a assimetria impulsiona a criação de margens de lucro sob o termo de "*race to the bottom*", na qual a proteção social amparada pelos Estados é custo e na qual qualquer tentativa de içá-la – a proteção social – acima do nível nacional é sistematicamente sabotada. De maneira espetacular, aqui, mais do que em qualquer outra esfera do pensamento jurídico, a reflexividade dos sistemas jurídico e político é posta de volta ao paradigma do mercado, dando como certa a "redundância" de qualquer *problématique* mais antiga que possa ter invocado argumentos democráticos sobre participação na produção, "codeterminação", ou qualquer senso de virtude na economia. Em sua maioria, os teóricos dos direitos sociais e do Direito do trabalho parecem incapazes de pensar além da otimização do mercado de trabalho, e as assimetrias de poder nas relações entre Estados centrais e periféricos tornam-se parte da "racionalização" da economia global. Enquanto isso, a pauperização sistemática da periferia cotidianamente relega um grande número de trabalhadores qualificados e semiqualificados para o que costumava ser chamado de "reserva de desempregados", para competir por trabalho ocasional com os fluxos cada vez maiores de trabalho imigrante ilegal. O padrão é generalizado, sempre impulsionado pela exigência de maximização dos retornos financeiros.

Claro que, no nível da teoria, muitos desses exemplos, podem ser mais discutidos, explicados de outra forma, e a avaliação do que os públicos políticos em escala global podem alcançar não pode e não deve ser subestimada: a ação econômica global inevitavelmente gera eleitores destinatários globais e, portanto, também desafios globais.[163] Não é meu propósito antecipar qualquer dessas discussões. Meu modesto objetivo com essa referência à fragmentação constitucional era identificar uma assimetria que seja constitutiva da lógica da extração da mais-valia sob condições de globalização e, portanto, estruturais.

E insistir na consequência que isso tem para a análise teórica dos sistemas, a saber, que a tese da adaptabilidade cognitiva mútua entre sistemas dependia de uma simetria que agora está enterrada sob um princípio de organização diferente, no qual a mudança da política nacional para a transnacional é significativamente impactada, se não organizada, pela lógica econômica, será então chamada a mitigar. O sistema econômico, tendo atrelado com sucesso o Estado a um sistema de competição global, simplesmente o "explora" na direção de sua própria expansão agressiva. O colapso

---

163 Ou pura negatividade. Se, isto é, a lógica da expansão capitalista global como *race to the bottom* opõe o econômico e os sistemas políticos, então, o processo de aprendizagem só pode assumir a forma de luta anticapitalista. Pode ser que várias mobilizações políticas de nosso tempo, incluindo o surto de outubro de 2019 do movimento antissistema no Chile, forneçam evidências disso.

da diferenciação em fragmentação é o que permitirá ao mercado recolher fragmentos no princípio da circulação e anexá-los aos seus circuitos e reorganizar e alinhar os fragmentos à sua própria lógica de otimização muito particular. É isso que a generalização da razão econômica significa, oferece e implica.

Já defendi que a diferenciação funcional entre jurídico e político tem, sob as condições da globalização, sido enfraquecida e sabotada em duas frentes: a *primeira* envolve a já mencionada mudança da diferenciação para a fragmentação. Diferenciação é um princípio de ligação, e além de certo limite, quebra. Esse limite, sob condições de globalização, envolve a hipertrofia do sistema econômico, dissemos, que, sob a pressão constante para aumentar a taxa de retorno do capital, inclui e instrumentaliza estruturas jurídico-políticas estatais. Discutimos o limite e a forma que a quebra assume, bem como o uso do mercado para coletar e integrar os fragmentos para dentro de suas circulações. A *generalização da razão econômica* marca o momento em que a fragmentação se torna produtiva para o constitucionalismo de mercado quando o princípio da circulação do mercado se instala no metanível onde anteriormente o equilíbrio cuidadoso entre função, *performance* e reflexividade orquestrou a coevolução dos sistemas como uma questão de diferenciação funcional.

A *segunda* sabotagem, à qual nos dedicamos agora, envolve não a quebra, mas a substituição. Se a diferenciação funcional é prejudicada quando o princípio de ligação entra em colapso, é também prejudicada com a generalização de equivalentes funcionais. Se subsistemas são diferenciados em termos funcionais, cada subsistema precisa desempenhar uma função *de maneira* única. Se não o faz, então, por definição, o princípio de *sua* diferenciação *de* outros subsistemas se perde. Os desafios sistêmicos que o sistema jurídico enfrenta são replicados no nível transnacional, porque cada sistema de função global deve ser entendido como desempenhando uma função única também em uma sociedade *global* funcionalmente diferenciada. Se, também nesse nível, as *performances* sistêmicas puderem ser atendidas conjuntamente ou, mais provavelmente, separadamente por outros sistemas, a própria conquista da diferenciação funcional será prejudicada. A diferenciação é, portanto, prejudicada não apenas com a fragmentação do princípio de ligação, mas também com a generalização da equivalência funcional. "Sob o regime de diferenciação funcional, cada sistema funcional controla por si mesmo a inclusão social", escreveu Luhmann sobre a Constituição nacional.[164] *A chave para o surgimento do que chamaremos de "pensamento de mercado total" foi a generalização da lógica da equivalência funcional.* Neste capítulo, exploramos a lógica dessa substituição tal como ela se efetua através da operação e sob o signo da governança.

Voltaremos ao significado de governança, às vezes descrito como "democrático", às vezes, como "constitucional", "novo" e "global", na próxima seção. Antes disso, algo mais precisa ser dito sobre a equivalência funcional. Não apenas porque sem ela a extraordinária ascensão do paradigma de governança não poderia ser apreciada, mas também por outro motivo. A lógica da substituição só pode ser apreciada à luz da inovação paradigmática que o método funcional importa ao nível da análise social e da mudança radical para a análise centrada no problema nas condições de complexidade que ele efetua.

A próxima seção do capítulo examina a ascensão da nova governança e distingue duas fases. A primeira, coincidente com a ascensão meteórica da ideologia da Nova Direita nos anos 1970 e 1980. A segunda, ligada à globalização e o surgimento da sociedade em rede. As formas do corporativismo que sustentaram a política econômica como um campo de organização e associação produtiva (do tipo que exploramos acima, tanto genericamente quanto em relação à América Latina) que engajou valores econômicos,

---

164 LUHMANN, Niklas. *Law as a Social System*. Oxford: Oxford University Press, 2004, p. 488.

democráticos e éticos no processo se tornam evacuadas para que a economia seja alinhada aos equilíbrios de mercado não diluídos. Nesse processo de evacuação, associação foi oferecida até acumulação, e o movimento foi sustentado pela "cooptação democrática" que compreende a segunda etapa da expansão do mercado.

Com ele, o pensamento de mercado não apenas coopta o pensamento democrático nas modalidades de "governança democrática", mas priva o cooptado da linguagem em que a resistência democrática a ele pode ser expressa. Falamos no capítulo anterior da "perda da linguagem" da Constituição. Não é difícil discernir na perda de termos a operação bem-sucedida da hegemonia. O movimento final que totaliza o pensamento de mercado como horizonte de possibilidades vem com a "cooptação epistemológica" que estabelece o mercado como o fórum de veridicção para a "economia do conhecimento". A ascensão e ascensão da governança, a cooptação da democracia pelo mercado e, finalmente, a cooptação epistêmica que vem a ser conhecida como "veridicção do mercado" são analisadas sucessivamente nas três seções deste capítulo.

Os novos mundos da governança

A teoria de Friedrich von Hayek da "competição como procedimento de descoberta"[165] providenciou uma vantagem teórica fundamental à ideologia de livre mercado que invadiu o imaginário político no final dos anos 1970 e que foi levada a termo pelos governos Reagan e Thatcher e expandida em outros países, sendo a América do Sul o campo preferencial para experimentações. Hayek, claro, teve evidências em primeira mão do "milagre" econômico do Chile, tendo visitado pessoalmente o país duas vezes: primeiro em 1977 e depois em 1981. Em ambos os casos, ele escreveu artigos para jornais europeus criticando o viés

---

165 HAYEK, Friedrich A. "Competition as a discovery procedure". *The Quarterly Journal of Austrian Economics*, vol. 5, 2002 [1974].

em relação ao Chile de Pinochet exibido na imprensa tradicional e elogiando o excelente desempenho econômico. Hayek nunca se enganou sobre os meios militares empregados para impor o regime de mercado à sociedade chilena, como deixou claro em uma entrevista que deu em 1981 ao jornal chileno *El Mercurio*, quando sugeriu que um liberalismo autoritário de transição seria preferível ao "totalitarismo" do governo de Allende. Numa carta enviada a Hayek e divulgada apenas recentemente,[166] a primeira-ministra do Reino Unido Margaret Thatcher reconhece o extraordinário crescimento da economia chilena (7,3% em média nos anos que antecederam 1983) desde o início da ditadura. Ela também elogia a redução dos gastos do governo conseguidos pela junta militar e nota que "muitas lições podem ser aprendidas" com "o notável exemplo da reforma econômica" que pôde ser colhido da "progressão do socialismo de Allende à economia capitalista livre dos anos 1980 no Chile". Como documento de valor histórico, essa carta nos dá a oportunidade de ressaltar dois aspectos fundamentais do "laboratório" chileno. O entrincheiramento do pensamento de mercado na ordem constitucional foi imposto por meio de um golpe de Estado, da supressão violenta da resistência, dos movimentos sociais e do sindicalismo. O golpe organizado pela junta militar e a promulgação da Constituição de 1980 nos dizem que não houve nada de pacífico na instalação da ordem constitucional neoliberal.[167] Se a lição a respeito da "violência fundadora do Direito" é clara, uma segunda lição diz respeito à "violência preservadora do Direito" (para usar a famosa distinção de Walter Benjamin) e, mais especificamente, à dimensão institucional do "estágio de preservação". A constitucionalização da racionalidade

166 THATCHER, Margareth. "Carta ao Professor Friedrich von Hayek, de 17 de fevereiro 1982". *Arquivos Thatcher*. Disponível em: https://c59574e9047e-61130f13-3f71d0fe2b653c4f00f32175760e96e7.ssl.cf1.rackcdn.com/3D-5798D9C38443C6BD10B1AB166D3CBF.pdf. Acessado em: 28.11.2022.

167 LAZZARATO, Maurizio. *Le capital déteste tout le monde*. Paris: Éditions Amsterdam, 2019, pp. 11-19.

de mercado exige sua separação da economia política, e a elevação do pensamento de mercado acima da racionalidade política está no centro do processo de consolidação. É aqui que a Constituição de 1980 e as *leyes orgánicas constitucionales* (leis constitucionais orgânicas) entram plenamente em cena como instrumentos-chave [illegible]servação neoliberal.

A imposição da racionalidade do mercado não foi similarmente efetuada por meio de um golpe quando se trata da Europa. Mas em ambos os continentes, uma semelhança impressionante se instala. Contra o ruidosamente proclamado "fracasso" do planejamento macroeconômico keynesiano, as novas prioridades do Estado foram reduzidas, primeiro, ao controle da política monetária com uma nova visão de garantir um ambiente macroeconômico estável, e, depois, a reprimir as agitações políticas e sociais que se seguiriam à ampliação da desigualdade, ao encolhimento das provisões de bem-estar e a reprimir o sindicalismo. Os defensores da Nova Direita persuadiram suas audiências políticas de que os dividendos do crescimento estimulados pela liberação das energias empreendedoras "escorreriam" (*trickle down*). As conquistas da democracia industrial e da solidariedade econômica foram abandonadas como se fossem, num sentido profundo, *anacrônicas*.[168]

Esse foi o *novo cálculo*.[169] Envolvia uma *mudança paradigmática de governo para governança*. Focada em microprocessos e em interações e munida da filosofia da escolha racional e da teoria da decisão, a nova governança foi vista como a solução para a inércia induzida pela complexidade e sobrecarga da regulação burocrática estatal, prometendo um padrão de governo mais eficiente, responsivo, hierárquico e pluralístico. A mudança

168 Para esse argumento, ver GLASMAN, Maurice. *Unnecessary suffering*: managing market utopia. Londres: Verso, 1996.

169 A alusão é ao importante livro de MARQUAND, David. *The new reckoning*: capitalism, States and citizens. Nova York: John Wiley & Sons, 2013.

de governo para governança é efetivada, grosseiramente falando, em duas ondas que seguem lógicas distintas.

A *primeira onda* foca no Estado. A ascensão da nova governança como *solução* dependia de uma narrativa que entendia "fratura regulatória" como uma patologia inevitável e como expressão das mudanças da função do Estado. Houve duas pontas no ataque ao Estado. Primeiro, o Estado regulatório do pós-guerra tinha sido *corporativista* na organização da ação estatal e havia formulado políticas públicas por meio de associações sociais de interesses organizados e identificações coletivas, com vistas à resolução de disputas, tipicamente acordos salariais em processos de negociação coletiva. Como vimos antes com Hayek, as teorias da Nova Direita *denunciaram* o privilégio da inclusão e do entrincheiramento da capacidade política de representantes específicos de interesses econômicos e profissionais como economicamente perigosos e democraticamente suspeitos. Com um só golpe, a reforma do bem-estar social e a democracia associativa foram atacadas por ingenuidade filosófica e preconceito político. Em segundo lugar, a ideia de que o Estado regulador poderia monitorar e combinar com o trabalho dos formuladores de políticas e reformadores do bem-estar social foi alvo de ataques crescentes por incorporar a aspiração desacreditada das economias de comando. É errado, no entanto, como se argumenta às vezes, sugerir que isso foi um ataque a todo o escopo das funções do Estado, ou o que levou à sua morte. Por meio da política monetária, o Estado continuaria sendo facilitador e garantidor necessário de um ambiente macroeconômico estável e uma força moral por trás da formação da identidade e da comunidade.

Se a primeira onda da ascensão e consolidação da governança coincidiu com a radicalização da agenda da Nova Direita, lançada no eixo da mercantilização[170] e da decisão racional e elevando o

---

170 "O domínio da teoria da governança que coloca o mercado no centro de seu projeto regulatório tem sido relativamente descarado ao longo das décadas desde os anos 1980, e mesmo a atual crise financeira e econômica ainda

mercado a árbitro final da sociedade na distribuição de valor aos recursos, ele esbarrou com relativa rapidez nos limites de sua capacidade racionalizadora. A "subsocialização" do mercado precisava ser corrigida, e a resposta teórica aqui foi tipicamente buscada em tentativas de desviar o mercado do modelo econômico "neoclássico" de um mercado "associal" e "apolítico"[171] e do ponto cego organizador do *homo economicus* que "chega" à atividade econômica com preferências "formadas exogenamente". A forma que a "socialização" do mercado assume é informada por *insights*, por um lado, de "atividade racional limitada", que veio da economia comportamental,[172] mas encontrou seu caminho nas teorias do mercado nos anos 1990,[173] e por outro, dos psicólogos cognitivos nos anos 1980 e 1990 sobre o comportamento de tomada de decisão no contexto de risco. Mas os ganhos em complexidade não vieram apenas na forma de ressituar o motivo econômico, mas também na forma de teorizar a atividade de mercado longe da forma de troca "*spot-trade*" e na direção, por um lado, das "embutidas"[174] relações de confiança duradouras e contínuas e, por outro, de seu

---

não parece ter induzido seu fim. Ao mesmo tempo, vemos que os engajamentos com o 'mercado' como categoria de governança são incansáveis" (ZUMBANSEN, Peer. "Knowledge in development, law and regulation, or how are we to distinguish between the economic and the non-economic?" *In*: DE BÚRCA, Gráinne *et al.* (Coord.). *Critical legal Perspectives on Global Governance*. Londres: Bloomsbury, 2015, p. 119).

171 Ver a importante intervenção de BLACK, Julia. "Reconceiving financial markets: from the economic to the social". *Journal of corporate law studies*, vol. 13, 2013, pp. 405 e ss.

172 SIMON, Herbert. *Models of Man, Social and Rational*: *mathematical essays on rational human behavior in a social setting*. Nova York: John Wiley and Sons, 1991 [1957].

173 Para relatos úteis, veja KLAES, Matthias; SENT, Esther-Mirjam. "A conceptual history of the emergence of bounded rationality". *History of Political Economy*, vol. 37, 2005; BEVIR, Mark. *Democratic governance*. Nova Jersey: Princeton University Press, 2010.

174 GRANOVETTER, Mark. "Economic action and social structure: the problem of embeddedness". *American Journal of Sociology,* vol. 91, nº 3, 1985.

enredamento com instituições sociais. Um "novo institucionalismo" agora permitiria uma compreensão mais rica tanto dos padrões organizacionais dos mercados quanto das estruturas de motivação que informam a capacidade de agir econômica.[175] É um movimento em direção à "incorporação", longe do mercado como mecanismo formal e em direção à sua localização como "mercado"[176] em contextos particulares. Ambos os corretivos para a "subsocialização" do mercado dão um novo impulso ao pensamento mercadológico e foram influentes na nova orientação da análise de mercado para as redes, com ênfase especial em como a informação é descoberta por meio das redes sociais, e não apenas disponível, como Hayek sugeriu, aos participantes em mercados "transparentes".

Conforme continuamos a explorar a "cooptação democrática" na próxima seção, vamos perguntar o que significa ter uma noção *socialmente adequada* do mercado? A verdadeira pergunta posta aos defensores do socialismo de mercado é o que acontece com a "beleza do mecanismo de preço" quando a complexidade que foi reduzida a trazer o valor social de volta aos preços de mercado é reintroduzida através da ressocialização na gama de "mercados"?

A pergunta pode esperar. Enquanto isso, vamos olhar para como, face a esses múltiplos desafios, a *segunda onda* de governança, que aconteceu nos anos 1990, envolveu um recuo parcial do credo individualista e da agenda privatista, e seu relançamento em termos de *governança conjunta*. A governança agora mudou a

---

175 A literatura sobre o "novo institucionalismo" é vasta. Observem, em particular, Douglas North. Para sua aplicação jurídica, ver DEAKIN, Simon *et al.* "Legal institutionalism: Capitalism and the constitutive role of law". *Journal of Comparative Economics*, vol. 45, 2017, pp. 188-200.

176 Sobre "compreender os mercados não como entidades abstratas, mas como locais – mercados – onde os encontros entre aqueles envolvidos na troca são organizados e estruturados por instituições sociais e redes sociais, que, por sua vez, eles moldam" (BLACK, Julia. "Reconceiving financial markets: from the economic to the social". *Journal of corporate law studies*, vol. 13, 2013, p. 427).

formulação de políticas para as redes. A descoberta das redes como uma nova plataforma organizadora para a sociedade, disponibilizando novos pontos de entrada dos atores nos processos políticos e novos padrões fluidos para coordenar atividades e alocar recursos, vem com um idioma emancipatório que muda o imaginário político. Novos espaços de participação, novas compreensões de "participação" (mais sobre isso adiante), a mobilização de identidades fragmentadas, transversais, plurais, mutuamente reforçadas e fertilizantes, todo o conjunto de políticas "multiperspectivas" são saudados para informar os processos de governança conjunta. Eles vêm com uma nova ênfase no significado da atividade social como embutido nas instituições sociais; na adequação das soluções à complexidade do campo receptor,[177] na flexibilidade e capacidade de resposta[178] e na celebração do "experimentalismo democrático" como fonte de inovação. Além disso, significativamente, agora temos o reconhecimento de que problemas complexos, como insegurança, exclusão social ou desemprego, podem ser "perversos".[179] É nesse ponto que a análise funcional é invocada como a metodologia mais bem colocada para abordá-los.

A noção de "problema perverso" entrou na cena das ciências sociais para direcionar a investigação para problemas *complexos* entendidos como "únicos" e contestáveis quanto à sua formulação definitiva, problemas que não poderiam ser resolvidos como tal, mas que poderiam ser enfrentados com *mais ou menos* sucesso. Aqui, o sucesso está relacionado à medida em que os efeitos colaterais e indiretos podem ser refreados, por exemplo, evitando que um transbordamento dos efeitos do desemprego leve a exclusão social

---

177 Para a formulação exemplar de responsividade, ver TEUBNER, Gunther. "Substantive and reflexive elements in modern law". *Law & Society Review*, vol. 17, 1983.

178 NONET, Philippe; SELZNICK, Philip. *Law and society in transition*: toward responsive law. Nova York: Harper, 1978.

179 Para uma definição, ver BEVIR, Mark. *Democratic governance*. Nova Jersey: Princeton University Press, 2010, p. 77.

além dos limites administráveis.[180] (Em uma leitura mais crítica, em que não se trata de resolvê-los como tais, fica claro quando olhamos para o papel estrutural que o desemprego desempenha na Constituição de um mercado de trabalho). A governança reorienta a si mesma à função de atingir demandas, e isso significa que ela precisa ser *responsiva* no sentido de *livre de prioridades e pré-compromissos democraticamente assumidos*. Responder ao problema perverso é olhar para soluções equitativas. E a esse ponto, um empirismo sedimentado, *ad hoc*, pragmático, centrado em problemas, representa a construção da teoria, percebida como muito sobrecarregada com os "*a prioris*" das condições de enquadramento e rigidez de pré-compromissos politicamente mantidos.

A cooptação democrática

A questão da democracia foca nossa discussão sobre governança nas posições do sujeito e no "problema da ação coletiva". Exploramos o campo por meio de conceitos-chave que o sustentam: a questão do eleitorado, a estrutura de representação, a definição do bem comum e a noção de participação. Os três primeiros conceitos informaram nossa discussão anterior sobre constitucionalismo político (capítulo II) em suas dimensões formal (constituinte, representação) e substantiva (solidariedade, bem comum). O conceito final, *stake-holding*,[181] é o conceito organizador de "governança

180 Ver BEVIR, Mark. *Democratic governance*. Nova Jersey: Princeton University Press, 2010; RITTEL, Horst W. J.; WEBBER, Melvin M. "Dilemmas in a general theory of planning". *Policy Sciences*, vol. 4, 1973.

181 "*Stake-holding*", originalmente em casa na discussão de "governança corporativa", em que foi introduzido para apoiar a primazia da "participação" (há supostamente um apoio contemporâneo significativo das grandes empresas para reconhecer a importância de outras partes interessadas na governança corporativa, mesmo do grande negócio – *Business Roundtable*, 2019), migrou para a governança democrática para se tornar o modelo que, para o Fórum Econômico Mundial, representa o "capitalismo dos *stakeholders*". Ver: https://www.weforum.org/agenda/2019/12/

constitucional" que efetivamente substitui os outros três, índice da mudança do constitucionalismo político para o de mercado.

Tomemos *eleitorado*: é significativo que, enquanto a *primeira* onda de governança ganhou tração a partir da crítica do Estado (burocrático) nacional, com a *segunda* onda e a mudança para os fluxos *globais* de capital e organização da produção, as estruturas de governança também migram para o nível supranacional. A primeira onda foi marcada pela fragmentação dos "públicos" do sistema político-estatal, mas foi principalmente contida nesse nível. Contudo, com a generalização da atividade econômica através das fronteiras nacionais, a proliferação de redes agora se conecta diretamente com a ascensão dos blocos regionais (segundo nível)[182] e governança global (terceiro nível).[183] Claro que há diferenças e mudanças de ênfase em cada nível. Mas a contribuição da nova lógica da governança é entendida como amplamente uniforme em todos os níveis, voltada para a facilitação da inclusão de novos atores sociais ao lado do surgimento de novas formas de especialização e processos de produção de conhecimento, e o surgimento de novas formas de política. Sua implementação, sem dúvida, envolverá o Estado, porém a melhor forma de designar o eleitorado relevante não é mais dada como certa.

Enquanto essa nova reflexividade é bem-vinda pelos teóricos da governança, não pode haver dúvida de que a reconfiguração do eleitorado causa estragos às estruturas da *representação*. Ela enfraquece a posição de sujeito de "cidadão" e as instituições que

---

davos-manifesto-2020-the-universal-purpose-of-a-company-in-the-fourth--industrial-revolution/.

182 SABEL, Charles; ZEITLIN, Jonathan. "Experimentalism in the EU: common ground and persistent differences". *Regulation and Governance*, vol. 6, 2012.

183 Indicativamente, DE BÚRCA, Gráinne; KEOHANE, Robert O.; SABEL, Charles F. "Global experimentalist governance". *British Journal of Political Science*, vol. 44, 2014.

organizam a capacidade política e transferem a tomada de decisão para as instituições políticas representativas. É revelador, a esse respeito, que o deslocamento e o enfraquecimento da representação sejam celebrados antes de tudo como uma conquista no registro democrático, expressa na literatura como um apelo ao fortalecimento da democracia. Seria necessário pensar que as desagregações, fraturas e evacuações da representação política teriam sido concedidas como um golpe na capacidade de um "povo" de formar sua vontade e transferi-la ao Estado para implementação. E que a transferência da tomada de decisão para instrumentos fragmentários e desagregados de governança global – as redes de banqueiros centrais, agências de classificação, reguladores antitruste, ministros de finanças, fiscais de valores mobiliários, supervisores de seguros etc. – marcaria um déficit significativo de representação. De forma alguma. Ao contrário, a literatura sobre a nova governança está repleta de referências a empoderamento, deliberação "*bottom-up*", experimentalismo, tudo claramente distinto dos velhos e introspectivos becos sem saída dos regimes democráticos nacionais e dos Estados que se tornaram pobres agregadores dos interesses de seus cidadãos. As funções reguladoras do Estado, principalmente em relação à economia, são agora explodidas por dentro e atreladas a estruturas transnacionais em que o nacional não impede e em que supostamente nada é dado como certo. Redes e atores corporativos de interesse próprio emergem abaixo, acima e ao redor das formações institucionais estatais e formas mais antigas de democracia associativa, de modo que o político é chamado a ser repensado em termos dessa proliferação de posições-sujeito que atravessam as formas tradicionais de representação. O relançamento da função de governança corre ao lado da democracia despojada de seus impedimentos nacionais, não mais dependente das "agregações imperfeitas" do planejamento ou das "transferências coercitivas" dos sistemas de bem-estar nacional, pluralizados como "*demoi cracias*"[184]

---

184 Inicialmente, NICOLAÏDIS, Kalypso. "Our European Demoï-cracy: is this Constitution a third way for Europe?" *In*: NICOLAÏDIS, K.; WEATHERILL, S. (Coord). *Whose Europe?* National models and the Constitution of the

ou outros neologismos absurdos, e cada vez mais ligados à dinâmica do mercado em nível transnacional.

Ambas as renegociações, de eleitorado e de representação, para serem acreditadas como empreendimentos democráticos, precisam se conectar à busca do *bem comum*, para o qual qualquer conceito de democracia é orientado. E aqui é fundamental para a mudança de governo para governança o bem-sucedido ataque à noção de bem comum (ou público) como ligado ao Estado, compreendido como uma forma institucional da organização da comunidade nacional. Era parte do acordo do pós-guerra que o consenso político social-democrata fosse expresso e garantido pelo Estado, que assegurou a implantação da vontade popular expressa por meio da legislação nacional. Com a aceleração da organização global da economia e com a "fratura regulatória" no nível estatal, o exercício da política pública migrou para níveis supranacionais, e, com ele, migrou também a ideia democrática orientadora do interesse público. A migração anuncia uma "nova liberdade": o colapso da hierarquia de regras permite uma nova "heterarquia" e, com ela, uma nova estrutura de competição regulatória,[185] uma nova liberdade de alocação jurisdicional e novas oportunidades de *forum-shopping* e de "*forum-shifting*".[186] No processo, a associação é entregue à acumulação.

O problema fundamental para o *bem comum* é que a migração para cenários supranacionais implora pela comunalidade, e o que é "comum" sobre o "bem" perde seu rumo. Encontramos

---

European Union. Oxford: Oxford University Press, 2003. Mas agora também em MÜLLER, Jan-Werner. "The Promise of Demoi-cracy: diversity and domination in the European public order". *In*: NEYER, J; WIENER, A. *The Political Theory of the European Union*. Oxford: Oxford University Press, 2010.

185 SLAUGHTER, Anne-Marie. *A new world order*. Princeton: Princeton University Press, 2009; PICCIOTTO, Sol. *Regulating global corporate capitalism*. Cambridge: Cambridge University Press, 2011.

186 BRAITHWAITE, John; DRAHOS, Peter. *Global business regulation*. Cambridge: Cambridge University Press, 2000.

isso anteriormente, em nossa discussão sobre o constitucionalismo ficar "à deriva", no capítulo anterior. A desarticulação entre "bem" e "comum" destrói o sentido do que os dois termos significam juntos, e o "bem", agora institucionalmente solto de estruturas representativas de formação de vontade, vai se anexar a um padrão de mudança de comunalidade e eleitorado. O problema com os novos "pluralismos", em cujo contexto o "bem" agora flutua, é o seguinte: pluralizar simultaneamente o que é "comum" e o que é "bem" da distinção norteadora da política pública distingue um termo do outro e os subdetermina em si mesmos. O que era irredutível (porque "comum") no "interesse público" foi desagregado na primeira onda da governança por meio de escolhas supostamente racionais atribuídas a *indivíduos*, e a generalização de análises em nível micro, então, na segunda onda, atrelada a padrões cambiantes de grupos de *stakeholders*. Com o "bem" perdendo sua conexão imanente e sua inserção no que era comum e o "comum" agora sendo um sinal para qualquer comunhão discernível de interesse, o "interesse público" pode fazer pouco trabalho próprio de compilação, tão frouxamente acoplado a processos de deslocamento e realinhamento em escala global, muito facilmente cooptável, muito facilmente enganado.

O grande projeto de desestruturação do comum que se empreende como nova governança ganha vantagem e justificação a partir do fato de que se efetiva em terrenos fluidos, sobre os quais a governança professa otimizar o fluxo dos córregos, contrariar a inércia burocrática, fragmentar estruturas rígidas de tomada de decisão e realinhamento de processos a modelos mais flexíveis de relacionamentos horizontais dentro e entre redes. Redes tipicamente envolvem formas negociadas de coordenação "na horizontal", em vez de padrões hierárquicos. Elas prometem o cultivo da diversidade e o respeito à subsidiariedade no nível material, contestam a uniformidade das soluções impostas aos eleitores com os ganhos de flexibilidade oferecidos por padrões abertos, diretrizes flexíveis e corrigíveis, e o compromisso com experiências descentralizadas para gerar "conhecimento novo": trocando resultados, relacionando experiências, comparando desempenhos e compartilhando as melhores práticas. No eixo temporal, tudo isso marca um aumento significativo na capacidade de resposta – um termo que entende a política de modo reativo às novas exigências de maior complexidade e incerteza. Um idioma emancipatório serve de mediador da ascensão da governança: a nova governança, alternadamente, embora muitas vezes também cumulativamente, é celebrada como *participativa*, *colaborativa*, *deliberativa*, *responsiva*, *experimental*, *recursiva*, *reflexiva*, *revisável*, *multinível* etc. A exuberância é inabalável. Mas talvez já tenha sido falado o suficiente sobre isso.

É impressionante como é difícil se ater a qualquer significante político nesse terreno instável. Vejam a tentativa instrutiva de Claus Offe de fornecer uma topografia. O valor da "governança", para Offe, é que ela é capaz de explorar e sintetizar uma série de "várias dicotomias simplistas que informam as ciências sociais",[187] incluindo Estados/sociedade, ação política/econômica, estrutura/processo, doméstico/estrangeiro, sujeito/objeto etc. Um apego sóbrio à resolução de problemas, que evita a tendência de "sobre-agregar" os fenômenos, e, em vez disso, de lidar com eles à medida que aparecem. Sua sugestão é situar a "governança" no ponto médio entre, de um lado, o governo, que se refere ao "reflexo do poder estatal manifesto, e, de outro, a "esfera privada e da sociedade civil", onde a "coordenação 'espontânea' de ação ocorre por meio de transações associativas e de mercado". Mas a noção de que governança se aplica a fenômenos que se situam *entre* perspectivas de Estado e de mercado envolve uma *ontologia curiosa*, dado que a extensão será tematizada de formas mutuamente excludentes por mercado e Estado. De que forma algo surge

---

187 OFFE, Claus. "Governance: an 'empty signifier'?" *Constellations*, vol. 16, 2009, p. 553, citando JESSOP, Bob. "The Rise of governance and the risk of failure: the case of economic development". *International Social Science Journal*, vol. 155, 1998, pp. 29-45.

como um problema, o que condiciona seu surgimento como tema e qual dependência de caminho lhe confere significado são questões ligadas às estruturas mutuamente exclusivas de mercado e Estado, e seu próprio mapeamento do que está dentro e fora.

Esse é um limite que só pode ser observado de dentro. No caso do mercado, distingue entre o que pode ser precificado e o que constitui uma externalidade. E, no caso da formulação de políticas estatais, o que está dentro e fora da regulação do bem comum. Nada distinto ou distintivo, como uma questão de ontologia, pode se interpor entre o "pensamento de mercado total" e o planejamento estatal para estabelecer a "extensão de fenômenos" em um plano comumente delimitado "entre" como relevante para a lógica da governança. Em vez disso, o último deve "ligar e borrar" para criar um espaço para si mesmo, e o equívoco aqui entre os fundamentos associativos e de mercado é indicativo de uma virada funcional, longe de "capacidades estatais deficientes" e em direção à "sua [governança] maior resolução de problemas capacidade".[188] Offe está particularmente interessado em adotar a identificação do "problema da ação coletiva" dos estudos sobre governança: o "problema horizontal", como se diz, da "produção de bens coletivos".[189] Ele convida a abordar o problema da ação coletiva, liberando-a de padrões redundantes e anexando-a, em vez disso, a concepções fluidas de participação.

Então vamos olhar para esse conceito diretamente, para ver de que modo o novo paradigma oferece "*stakeholding*" como a categoria que resgata *democraticamente* a nova governança, como marcador de posição da nova "abertura". *Stakeholding* é

---

188 OFFE, Claus. "Governance: an 'empty signifier'?" *Constellations*, vol. 16, 2009, p. 554, citando BLUMENTHAL, J. "Governance – eine kritische Zwischenbilanz". *Zeitschrift fur Politikwissenschaft*, vol. 15, nº 4, 2005, p. 1157.

189 OFFE, Claus. "Governance: an 'empty signifier'?" *Constellations*, vol. 16, 2009, p. 556.

uma categoria organizadora no pensamento da governança. Para Gráinne de Búrca,

> as duas características mais cruciais de um sistema de governança experimentalista, e aquelas sem as quais o sistema falhará em resolver o problema, são (1) o grau mais amplo possível de participação das partes interessadas compatível com a tomada de decisão eficaz e (2) o monitoramento eficaz e informado.[190]

Se o *stakeholding* nos dá a resposta ao "problema da ação coletiva", é porque rompe com o conceito de "representação" e com as estruturas tradicionais que a vinculavam às instituições de governo. Como conceito organizador na nova distribuição – a "sociedade dos *stakeholders*" –, o conceito de *stakeholding* promete reflexividade em duas direções: quanto à determinação do problema (*stake*holding) e quanto à determinação da posição do sujeito (stake*holding*). É de fato a reflexividade que contém a chave aqui para como a governança é expressa e resgatada como uma conquista democrática. É em nome do questionamento democrático do *stakeholding* que se convida à reflexividade tanto sobre como entender o problema quanto sobre quem tem interesse em sua solução. A noção de "representação" é, assim, desestabilizada na direção, supostamente, de mais democracia. A participação como categoria organizadora da nova governança permite uma visão de como esta afeta a reconfiguração da política democrática nas dimensões temporal, material e social. Vejamos isso mais de perto.

O *tempo* da governança com sua abordagem escalonada, incremental, passo a passo, tanto recursiva quanto corrigível, se localiza na modalidade de presente/futuro e se vale do "aprendizado". O aprendizado é libertado das dependências de trajetória de trilha

---

190 DE BÚRCA, Gráinne. "New governance and experimentalism: an introduction". *Wisconsin Law Review*, vol. 227, 2010, p. 227.

única de antigamente, de estrutura autoritária e teoria autoritária. A aprendizagem, como sabemos, envolve um afrouxamento da normatividade na medida em que expectativas frustradas – sobre o que está em jogo – não são mantidas, mas desacreditadas diante de um melhor conhecimento (voltaremos à distinção normativo/cognitivo mais adiante neste capítulo). Uma política democrática mais antiga, insistente nos mandatos que um povo havia confiado a seus representantes no governo, não envolvia tal rendição: um compromisso normativo era algo que se pretendia manter. Implementar a palavra obrigatória foi o teste da verdade da representação. Mas a governança, como escreve Supiot, "implementada como programas de autoajuste aos sinais recebidos em tempo real, é incompatível com manter a palavra. A governança muda a modalidade temporal para se tornar, em vez disso, uma questão de "capacidade dos seres humanos de adaptar seu comportamento às mudanças no ambiente para sobreviver".[191]

Mas *stakeholding* permite uma reconfiguração também de dados materiais e sociais. Ao longo do eixo *material*, a participação [*stake*] é retematizada, e os "interesses" que a adornam são retidos para renegociação. Na teoria social autoproclamada fortemente pragmática em que a nova governança se localiza, os fóruns institucionais possibilitam práticas de negociação e acordo em que, para usar as palavras de um de seus defensores, "interesses, valores e [as] instituições [em si] podem sempre se tornar um ponto de partida da sua redefinição".[192]

---

191 SUPIOT, Alain. *Governance by numbers*: the making of a legal model of allegiance. Oxford: Hart, 2017, pp. 28 e 30. E acrescenta: "the replacement of government by governance is an expression of a new cybernetic imaginary".

192 SABEL, Charles. "Learning by monitoring: the institutions of economic development". *In*: SMELSER, Neil; SWEDBERG, Richard (Coord.). *The handbook of economic sociology*. Princeton: Princeton University Pres, 1994, p. 158.

O *stakeholding* reflexivo desse tipo, reflexivo aqui sobre a definição de "*stake*", vai aspirar a extrair dos contextos locais como apropriado ao impulso verdadeiramente participativo da nova governança: sua chave é a articulação horizontal de interesses e conhecimentos particulares em oposição a qualquer imposição de cima para baixo, "heterarquia" em vez de hierarquia. Se, na dimensão temporal, o *stakeholding* redireciona a democracia para a aprendizagem, e, na dimensão material, explodem interesses fixos na direção da renegociação democrática, é na dimensão social que ela assegura seu *pedigree* democrático por excelência: estruturas de representação não são mais o ponto de partida ou veículo de representação, mas os *stakeholders* emergem reflexivamente em renegociações de posições-sujeito fixas – de identidades corporativas, de classe ou nacionais. A *reflexividade da participação torna-se o corretivo democrático da representação*, na direção de um melhor conhecimento. Alguém pode opor aqui que não é preciso grande conhecimento sociológico para discernir que aqueles com objetivos específicos e direcionados, aqueles com interesses claramente definidos e força para pressioná-los se sairão melhor na competição pela definição de interesses e por mantê-los? Talvez essa objeção seja óbvia demais. Vamos ficar com a forma como os teóricos da governança entendem o que está em jogo.

Com a introdução da governança para carregar os conceitos organizadores da política rumo à nova distribuição pós-estatal, o termo "bem comum" é alienado de sua *differentia specifica*, flutuado por entre as fronteiras do público/privado, da cidadania/mercado, e perdeu para o campo da equivalência onde nomeia tudo e nada em particular. Mas o que, no nível semântico, destrói o significado dos termos políticos, em um segundo nível, o *funcional*, os mobiliza como equivalentes funcionais dentro do vernáculo de resolução de problemas da governança. Diferentes agregações e otimizações surgem aqui para aproveitar a governança para a resolução de problemas como pragmática, sóbria, objetiva e essencialmente livre das irracionalidades e preconceitos coletivos que criaram o "problema da ação coletiva" quando costumava ser expresso em termos corporativos ou de classe. O "problema da ação coletiva", a questão democrática *par excellence*, é agora reformulado nas modalidades de *stakeholding*. Com a coletividade e "o comum" adaptados a figurações mais flexíveis, o escopo da governança se expande, e, com isso, a operação de equivalência funcional entre mecanismos de resolução de problemas é deixada sem nada além de otimização e eficiência como critério de sucesso.

Como a governança libera a "ação coletiva" de eleitores e canais de representação fixos, a governança passa a se identificar com o experimentalismo democrático, envolvendo a explosão de determinadas posições de sujeito, individuais e coletivas: uma reflexividade é supostamente importada no próprio nível em que essas posições de sujeito costumavam ser dadas como certas, tomadas, em outras palavras, como *pontos de entrada* para o jogo democrático, e não como *resultados* dele. A nova governança convida novas pluralidades e reconfiguram o plano da associação societal. Exceto que elas agora também são novas pluralidades sem história. Despojada de tais ônus, o *stakeholding* só pode se transformar em uma categoria econômica. A radicalização do ponto de entrada nas participações é ao mesmo tempo uma redução dramática da capacidade política. Na esteira do colapso das categorias coletivas e das identidades corporativas, o *stakeholder* é invocado e convocado da única forma possível, como *maximizador de utilidade*, um escolhedor racional em interesse próprio, cujas afiliações às posições de ação política e social só podem ser *externas*. Com a substituição da autodeterminação pelo *stakeholding*, o "auto" tendo sido libertado do registro no qual macroidentidades e posições são mutuamente constituídas, a perda das categorias coletivas e das identidades corporativas é uma perda de muitas facetas, envolvendo (1) a perda do valor da *participação como tal* nas práticas coletivas; (ii) a perda do significado da participação democrática no nível da *constituição de identidades coletivas*; e (iii) a perda da linguagem do antagonismo, que dá lugar à linguagem da competição, às vezes tratada como agonia.

Nas substituições efetuadas, o eclipse do pensamento democrático está atrelado à sua suposta afirmação "experimentalista" como governança. Empreendido como reflexão sobre o que significa ser um *stakeholder*, o movimento reflexivo desestabiliza pressupostos e estruturas de representação tradicionais em nome de um exercício reflexivo ("quais são as condições de pensar sobre o *stakeholder*?"), uma afirmação que se aloja e, portanto, não é mais crítica, no vasto campo global de assimetrias de poder, exclusões abrangentes e estratégias de *desvinculação* das populações do que está em jogo.

Na discussão sobre *stakeholding*, ao separar-se de determinadas posições de fala, de estruturas de representação e associação e das garantias não negociáveis de comunalidade ou do bem, a governança operacionalizou e celebrou uma reflexividade vazia que entrega o *stakeholding* àquele em melhor posição para definir e perseguir as apostas. A governança democrática é um mito porque a predicação "democrática", que não qualifica nem ancora, se torna, em vez disso, um sinal de operação autorreferencial que internalizou todos os seus critérios para que a governança possa definir por si mesma o que há de democrático nela e se entregue livremente à hegemonia da vantagem arraigada. E se for levantada a objeção de que esse relançamento da governança elimina uma teoria da justiça à qual ela possa se apoiar, sugere-se que o próprio empreendimento, ganhando influência de seus pressupostos – mas não mais preso a eles –, pode moldar sua própria teoria da justiça, novamente, reflexivamente.[193] Com esse gesto de inclusão sempre renovado, o "significante vazio" da governança torna-se signo do campo da equivalência, instalando-se como horizonte de toda possível instanciação da democracia e da justiça.

---

193 Para essa sugestão, ver DE BÚRCA, Gráinne. "New governance and experimentalism: an introduction". *Wisconsin Law Review*, vol. 227, 2010, p. 238: "outra resposta possível é que a filosofia do experimentalismo – que tem como premissa a elaboração recursiva, deliberativa e inclusiva de soluções compartilhadas para problemas comuns – deve ao longo do tempo produzir sua própria teoria da justiça, uma vez que nossas teorias da justiça derivam, em última instância, do exercício da razão pública".

À medida que o experimentalismo aumenta, a "nova governança" preenche todos os requisitos. Tal organização é precisamente o que está sendo garantido nessa sucessão de deslizes. É essa usurpação da linguagem, essa perda de termos, o colapso da crítica em afirmação nas modalidades da inclusão sempre renovada e desprovida de sentido que vêm sustentar e reforçar o mito da governança democrática e sua rendição abrangente ao pensamento de mercado.

A cooptação epistemológica

Em seu trabalho pioneiro *La Politique des Grandes Nombres*, Alain Desrosières argumenta, de maneira tão poderosa quanto controversa, que estatísticas sociais não medem um mundo de "fatos brutos", mas o criam no processo de medi-lo. Para Desrosières, existe uma relação complexa entre modalidades de representação e a produção de produção estatística, e ele propõe o termo "espaço de equivalência" para apreender algo importante sobre a forma com que os últimos são abrigados nos primeiros. Se a produção, o processamento e o uso de dados sociais estatísticos ignoram as "convenções de equivalência" que carregam as escolhas interpretativas, convenções locais, idiossincrasias e entendimentos prévios particulares subjacentes e que marcam a criação de sentido social, então, a conexão que garantiria funcionalidade e valor à razão estatística é cortada. O problema é que uma comparação falsa é projetada na heterogeneidade e na diversidade dessas práticas, e isso tem seus próprios riscos. De maneira significativa, uma dimensão normativa latente é inerente ao uso dos instrumentos de medida. Como diz Desrosières, "os 'fatos indiscutíveis' que [as estatísticas] são convocadas a fornecer (mas que elas mesmas contribuíram para autorizar) não fornecem por si mesmos a modalidade de sua discussão".[194] Em *Governance by Numbers*, Supiot renova o alerta

194 SUPIOT, Alain. *L'esprit de la Philadelphie*: la justice social face au marché total. Paris: Seuil, 2010, pp. 81/82, citando Desrosières (2000).

de Desroières sobre a forma com que a "governança por números" tem como premissa esquecer as "convenções de equivalência" que produziram os próprios fatos desdobrados pela análise estatística. Uma discussão importante sobre a politicidade das "convenções de equivalência" e os indicadores que as sustentam se desenvolveu na França tanto em torno da defesa do pensamento jurídico quanto contra o pensamento econômico por Supiot, e contra o colapso do pensamento econômico em reducionismo de mercado por Robert Salais e seus colaboradores, que visitaremos. "A ideia fundadora da economia das convenções", explica Desrosières, "é a pluralidade das lógicas da empresa, não redutível a um único objetivo", e o que elas desafiam é "a quantificação como critério de facticidade ou reflexo do real como independente das suas condições de inscrição".[195] As convenções de equivalência introduzem uma medida irredutível de interpretação porque é necessário um acordo (muitas vezes oculto) para estabelecer o que é equivalente. Ignorar isso é perder que escolhas substantivas fundamentam e informam o uso de instrumentos que medem equivalência e convergência. Com a separação da medição das convenções que a oferecem e em uma única métrica, é introduzida uma política de instrumentos diferentes que abstrai a medição dos entendimentos interpretativos que a incorporam, com todos os efeitos substantivos que isso acarreta para a compreensão do que foi reconfigurado, o que estava em jogo, o que foi sacrificado, ou o que pode ser revisitado, revisto e entretido pelos participantes da vida econômica.

A instância mais pertinente que enfrentamos hoje tem a ver com o uso de *indicadores* como a tecnologia da governança *global*. Associada principalmente a estudos acadêmicos saídos da

---

195 Como Desrosières coloca: "l'idée fondatrice de l'économie des conventions, a été la pluralité des logiques d'entreprise, non redutible a une seule objetivo"; "la quantification comme critère de factualité ou de reflet d'une réel independent des conditions de son enregistrement" (DESROSIÈRES, Alain. *Prouver et gouverner*: une analyse politique des statistiques publiques. Paris: La Découverte, 2014).

New York University, a teorização de indicadores como técnica de governança global está no centro da literatura, tanto da facilitadora quanto da crítica da formulação de políticas públicas. Abrangendo uma extensão extraordinária que inclui atores públicos como o Banco Mundial ou o Departamento de Estado dos EUA, ONGs como a Freedom House, entidades híbridas como o Global Fund e agências de classificação de risco político do setor privado,[196] os indicadores são usados para comparar e classificar os Estados para propósitos tão variados quanto decidir como alocar ajuda externa ou investimento e se os Estados cumpriram suas obrigações de tratados. De acordo com uma definição amplamente aceita,

> Um indicador é uma dita coleção de dados ordenados por classificação que pretende representar o desempenho passado ou projetado de diferentes unidades. Os dados são gerados por meio de um processo que simplifica dados brutos sobre um fenômeno social complexo. Os dados, nessa forma simplificada e processada, podem ser usados para comparar unidades particulares de análise (como países ou instituições ou corporações), sincronicamente ou ao longo do tempo, e avaliar seu desempenho por referência a um ou mais padrões.[197]

---

196 O uso de indicadores como técnica de governança global está aumentando rapidamente. Os principais exemplos incluem os Indicadores Doing Business do Banco Mundial; os indicadores de Boa Governança e Estado de Direito do Banco Mundial; os Objetivos de Desenvolvimento do Milênio (que informam muitos indicadores); muitos indicadores e classificações da OCDE; os indicadores produzidos pela Transparência Internacional, pela Freedom House e por consultorias especializadas em assessorar investidores sobre riscos políticos; e os indicadores de Tráfico de Pessoas do Departamento de Estado dos EUA. Indicadores de direitos humanos estão sendo desenvolvidos na ONU e em organizações regionais e de advocacia.

197 IILJ. *Working Paper 2010/2 Rev.* Finalizado em 08/02/2011 e disponível em: http://www.iilj.org/publications/documents/2011.8.IndicatorsasaTechnologyofGlobalGovernance.pdf. "O objetivo deste projeto colaborativo é desenvolver uma perspectiva teórica compartilhada entre muitos estudiosos que trabalham em diferentes partes do mundo e em diferentes indicadores, a

Os principais elementos dessa definição são "simplificam" e "comparam". A simplificação se baseia em reduções de situações complexas conforme critérios de importância. Indicadores "medem", por exemplo, o nível de respeito ao Estado de Direito em determinado país, em determinado ano, de forma que possa ser representado por um indicador do tipo "índice de Estado de Direito". Essa simplificação pode envolver a *agregação* de dados de múltiplas fontes e certamente vai envolver uma *filtragem* que exclua certos dados. Os critérios são usados para abstrair características-chave e mantê-las constantes entre as situações, o que permite comparar situações. As comparações produzem dados que alimentam os processos de tomada de decisão. Compreender os indicadores como tecnologias de governança é olhar para as formas como eles permitem a sua operacionalização transversalmente: no nível dos processos de definição de padrões, de tomada de decisão, mas também, para os de vertente mais radical, de *contestação* em governança mundial.

Menciono este último ponto, sobre contestação, porque a defesa de indicadores não acontece desprovida de certa *angústia*. Em um livro com o eloquente título *The Seduction of Qualification*, Sally Engle Merry, membra fundamental do time de governança global da NYU, chama atenção para a "disparidade entre sistemas qualitativos e localmente informados de produção de conhecimento e sistemas mais quantificados com alcance global",[198] do tipo que os indicadores para a formação de políticas e governança produzem. "*Abaixo* da verdade do conhecimento quantificado", diz Merry, "está a complexidade do local, do interpretativo, do

---

fim de desenvolver uma perspectiva teórica mais ampla e sutil sobre o papel dos indicadores na governança global. Esse processo envolve a comparação entre indicadores e entre países. Por meio da comparação desses estudos focados em diferentes locais, indicadores e processos, a equipe criará uma teoria geral sobre como os indicadores funcionam em ação".

198 MERRY, Sally E. *The seductions of quantification*: measuring human rights, gender violence, and sex trafficking. Chicago: University of Chicago Press, 2016, p. 3.

subjetivo", e a referência a "abaixo" invoca uma camada sobre a qual muito depende. É uma camada que aponta para continuidade e ressonância entre os níveis, entre a maior complexidade do local e a menor complexidade do conhecimento que os indicadores produzem. Merry não identifica o vão como déficit de complexidade, mas como disparidade entre quantitativo (indicadores) e qualitativo (práticas locais). É claro que, como dispositivos de ligação entre a necessidade de governar e a necessidade de permanecer sensível ao campo regulado, os indicadores devem atender às exigências de ambos os lados. Sua solução para o déficit que a preocupa é oferecer uma ponte para o local e o interpretativo na forma de uma espécie de "etnografia". O conhecimento baseado em indicadores precisa ser *adequado* ao estrato subjacente, e, para Merry, uma etnografia mais cuidadosa precisa entregar essa adequação e confrontar a "inércia dos dados". Precisa refletir "os mundos sociais e culturais dos atores e organizações que os criam e os regimes de poder dentro dos quais eles são formados".[199] As alternativas incluem uma *genealogia* da construção dos indicadores, presumivelmente para alertar sobre bloqueios e simplificações e abordar as opacidades que acompanham a quantificação. Objetivo declarado dela é "tornar mais visíveis os vieses ideológicos e estruturais específicos dos indicadores".[200] A autoproclamada "abordagem crítica" de Merry sobre os indicadores se compromete a pelo menos permanecer alerta para esses vieses embutidos e alerta para a necessidade de revisibilidade mesmo, ou especialmente, para o ponto em que as premissas estruturantes são tácitas.[201] Porque, em todos os casos,

---

199 MERRY, Sally E. *The seductions of quantification*: measuring human rights, gender violence, and sex trafficking. Chicago: University of Chicago Press, 2016, pp. 4/5.

200 MERRY, Sally E. *The seductions of quantification*: measuring human rights, gender violence, and sex trafficking. Chicago: University of Chicago Press, 2016, p. 26.

201 Pode-se perguntar: "uma característica particular dos indicadores de governança global é a maneira como eles incorporam tacitamente teorias sobre os padrões *apropriados* para medir as sociedades (ou instituições) e as maneiras

algum grau de seletividade é praticado pelo compilador da informação, no sentido de escolha dos indicadores, do peso relativo atribuído a eles, das margens disponíveis a respeito da indisponibilidade de dados. Esta seletividade é significativamente ampliada quando se trata de compilações que agregam uma variedade de indicadores ou compilações transversais. Em todo o espectro dessa seletividade, a teoria crítica dos indicadores convida a qualificações e oportunidades de revisão: "a teoria ou ideia incorporada em um indicador pode ser desenvolvida ou reformulada por seus usuários ou por outros atores de maneiras que diferem de qualquer coisa pretendida pelos produtores".[202] Seu "ativismo de indicadores" exige que os indicadores sejam "emparelhados com contas qualitativas ricas em contexto".

Apesar da angústia, dos protestos, das contestações e qualificações, *não pode haver teoria crítica dos indicadores*. Indicadores não são "emparelhados" com relatos qualitativos porque eles os *substituem*: a relação é de substituição. Um indicador é um dispositivo de simplificação. Sua adequação não é medida nos termos de sua proximidade com o fenômeno que substitui. Da mesma forma que a representação não alcança a presença para medir sua "adequação", os indicadores substituem as práticas que medem, e sua própria adequação é medida em sua funcionalidade. Em outras palavras, a entrega da boa governança baseada em indicadores invoca seus próprios critérios de adequação. Indicadores, em si mesmos e em suas combinações, fornecem uma camada que é exclusiva ao substrato medido por eles (vou explicar isso),

---

apropriadas para medir a conformidade com esses padrões" (MERRY, Sally E. *The seductions of quantification*: measuring human rights, gender violence, and sex trafficking. Chicago: University of Chicago Press, 2016, p. 6, grifo nosso). Mais genericamente à pergunta: "como as condições de produção influenciam os tipos de conhecimento que os indicadores fornecem?"

202 MERRY, Sally E. *The seductions of quantification*: measuring human rights, gender violence, and sex trafficking. Chicago: University of Chicago Press, 2016, p. 11.

um *ab initio* atrelado a uma lógica de funcionalidade. O método funcional, como discutimos, mede a construção-problema sobre uma extensão de soluções propostas. Ele não a escava (isto é, a construção-problema) em uma veia genealógica ou etnográfica, de volta ao significado das práticas.

Uma função de exclusão de segunda ordem é aquela que, por definição, não pode "te deixar para trás" para retornar aos dados de primeira ordem porque o sinal de que uma revisão é necessária, de que os dados foram tornados "inertes", de que as supressões foram passadas sobre particularidades significativas etc., não pode ser recebido *ex hypothesi* ao nível das razões de exclusão. Sua função sempre foi simplificar e, na simplificação, suprimir "contas qualitativas ricas em contexto": o regime semiótico dos indicadores não empresta recursos de texto para acomodar a riqueza de contexto, porque isso seria às custas de sua própria funcionalidade.

Nada disso quer dizer que o uso de indicadores não acumule dividendos, e Merry sabe bem disso. É da essência e da funcionalidade dos indicadores que eles abstraiam, facilitem, suprimam e generalizem. O reconhecimento de que a "transformação do conhecimento particularista em representações numéricas que são facilmente comparáveis (...) tornou-os uma característica-chave da governança. Os dividendos assumem a forma de 'absorção de incerteza'". Como Merry descreve o termo,

> As informações "brutas" normalmente são coletadas e compiladas por trabalhadores próximos à base das hierarquias organizacionais. Mas, à medida que são manipuladas, analisadas e transmitidas acima, são transformadas de modo a se tornarem acessíveis para aqueles próximos ao topo, que tomam a grande decisão. Essa "edição" remove suposições, discrição e ambiguidade, um processo que resulta em "absorção de incerteza": a informação parece mais robusta do que realmente é (...). As premissas por trás

> dos números desaparecem, com a consequência de que as decisões parecem mais óbvias do que poderiam ter sido.[203]

E é claro que a absorção da incerteza é crucial para a forma como as expectativas cognitivas e normativas estão relacionadas e, de maneira mais óbvia, para mudanças na lógica e forma de legitimação. O sucesso de um indicador é medido por seu resultado e por sua adequação e, portanto, sua revisão só funciona em uma direção. Se a adequação fosse medida pela complexidade que ela reduziu e substituiu, então, não absorveria nenhuma incerteza, porque a incerteza persistiria ou retornaria para reduzi-la. Em todo caso, "retornos" desse tipo são impossíveis por *razões excludentes*. São *razões negativas de segunda ordem*, ou seja, razões para não agir por uma razão – razões, em outras palavras, para não retornar às razões de primeira ordem.[204]

Que o desdobramento dos dispositivos e as razões pelas quais eles "desnudam o significado e o contexto do fenômeno" é o que se pretendia e o que está implícito na lógica dos indicadores: eles são constitutivamente orientados para a absorção da incerteza e, como tal, são uma funcionalidade que não tem nada a ver com a recuperação da prática interpretativa ou redirecionando a atenção de volta para o estado de pré-quantificação de uma prática.

Finalmente, é por isso que o apelo por um "ativismo de indicadores" é, na melhor das hipóteses, um apelo para refinar as ferramentas de simplificação e recalibração, e por isso que uma abordagem *crítica*, nesse contexto – um apelo por uma reflexividade aumentada –, é imprópria. A função que se atribui aos indicadores

---

203 MERRY, Sally E. *The seductions of quantification*: measuring human rights, gender violence, and sex trafficking. Chicago: University of Chicago Press, 2016, p. 32, citando Espeland e Stevens.

204 O conceito de razões excludentes foi notoriamente desenvolvido por RAZ, Joseph. *Practical reason and norms*. Princeton: Princeton University Press, 1990.

é constitutivamente a de simplificação, quantificação, comparabilidade, e é apenas em função, e não sobre essas funções, que se mede o seu alcance reflexivo.

***

Permitam-me fechar essa descrição da cooperação epistemológica do mercado com um exemplo concreto que fala muito sobre a *normatividade escondida* do que – na quantificação efetuada por indicadores – aparece como conhecimento objetivamente verificado. O trabalho empírico aqui vem do contexto europeu e, mais especificamente a Estratégia Europeia de Emprego, mas vou tentar evitar as tecnicalidades do Direito europeu o máximo que eu puder. Talvez o único ponto jurídico a ser sinalizado para compreender esse assunto seja a distinção entre liberdades *negativas* e *positivas*. Na arquitetura da Comunidade Europeia, e desde a "União" de 1992, é importante a distinção entre as liberdades econômicas (a circulação de capital, trabalhadores, bens e serviços) que são protegidas diretamente no nível europeu por uma questão de integração do mercado, e outros direitos, tipicamente direitos políticos e sociais, que são protegidos no nível nacional, de acordo com o princípio fundamental da *subsidiariedade*. Com a assimetria embutida na arquitetura da União entre a conexão da integração negativa no nível europeu e o respeito à subsidiariedade no nível das instituições nacionais da solidariedade social, práticas de governança são mobilizadas para preencher a lacuna. É aqui que os "indicadores" desempenham um papel vital: eles se tornaram cada vez mais utilizados como método constitucional no nível europeu, e aqui os dividendos políticos da confiança no "*benchmarking*" e nas "boas práticas" permanecem consideráveis.

Para fins de ilustrar a normatividade escondida dos indicadores, um aspecto fundamental da validação de mercado, vamos usar o "problema perverso" do *desemprego* e olhar para como a governança mobiliza um conjunto de indicadores para tratar dele. A Estratégia Europeia de Emprego de *otimizar a empregabilidade* é instância exemplar do "método constitucional" de coordenação aberta (Open Method of Coordination – OMC). Desempregados registrados nos sistemas nacionais de trabalho endossaram a "flexibilidade", são obrigados a aceitar propostas (temporárias, rotativas ou até "*zero hours*") ou perdem os benefícios de desemprego, e essa aceitação os remove da lista e, consequentemente, das estatísticas. Embora aceitar uma série de contratos temporários não signifique nada para o prospecto de estar empregado, ou, no caso de contratos "*zero hours*", até mesmo de receber um salário, retira os desempregados das estatísticas e produz o efeito de eles aparecerem como "entrantes" quando o contrato de curto prazo termina. O regime do "mercado de trabalho flexível", portanto, tem pontuação melhor nos *benchmarkings* e, consequentemente, as políticas estatais de trabalho parecem mais efetivas. O endosso de "melhores práticas" se traduz na adoção, em escala europeia, de sistemas de ação na política nacional que maximizam o indicador em questão. "O que", questiona Salais, "de fato significa uma taxa de emprego medida independentemente da qualidade dos empregos que a compõem?"[205] Seja lá o que *signifique*, o que ela consegue no mercado comum europeu é significativo: permite a competição entre diferentes modelos normativos conforme os indicadores que, na prática, favorecem certos modelos e em particular o modelo liberal de mercado. Os indicadores de desempenho que encabeçam a lista da estratégia de emprego têm a ver com níveis de emprego. "Qualquer trabalho conta, qualquer que seja sua duração, horas semanais, *status* etc. Ou seja, os indicadores de qualidade, inicialmente chamados de indicadores de 'esforço', destinam-se a medir a eficiência dos planos de ação".[206] As fontes nacionais são

---

205 SALAIS, Robert. "La politique des indicateurs". *In*: ZIMMERMAN, Bénédicte (Coord.). *Les Sciences Sociales à l'épreuve de l'action*. Nantes: Éditions MSH, 2004, p. 113.

206 SALAIS, Robert. "La politique des indicateurs". *In*: ZIMMERMAN, Bénédicte (Coord.). *Les Sciences Sociales à l'épreuve de l'action*. Nantes: Éditions MSH, 2004, p. 109.

designadas para fornecer os valores dos quadros contabilísticos que são depois "harmonizados", processados e compilados pelo Eurostat. A "harmonização" funciona como um rolo compressor sobre as diferenças entre os países que há muito tempo investem na educação e no treinamento de sua força de trabalho (a qual, portanto, entra no mercado de trabalho mais tarde) e os que não o fizeram, estes com pontuações muito mais altas no "15-24" da categoria de emprego, enquanto os países investidores perdem. Mas, mais crucialmente, a categoria de "empregabilidade individual" desconecta a empregabilidade (velocidade de retorno ao emprego) da vulnerabilidade (o retorno ao desemprego). Uma desconexão que operacionaliza uma métrica distorcida que cobre a simples verdade de que, se a empregabilidade e a vulnerabilidade aumentam em paralelo, não há melhoria na taxa de emprego.

Podemos discernir três momentos separados a respeito do processo de desenraizamento dos entendimentos de trabalho e empregabilidade das "convenções de equivalência" e do contexto interpretativo de sua inserção. O *primeiro* envolve *a abstração* de contextos avaliativos que dão sentido às práticas, que fornecem, em outras palavras, entendimentos sobre o que os laços significam para os fins; o que as práticas de fins implicam; o que é considerado como cumpri-las; o que conta como sucesso e fracasso. O *segundo* é submeter essas abstrações à lógica de agregação, comparação e pontuação para identificar qual prática é a "melhor". E o *terceiro*, em um momento de "reentrada", de reimportação das melhores práticas de volta ao campo regulamentado. Não vou repetir esse debate aqui (ele pode ser encontrado no subcapítulo 3.2 de *The Redress of Law*), exceto para dizer o que significa, na terceira etapa, "importar" as melhores práticas.

O *momento final*, de *reentrada*, é o de implementar as "melhores práticas", importando-as de volta para o sistema que se encontra aquém das "melhores práticas", que já não têm nada a ver com a racionalidade instrumental que orienta os meios aos fins conforme molduras interpretativas, e *tudo* a ver com corte de custos e maximização de retornos. A "melhor prática" precisa ser *reinserida* no sistema nacional da política pública. Esse ato envolve um processo de "aprendizagem", que requer, antes de tudo, *tração*, porque aprender envolve uma *produção* de estruturas de expectativa normativas particulares do campo receptor. E o que é arriscado com o deslocamento dessas estruturas (normativas) no limite da reentrada é a geração da *falta de sentido*. Se o que é eficaz e o que é eficiente se desfizeram do *telos* ou do ponto da prática que primeiro informava seu sentido, então, o que significa para ela se restabelecer agora, *a posteriori*, como medida e registro de eficiência, da relação entre meios e fins? Efetividade, à deriva de contextos particulares de ação instrumental e de sua compreensão particular de instrumentalidade, só aparecerá como reduzida à lógica econômica de corte de custos que desencadeou o *benchmarking* em seu caminho em primeiro lugar. "O que significa uma solução, qualquer solução, ser *adequada*?", perguntamos mais cedo. A pergunta nunca é respondida, exceto por padrão, na forma do significante flutuante "melhor prática" e sua invocação implacável. A cada retransmissão, outra camada, e com ela um espessamento não apenas da opacidade, mas contraintuitivamente também da normatividade, se Benedict Kingsbury for levado ao pé da letra.[207] O "melhor" da "melhor prática" entra no circuito do critério de otimização pelo qual o ciclo de desencaixe atinge o fechamento perfeito. Nesse ponto, em outras palavras, o envolvimento do mercado torna-se total; outro capítulo na história contínua das economias capitalistas extraindo mais-valia da operacionalização das assimetrias produtivas.

---

207 "À medida que as camadas da prática normativa comum se adensam, elas passam a ser defendidas e adotadas por meio de uma mistura de estudo comparativo e uma sensação de que são (ou se tornam) obrigatórias" (KINGSBURY, Benedict. "The concept of law in global administrative law". *European Journal of International Law*, 2009, p. 32).

O eclipse da Constituição Política

Com isso, fechamos um ciclo. A cooptação epistemológica, mobilizada pela lógica da governança, instala uma gama de possibilidades, a circunferência do que é imaginável como bem comum e ação coletiva. A governança desloca a política tanto no registro da democracia quanto no da epistemologia. Ela suplanta a democracia com *stakeholding*, inserindo agonia sem história no nível de como a sociedade organiza sua reprodução material por meio de categorias democráticas nas conjunturas do que significa agir e pensar politicamente. E autoriza isso no nível epistemológico com a retirada da linguagem em que o trabalho, o valor e a economia moral poderiam ter encontrado expressão fora do que pode ser descontado em termos de mercado. O que surge como governança racional e o que se afasta da inteligibilidade, o que se estabelece como politicamente racional e o que é refutado como politicamente ingênuo ou insano recebem sua sanção nas coordenadas do mercado.

Enquanto voltamos à questão do constitucionalismo, e acompanhamos a mudança do constitucionalismo político para o de mercado, voltamos à *função constitucional* para, finalmente, traçarmos alguns *insights* sobre o significado do constitucionalismo de mercado em termos da significativa alavancagem que ele ganha com o paradigma emergente de governança, longe da normatividade da Constituição Política e em direção à sua adaptação cognitiva sempre renovada. Perguntar sobre *governança constitucional* não é perguntar se a predicação "constitucional" é garantida, mas, de maneira mais preocupante, perguntar o que, se há algo, impede os dois termos de se misturar, numa implosão que reconfigure o espaço político na sua totalidade.

Com algumas exceções teimosas, teóricos da Constituição têm se voltado para o *fait accompli* de que a constitucionalidade da governança constitucional foi redefinida. Para sentir o clima do debate na teoria constitucional alemã, podemos nos voltar para o trabalho influente de Christoph Mölliers, que contrasta dois *paradigmas* no nível constitucional: uma "estrutura de direito privado de instituições públicas" e seu oposto, "uma estrutura de direito público de instituições públicas". O primeiro se baseia na elaboração "heterárquica" da lei, articulações horizontais em vez de qualquer imposição de vontade política de cima para baixo, gira em torno da relacionalidade, "processos de coordenação espontâneos", e é tipicamente visto como "autoemergente".[208] No limiar (deslizante) do que é mantido como racional e do que é substituído nos processos constitucionais de realinhamento, o que normalmente cede é o "quadro tradicional do Direito Público", que, somos lembrados, "ainda invoca hierarquia" e define o Direito como o resultado de um "processo político que é (...) intencionalmente dirigido".[209] Embora o "discurso jurídico transnacional" invoque ambas as estruturas, e embora a tendência seja claramente a "aplicação de uma estrutura de direito puramente privado", "uma teoria adequada" do constitucionalismo, insiste Möllers, "precisa de uma síntese dialética de ambas as abordagens [e] vive até suas tensões e contradições".[210] Reparem na linguagem da adequação de novo, dessa vez combinada com a "síntese dialética". Talvez Mölliers esteja certo, e talvez essa "síntese" esteja entre as cartas. Mas no *interregnum* há paralisação dialética. E as marcas do arcabouço tradicional do constitucionalismo político (o "quadro de direito público das instituições públicas" de Möllers), com seu vínculo constitutivo com "o processo político" e compromisso com a "direção", temos apenas deslocamento nos pontos em que

---

208 MÖLLERS, Christoph. "Transnational Governance without a Public Law?" *In*: JOERGES, C.; SAND, I-J.; TEUBNER, G. (Coord.). *Transnational Governance and Constitutionalism*. Oxford: Hart, 2004, p. 335.

209 MÖLLERS, Christoph. "Transnational Governance without a Public Law?" *In*: JOERGES, C.; SAND, I-J.; TEUBNER, G. (Coord.). *Transnational Governance and Constitutionalism*. Oxford: Hart, 2004, p. 337.

210 MÖLLERS, Christoph. "Transnational Governance without a Public Law?" *In*: JOERGES, C.; SAND, I-J.; TEUBNER, G. (Coord.). *Transnational Governance and Constitutionalism*. Oxford: Hart, 2004, p. 337.

o "velho" busca sua acomodação racional, com o resultado de que seus princípios organizadores são deixados no mar, impossíveis de acomodar no novo, descartados como redundantes e "irracionais".

***

A mudança que, de maneira mais relevante, acompanha a mudança abrangente do constitucionalismo político para o de mercado é *a mudança das expectativas constitucionais de um registro normativo para um cognitivo.* Já olhamos, com Luhmann, para a rápida mudança de "expectativas que são mantidas contrafactualmente" para as que são forçadas a "aprender" na sociedade global, e a repercussão dessa mudança para a função do sistema jurídico em face do "fluxo constante de decepções" ao qual o Direito é "constantemente chamado a se ajustar".[211] A regulação *responsiva* e a "regulação por informação" surgiram como instâncias da mudança geral, e os importantes primeiros trabalhos de Teubner sobre o *Direito reflexivo* foram exemplo dessa capacidade de resposta, envolvendo um cuidadoso repensar do equilíbrio entre o normativo e o cognitivo em termos do desempenho do Direito como instrumento de regulação. Ele argumentou contra uma incursão impensada das demandas normativas do Direito sobre os domínios sociais cuja própria lógica seria, consequentemente, jogada fora de ordem, e a favor de se repensar a normatividade em termos de uma tentativa mais consciente de aprender e de entender o campo regulado. Para Luhmann, tal responsividade superava o alcance reflexivo do Direito. Mas quaisquer que sejam suas diferenças, o esforço foi todo no sentido de afiar o instrumento na direção de um melhor conhecimento que possa melhorar os objetivos normativos da regulação, quaisquer que sejam os novos equilíbrios do normativo e do cognitivo em condições de crescente complexidade. Conforme movemos nossa discussão, no entanto,

211 LUHMANN, Niklas. *Law as a Social System*. Oxford: Oxford University Press, 2004, p. 468.

rumo à normatividade escondida dos indicadores, às práticas de *benchmarking* e à forma com que a regulação foi reconfigurada em constelações sociais como as redes, as tentativas de calibração se transformam em algo mais sinistro: o *deslocamento* do normativo por expectativas cognitivas. Aproveitando a complexidade aumentada, mas ao mesmo tempo eliminando todas as nuances, surgiu a mensagem altamente simplificada da nova governança: que a tomada de decisão política investida de força jurídica normativa não poderia e não deveria ser empregada diretamente para lidar com situações complexas e "problemas perversos". Sob os auspícios do "democrático" ou da "boa governança", um corpo significativo de literatura orientada por políticas dispersou seus *insights* pela sociedade, sugerindo a "regulação por informação" no lugar da regulação direta com suas "técnicas de comando e controle" e convidando uma mudança de estruturas de incentivos por meio do fornecimento de informações adequadas, ou vinculando a regulação por informação à "regulamentação por redes".[212]

Preocupados em não entregar a conquista normativa do constitucionalismo político, finalmente nos voltamos, nesta seção conclusiva, a explorar os equívocos ligados à significante *governança constitucional*: a configuração específica que ela oferece do normativo e do cognitivo, do que deve ser insistido como normativo contra o que deve ser aprendido como cognitivo, do que resiste ao que cede. Anteriormente, examinamos o desdobramento da forma muito particular de reflexividade do Direito. Constitucionalismo não é introspecção, embora também o seja. Mas, em sua exposição seletiva e autocontrolada ao seu ambiente, ele controla seus processos de aprendizagem à luz de seus compromissos normativos. Com a globalização e o surgimento da governança, foi a implantação

---

212 Ver o trabalho de R. Dehousse (e comitologia de forma mais geral) em LADEUR, Karl-Heinz. "Globalization and the conversion of democracy to polycentric networks: can democracy survive the end of the Nation-State?" *In*: ______. *Public Governance in The Age Of Globalization*, 2004, pp. 139-141.

dessa reflexividade específica que ficou ameaçada. A questão que se coloca ao constitucionalismo político é como conciliar a situação de elevada complexidade que o confronta com a função do Direito e o uso específico da normatividade a ela vinculada.

Nesse contexto, o que significa identificar uma tensão na forma com que a Constituição lida com os dois tipos de expectativa? Como sempre com Luhmann, a resposta é apresentada como uma questão de complexidade. Uma premissa importante da teoria dos sistemas é que, assim que a diferença sistema/ambiente é estabelecida, o sistema começa a desenvolver diferenciação interna em uma maneira recursiva. Mecanismos reflexivos surgem internamente ao sistema para permitir que ele responda ao seu ambiente, referindo a complexidade ambiental "não estruturada" à sua própria "complexidade estruturada". A função do sistema jurídico, e a conquista do constitucionalismo, é manter o controle sobre o desdobramento reflexivo e do diferencial entre os níveis em discussão: o equilíbrio que Luhmann chama de variedade (maior abertura aos estímulos ambientais) e redundância (relativa indiferença a eles). Tudo na teoria de sistemas gira em torno desses diferenciais de complexidade (*Komplexitätsgefälle*) e em sustentá-los na implantação produtiva. Na base está o desejo de permanecer relevante e, para esse objetivo, os sistemas gerenciam sua própria abertura cognitiva diante de ambientes cada vez mais exigentes, e gerenciamento aqui significa controlar sua capacidade de ressonância por meio de seu próprio controle de normatividade. É aqui que a recalibração do equilíbrio normativo/cognitivo pode prejudicar a função. Sob condições de globalização, a conquista *funcional* do Direito fica cada vez mais instável por causa da alta complexidade. Se o controle do "diferencial de complexidade" for enfraquecido, a função do Direito de gerar e garantir a estabilidade das expectativas (e controlar e imunizar contra o conflito) fica comprometida.

Assim, no que diz respeito à teoria dos sistemas, o risco de que as demandas impostas ao Direito pela globalização ameacem uma assimetria patológica entre "supercomplexidade" em relação às expectativas cognitivas do sistema e "subcomplexidade" em relação às suas expectativas normativas enfraquece seu próprio mecanismo estabilizador que pressupõe níveis adequados de "indiferença". Em jogo está a capacidade da Constituição de controlar e tornar funcional a lacuna de complexidade, o equilíbrio autogerido entre os dois níveis de complexidade. Os mecanismos reflexivos apropriados para processar expectativas cognitivas, até nesse nível de complexidade, devem contar com o uso da normatividade do Direito. Os critérios normativos orientam a seleção de informações relevantes, e os processos de aprendizagem são aqueles que mantêm ambos os conjuntos em jogo e gerenciam a relação entre eles. Esse exercício de equilíbrio pode pender decisivamente para o lado da complexidade ambiental, mas se alcançará por fim um ponto limite para a capacidade do Direito de implantar a normatividade como condição e filtro de aprendizagem – suas próprias estruturas de expectativas cognitivas moduladoras que chamamos de "reflexividade". Diante da rápida expansão dos mercados, está em jogo a capacidade do Direito de reproduzir seu próprio repertório de razões contra as razões do mercado. O apego constitucional à sua reflexividade é desafiado na direção de uma separação radical e avassaladora dos dados econômicos, que corre o risco de perder a distância que permite a ressonância particular do Direito e o risco de ser abandonado a um ajuste de mercado não qualificado. Esse abandono é precisamente o que é celebrado nas variedades de governança "constitucional" como pensamento de mercado total.

CAPÍTULO V

ESTRATÉGIA CONSTITUCIONAL: REIVINDICANDO A CONSTITUIÇÃO

O capítulo final deste livro sugere linhas de defesa do constitucionalismo político contra sua deformação de mercado. Definimos constitucionalismo político nos termos da junção do político com o jurídico, com todas as limitações e potencialidades que essa junção engendra. Com o constitucionalismo de mercado, a integridade da *ratio juris* se rende ao pensamento de mercado num profundo processo de cooptação. Exploramos os dois paradigmas de olhar para como a Constituição ficou à deriva de sua orientação constitutiva para o político-constituinte e foi exposta para ser reconfigurado pelo "pensamento de mercado total". Este capítulo final retorna à estratégia constitucional, para resgatar a Constituição Política do modo como foi posta em curto-circuito para sancionar o mercado.

Vamos fazer um balanço do argumento até aqui. Na história moderna do constitucionalismo político como um projeto histórico e *inacabado*, teóricos da Constituição começaram traçando uma distinção: entre política e Direito, entre vontade e razão, democracia e direitos ou, em sua formulação mais abstrata, entre *poder constituinte* e *poder constituído*. Seja como for que se configure a distinção, o que é constante é que os polos se articulam e que sua articulação se caracteriza pela tensão. Constitucionalismo é o nome dessa articulação. O constitucionalismo político, consequentemente, nos dá o vocabulário para equipar a experimentação democrática e, ao mesmo tempo, delimita o campo da experimentação. Se ele alcança ambos imperfeitamente, então essa própria imperfeição carrega a marca da lógica da instituição em todas as três dimensões de seu significado, com sua oferta de "contenção" primeiramente de antagonismo social nas configurações do "povo" (em nível nacional, supranacional e níveis intermediários), segundo, das apostas políticas em questões constitucionais, adjudicação e tematização de direitos, e terceiro, do tempo político – *kairós*, tempo oportuno ou intervenção – no elenco da renovação constitucional. Na delimitação imperfeita, essa contenção tensa abrigou a capacidade de resposta ao dinamismo da política. Na especificidade da linguagem constitucional, necessariamente redutiva do escopo dos significados políticos, garantiu tanto renovação quanto estabilidade. Essa "imperfeição" nas duas direções garante que sempre vai haver tensão, e o constitucionalismo atravessa essa tensão com a promessa de autodeterminação por trás do que sanciona como condições dessa autodeterminação em termos de eleitorado relevante, temática, emendabilidade, o que é negociável e o que é fixo. Luhmann, com a ajuda de conceitos de junção estrutural, chamaria isso de liberação seletiva da Constituição do futuro nas dimensões, respectivamente, social, material e temporal. A inquietação do sentido do texto constitucional rastreia algo da inquietação do político. Isso permite ao constitucionalismo político uma reivindicação sobre o constituinte nas diversas modalidades, irredutível ao constituído, o primeiro equilibrado assimetricamente ao segundo. Foram essas "acomodações imperfeitas" de um constitucionalismo político que encontramos anteriormente, reafirmadas em relação à dimensão formal da reflexividade constitucional e, em seguida, em relação à sua dimensão substantiva. Em relação à última, examinamos todas as implicações políticas da "questão social", o valor dogmático da solidariedade que a sustenta e a maneira como ela operacionaliza as categorias político-democráticas na definição constitucional de participação, proteção e produção.

A globalização veio para tensionar essa contenção. Conforme o capital foi liberado de seu relativo confinamento nas economias políticas nacionais e liberado para maximizar seus retornos, burlando os Estados sociais e os sistemas de proteção nacional, um gesto compensatório em grande escala se efetivou com a explosão plural do constitucionalismo no cenário global. Se o constitucionalismo político encontra suas coordenadas na articulação-tensão entre política e Direito, o novo paradigma o deixa sem sua tensão constitutiva. Em vez disso, temos proliferação horizontal. Que moeda precisamente define algo em circulação como constitucional não é especificado, mas o pluralismo talvez nos diga que não deveria ser (capítulo III). Contra supostos entendimentos hegemônicos, hierarquização, imaginários políticos privilegiados e tudo mais, o pluralismo convida à pluralidade também no nível das definições: nenhum privilégio a nenhum dos critérios do constitucional. Nas variedades de governança "democrática" e "experimental", a "democracia está mexendo", proclamam seus defensores,[213] com a promessa de "liberar" as vozes políticas da camisa de força do Estado. E talvez seja por causa da forma com que essa variedade de discursos oposicionistas ao Estado encontra expressão no constitucionalismo plural que ele permita a coexistência tão perfeita entre certos projetos amplamente emancipatórios e as formas neoliberais, tanto em seu endosso da oposição aos constitucionalismos centrados no Estado quanto nos centralizadores. A liberação das reivindicações normativas limitantes do Estado e sua monopolização do bem comum impulsiona os pluralistas. O ódio ao Estado une libertários e ativistas antiestatais em uma causa comum, de modo que o pluralismo constitucional é celebrado por todos os campos como adaptado a uma multiplicidade de lealdades, identificado com o "experimentalismo democrático", constitutivamente ligado ao "experimentalismo democrático", à "governança policêntrica" e a despertares "cosmopolitas", um movimento que muitas vezes

213 SABEL, Charles. "The quiet revolution of democratic governance". *Governance in the 21st Century*, Paris, OECD Publishing, 2001, p. 121.

combina com o princípio do discurso de Habermas em sua instanciação democrática. Como Thornhill resume o clima na teoria jurídica europeia:

> A mudança de foco para o pluralismo reflete o sentido subjacente de que, se a UE tem uma Constituição, é uma Constituição que não está esgotada em textos jurídicos, e que só vem à luz por meio da análise de a correlação entre formação jurídica, padrões de motivação conflitante, reivindicações de primazia jurídica e processos sociais embutidos de deslocamento e realinhamento jurídico.[214]

Em tudo isso, o impasse se torna produtivo, o paradoxo do déficit democrático do "Constituição global" se desdobra no que está se instalando rapidamente como a conquista evolutiva de um constitucionalismo global, com o pluralismo substituindo a democracia e a constitucionalização substituindo a constitucionalidade.

Exploramos a ascensão do constitucionalismo de mercado no último capítulo. A chave para a virada do mercado foi a entrada dos sistemas nacionais de proteção social na competição regulatória na forma de *law-shopping* ou *forum-shopping*. A ascensão do pensamento de mercado envolve uma mudança abrangente do imaginário constitucional de um registro político para um registro econômico. A prevalência sem precedentes e hoje inquestionável da razão econômica envolveu sua expansão para o que antes era a conquista constitucional de uma junção do constituído com o constituinte. Agora, a dimensão constituinte da razão constitucional se dobra sob o "pensamento de mercado total". Uma resposta a um deslocamento tão abrangente deve envolver uma reorientação estratégica do pensamento constitucional.

---

214 THORNHILL, Claude. "Legal Pluralism: the many books on Europe's 'many Constitutions'". *Social & Legal Studies*, vol. 22, 2012.

Ação constitucional estratégica e comunicativa

Agora, pensar na Constituição em termos estratégicos vai imediatamente se defrontar com uma série de objeções. A mais óbvia emana da teoria do discurso racional e da transferência do conceito da racionalidade discursiva para o contexto do constitucionalismo. Mais especificamente, quando Habermas intima os cidadãos a "se apropriarem criticamente da missão constitucional", é porque eles podem identificar essa missão como sua, na medida em que a Constituição estabelece práticas de deliberação que podem fornecer aos cidadãos razões determinantes de sua ação que eles podem aceitar porque contribuíram para ela. Em *Teoria da Ação Comunicativa*, Habermas identifica processos inclusivos de troca de razões entre interlocutores no debate político como forma de "ação comunicativa", porque eles pretendem chegar a um entendimento e a um consenso.[215] Ele contrasta ação comunicativa e ação estratégica, porque, enquanto a primeira é orientada a alcançar o entendimento, a segunda é "orientada para o sucesso".[216] Aqueles que se engajam na ação estratégia o fazem com o objetivo de alcançar suas próprias metas *por meio* da decisão de outros.[217] Para explicar a diferença, Habermas volta à teoria dos atos discursivos e à distinção entre ilocucionário e perlocucionário popularizada por Austin, correlacionando-a muito facilmente com a comunicação e a estratégia: na ação comunicativa, "os participantes perseguem atos ilocucionários sem reservas", enquanto o *perlocucionário* tem uma "relação interna" com a ação estratégica, porque pressupõe e distorce o "*telos* inerente da fala" na medida em que os atos perlocucionários não

215 HABERMAS, Jürgen. *The Theory of Communicative Action*. Cambridge: Polity Press, 1984, p. 288, p. 99.

216 HABERMAS, Jürgen. *The Theory of Communicative Action*. Cambridge: Polity Press, 1984, p. 288.

217 HABERMAS, Jürgen. *The Theory of Communicative Action*. Cambridge: Polity Press, 1984, p. 285.

visam persuadir, mas influenciar.[218] Por trás disso, Habermas traça a distinção entre ação comunicativa e ação estratégica:

> Enquanto, na ação estratégica, um ator procura influenciar o comportamento de outro por meio da ameaça de ações ou da perspectiva de gratificação para fazer com que a interação continue como o primeiro ator deseja, na ação comunicativa, um ator busca racionalmente motivar o outro baseando-se no efeito vinculativo/vinculativo ilocucionário da oferta contida em seu ato de fala.[219]

A "distorção" estratégica leva da razão comunicativa à instrumental, e da deliberação racional, inclusive da formação de sujeito, a uma "polêmica" lógica diferente de ganhar: embora manipulando se necessário, em vez de persuadir. A busca da verdade é contrastada com a manipulação, a automotivação para outras causas, com a própria razão constitucional, é claro, caindo do lado do ilocucionário.

Tudo isso pode parecer simples e, na medida em que a influência de Habermas no pensamento constitucional tem sido impressionante, até mesmo autoevidente. Com as cartas empilhadas contra ela, a estratégia constitucional é oposta às conexões constitutivas entre deliberação, consenso e verdade e, na teoria constitucional, à autodeterminação democrática, conexões que situam de forma abrangente a razão constitucional no paradigma discursivo. E o que faz da tarefa de resgatar o pensamento "estratégico" uma forma de ação racional é como é formidável a ambição da projeção de Habermas, em que a função constitucional volta até o uso da linguagem ("pragmatismo universal"), casado com a abertura do

---

218 HABERMAS, Jürgen. *The Theory of Communicative Action*. Cambridge: Polity Press, 1984, pp. 289-295.

219 HABERMAS, Jürgen. *Moral consciousness and communicative action*. Cambridge: MIT Press, 1983, p. 58.

discurso ("a situação discursiva ideal"). A ênfase no "ilocucionário", a motivação de persuadir em vez de vencer, atravessa toda a linha de comunicação dirigida constitutivamente ao consenso, garantia da verdade e da correção das declarações. E ela se transfere para o plano constitucional, onde as "ofertas comunicativas" recebem sua expressão institucional como direitos constitucionais básicos que nós "mutuamente concedemos uns aos outros", dando conta da emergência de uma "perspectiva-nós" sustentada pela Constituição. Nenhum ponto de entrada para ação estratégica nas extensões suaves da operação do consenso. Diz Habermas:

> Sob os pressupostos pragmáticos de um discurso racional inclusivo e não coercitivo entre participantes livres e iguais, todos são obrigados a assumir a perspectiva de todos os outros e, assim, projetar-se nas compreensões de si e do mundo de todos os outros; desse entrelaçamento de perspectivas emerge uma "perspectiva do nós" idealmente estendida a partir da qual todos podem testar em comum se desejam fazer de uma norma controversa a base de sua prática compartilhada.[220]

A situação deliberativa sustenta a criação de normas e, por extensão, a prática constitucional. De acordo com sua famosa formulação do princípio do discurso, só são válidas aquelas normas com as quais todas as pessoas possivelmente afetadas podem concordar como participantes de um discurso racional. O termo "todas as pessoas possivelmente afetadas" se refere à posição do destinatário. O contrafactual "podem concordar" situa todos os remetentes da norma. Essa coincidência das posições de fala pressupõe a vinculação do nosso Direito a um movimento racional e autorreflexivo. Habermas explica:

---

220 HABERMAS, Jürgen. "Reconciliation through the public use of reason". *In*: CRONIN, C. (Coord.). *The Inclusion of the Other*. Cambridge: Polity Press, 1999, p. 58.

> Como sujeitos jurídicos, eles devem ancorar essa prática de autolegislação no meio do próprio Direito; eles devem institucionalizar legalmente aqueles pressupostos e procedimentos comunicativos de uma formação de opinião e vontade política em que o princípio do discurso é aplicado (...). Dessa forma, o princípio do discurso adquire a *forma jurídica de um princípio democrático.* [A] ordem jurídica moderna só pode tirar sua legitimidade da ideia de autodeterminação: os cidadãos devem sempre poder se entender também como autores do Direito ao qual estão sujeitos como destinatários.[221]

E assim, finalmente, como Klaus Günther coloca, "[o] processo democrático se distingue de todas as outras formas de legitimação de normas ao unificar a noção de cidadão e a noção de pessoa jurídica no conceito de pessoa deliberativa",[222] engajando o cidadão em uma forma de *autovinculação racional.*

Existem três momentos distintos nessa conceitualização do discurso público que podemos separar analiticamente em três níveis. O primeiro se refere à condição da pragmática universal. O segundo se refere às condições procedimentais que subjazem e garantem sua abertura. O terceiro diz respeito à passagem da prática deliberativa à prática institucional. A grande síntese de Habermas depende da articulação interna dos níveis.

O nível do uso da linguagem: o significado surge no nível das condições pragmáticas das relações entre falantes. O conteúdo semântico de um ato discursivo está ligado à dimensão pragmática do enunciado (do ato de enunciar). Esses *insights* estão na raiz da teoria da pragmática universal, desenvolvida por Habermas

221 HABERMAS, Jürgen. *Between facts and norms*. Cambridge: Polity Press, 1995, pp. 458 e 449.

222 GÜNTHER, Klaus. "The Criminal Law of 'guilt' as subject of a politics of remembrance in democracies". CHRISTODOULIDIS, E.; VEITCH, S. (Coord.). *Lethe's Law*. Oxford: Hart, 2001, p. 11.

com Karl-Otto Apel nos anos 1970 e que se refere às condições do nível base do uso da linguagem. A teoria sugere uma estrutura transcendental de que todo uso da linguagem *já* pressupõe. "Qualquer um que atue comunicativamente", diz Habermas, "deve, ao realizar qualquer ação de fala, levantar reivindicações de validade universal e supor que elas podem ser justificadas",[223] o que significa que todo ato de fala, constitutivamente, envolve a elevação, reconhecimento e resgate de reivindicações de validade.[224] A afirmação implícita em qualquer oferta comunicativa é que a oferta é compreensível, verdadeira, sincera e, no contexto em que é oferecida, correta ou apropriada para ela. Se o falante for questionado sobre algum desses aspectos, a falha em justificar a verdade, sinceridade etc. no seu discurso levaria à "contradição performativa". A estrutura do discurso da pragmática universal subjaz o que realmente *significa* se comunicar.

Notem que existe uma dimensão normativa básica até mesmo nesse nível introdutório de requerimentos iniciais para comunicação. Essa dimensão normativa básica está ligada a uma reivindicação de justificação que precisa ser atendida.[225] É um *insight* vital de Habermas que o oportuno desempenho da comunicação já importe critérios normativos no nível básico de sua "gramática", "uma moralidade que torna a linguagem possível", para parafrasear a famosa formulação de Lon Fuller sobre o Direito. Os participantes

---

223 HABERMAS, Jürgen. *Communication and the Evolution of Society*. Boston: Beacon Press, 1979, p. 2.

224 Em contraste, para Luhmann a comunicação não deve ser reduzida à "ação comunicativa" que "registra a participação de outros como mero efeito dessa ação ou como implicação normativa no sentido de Habermas" (Luhmann 1992). Em sua própria teoria da comunicação, Luhmann trata o "ato comunicativo" (*Mitteilung*) como o meio termo da tríade informação/ato comunicativo/compreensão.

225 O que impõe uma série de padrões morais não opcionais à comunicação que funcionam como constrangimentos que permitem a prática que é a comunicação. Para uma análise extensa, ver PAVLAKOS, George. *Our knowledge of the Law*. Oxford: Hart, 2007.

da comunicação, diz Habermas, "não podem compreender nem interpretar mal uns aos outros, a menos que haja um pressuposto de racionalidade".[226]

Perfeitamente, a normatividade das condições de entrada da comunicação se estende para cima: a prática da comunicação orientada para o entendimento mútuo exige que os interlocutores assumam uma atitude de reconhecimento mútuo em relação ao outro (derrotável, é claro, na medida em que se prove o engano) em que consideram uns aos outros como iguais no que diz respeito à sua capacidade de discurso racional e à avaliação racional do discurso. É por isso que a ação comunicativa "sempre já pressupõe essas mesmas relações de reciprocidade e reconhecimento mútuo em torno das quais todas as ideias morais giram na vida cotidiana não menos do que na ética filosófica".[227]

O nível de chegar a consensos: a *situação discursiva ideal* estabelece os parâmetros dentro dos quais atos discursivos podem circular em condições de comunicação não coercitivas para que julgamentos práticos possam ser alcançados sobre as normas que damos a nós mesmos, transparentes e reflexivas por completo. De acordo com a famosa formulação do princípio do discurso de Habermas, somente são válidas aquelas normas com as quais todas as pessoas possivelmente afetadas podem concordar como

226 HABERMAS, 2005, p. 86.

227 HABERMAS, Jürgen. *Moral consciousness and communicative action*. Cambridge: MIT Press, 1983, p. 130. Apel vai mais além. Ele tenta capturar essa exigência normativa de toda agência e percepção por meio da linguagem, empregando o que ele considera ser a dimensão prescritiva da ética do discurso (*Präskriptive Dimention der Diskursethik*). De acordo com esse pensamento, há uma dimensão do discurso que ultrapassa os limites estreitos da fala e da linguagem e se estende sobre a agência (e percepção). Essa dimensão repousa sobre uma *Grundnorm* moral/ética cuja prescrição é: "todos os seres que são capazes de se comunicar por meio da linguagem devem ser reconhecidos como pessoas" (Em PAVLAKOS, George. *Our knowledge of the Law*. Oxford: Hart, 2007, p. 122).

participantes do discurso racional. Essa coincidência das posições de fala do remetente e do destinatário dispensa qualquer necessidade de justificativas externas e pressupõe a vinculação das normas em um movimento racional e autorreflexivo.

Nesse modelo, a ação comunicativa compreende tanto atos ilocucionários de um falante quanto uma posição racionalmente avaliativa (sim/não) tomada por um ouvinte sobre a aceitabilidade das "reivindicações de validade" implícitas no que é dito. O sucesso de um ato ilocucionário em estabelecer um acordo não coagido depende da "aprovação racionalmente motivada" pelo ouvinte do que é dito.[228] Nesse ponto, a conexão com as condições pragmáticas do discurso é direta. E Habermas argumentará que "um falante deve a força vinculante de seu ato ilocucionário *ao efeito coordenador da garantia* que ele oferece: a saber, para resgatar, se for o caso, a pretensão de validade suscitada com o seu ato de fala".[229] Dessa forma, as restrições internas impostas pelo objetivo de chegar a um acordo levam a uma forma de responsabilização racional na qual os falantes se sustentam, e a prática de criticar e justificar reivindicações ("discurso") dá origem a uma forma distinta de racionalidade, que Habermas chama de "racionalidade comunicativa". A circulação de reivindicações de validade em todos os casos diz respeito a atos "ilocucionários", ofertas comunicativas para persuadir, não para influenciar. Este último motivo faria com que a lógica da ação passasse da comunicação para a estratégia.

Agnes Heller coloca isso muito bem numa crítica na qual sugere que Habermas atribui à razão o que Marx atribui ao proletariado: que foi o destinatário da história no importante senso de que, ao superar sua parcialidade constitutiva (um movimento que Marx chamou de o "em si" para o "para si"), conquistaria

228 HABERMAS, Jürgen. *Moral consciousness and communicative action*. Cambridge: MIT Press, 1983, p. 134.

229 HABERMAS, Jürgen. *The Theory of Communicative Action*. Cambridge: Polity Press, 1984, p. 302.

para si a universalidade que resolveria o “enigma da história”.[230] Em um aspecto, Heller exagera na analogia. Mas acerta em cheio em um aspecto: a restauração autorreflexiva da razão mantém vivo o tema hegeliano que informou a primeira geração da Escola de Frankfurt enquanto permite a Habermas libertar sua teoria de qualquer implicação materialista, no que diz respeito à identidade de ação.[231] Permite que ele mantenha a idealidade da teoria afastada das condições materiais de sua instanciação, pelo que convenientemente a Razão se posiciona como um corretivo para a natureza fragmentária e excludente de sua expressão real na história. Como para Marx, certa teleologia é embutida na História, um impulso para uma limpeza progressiva das impurezas, dos impulsos “colonizadores” das lógicas sistêmicas, das exclusões e do silenciamento daqueles que são os próprios destinatários da Razão. E, no entanto, à medida que aumentam as faixas dessas populações redundantes do globo, aqueles que a organização global da produção não exige nem como produtores nem como consumidores e – mais apropriadamente a esta discussão – a quem a construção do Direito global não exige como emissários nem como destinatários de normas, a questão do que poderia incluí-los na situação de diálogo, mesmo que apenas para desafiar sua exclusão, é devastadoramente levantada.

O *nível de institucionalização*: o terceiro passo envolve a institucionalização do procedimento por meio de direitos que subscrevem a participação na esfera pública. Foi Robert Alexy quem inicialmente propôs a “tese do caso especial” para o Direito (*Sonderfallthese*), elevando-o a caso especial de razão prática,

230 HELLER, Agnes. “Habermas and Marxism”. *In*: THOMPSON, J.; HELD, D. (Coord.). *Habermas: critical debates*. Londres: Macmillan, 1982.

231 Para os críticos de Habermas, o radicalismo prometido há muito se dissipou. “O manto da Escola [de Frankfurt] passou para Jürgen Habermas, orgulhoso de ser contado entre os crentes, mas crítico de quase todos os itens principais do credo”. (EAGLETON, Terry. *Figures of Dissent*. Londres: Verso, 2003, p. 77).

capaz de abrigar a operação da razão pública.[232] A partir disso, dividendos significativos se acumulam em duas frentes. Primeiro, o Direito sustenta processos que prometem fundamentar a correção de enunciados normativos no consenso, mas nos quais este permanece para sempre apenas potencial (o acordo de todos é praticamente inatingível)[233] por razões contingentes de tempo e espaço, mas também por razões de sempre manter aberto o procedimento de formação da vontade ao argumento mais persuasivo. Habermas vai reconhecer: discursos acontecem em contextos sociais específicos e estão sujeitos às limitações de tempo e espaço. Tópicos e contribuições têm que ser organizados. O Direito tem papel vital aqui. A segunda razão pela qual a institucionalização importa é porque ela ampara a participação dos indivíduos na esfera pública por meio da sanção tanto da capacidade quanto da autonomia. Em ambas as frentes, são necessárias *medidas institucionais* para

> neutralizar suficientemente limitações empíricas e interferências internas e externas evitáveis, de modo que as condições idealizadas sempre-já pressupostas pelos participantes da argumentação possam pelo menos ser adequadamente aproximadas. A necessidade de institucionalizar os discursos, por mais trivial que seja, não contradiz o conteúdo parcialmente contrafactual dos pressupostos do discurso.[234]

Vejam o quanto há nesta passagem: medidas institucionais filtram ("neutralizam suficientemente") dados empíricos. Esses dados

---

232 ALEXY, Robert. "On necessary relations between Law and Morality". *Ratio Juris*, vol. 2, 1989, pp. 167-183.

233 Este é, obviamente, apenas um em uma série de problemas! Igualmente problemático para Luhmann é "impor às comunicações uma tendência inerente, quase teleológica, ao consenso". Se fosse esse o caso, tudo já teria acabado há muito tempo e o mundo tão silencioso quanto antes" (LUHMANN, Niklas. "The Concept of Society". *Thesis Eleven*, vol. 31, 1992, p. 72).

234 HABERMAS, Jürgen. *Between facts and norms*. Cambridge: Polity Press, 1995, p. 92.

seriam "limitações" ao discurso que se desdobra racionalmente. Eles são limitações porque atrapalham condições pressupostas "sempre prontas" de engajamento implícitas no uso da linguagem (como sustentadas pela "pragmática universal" e garantidas pela "situação de fala ideal"). A passagem institucional facilitadora, embora necessária, é "trivial" e, em qualquer caso, "contradiz" as condições idealmente estipuladas do discurso.

O que Habermas oferece para enfrentar essas elisões? Se o local institucional para a razão pública de fato evita o retorno (deve haver algum limite ao processo de reflexão) e a circularidade (que submeteria as condições de reflexão à reflexão) e, em vez disso, institui as *condições facilitadoras* do discurso público, o faz reduzindo as condições sociais, temporais e materiais, posições de fala, temáticas e prazos, condicionadores do debate democrático. Habermas oferece a justificativa em sua *magnum opus Between Facts and Norms*, em que desenvolveu a teoria institucional na direção da coimplicação do diálogo democrático com direitos. A principal dificuldade que a racionalidade discursiva enfrenta nessa conjuntura (segundo admite o próprio Habermas) é o problema da *espessura institucional* e os bloqueios, "*a prioris*" e pontos cegos que o acompanham. Habermas já havia assinalado isso: se "a comunicação não deve ser impedida por fatores contingentes externos, nem por restrições internas à própria estrutura da comunicação",[235] ela precisa ser protegida externamente e reforçada internamente. Para assegurar a função interna e cumprir a promessa de que o discurso será adequado (para entregar um consenso não coagido), Habermas sugere substituir o critério do consenso real pelo do consenso "bem fundamentado" como critério de verdade:

> o sentido da verdade não reside na circunstância de que algum consenso seja realmente alcançado, mas sim nisto: em qualquer momento e em qualquer lugar, se apenas

235 HABERMAS, 1973, p. 255.

> entrarmos no discurso, um consenso pode ser alcançado sob certas condições que provam que isso é um consenso bem fundamentado.[236]

Para protegê-la da *manipulação externa* e de desdobramentos estratégicos, por outro lado, é preciso instalar as condições de conversa constitucional, na qual os participantes oferecem apenas contribuições *ilocucionárias* ao debate sobre o bem comum. Em *Between Facts and Norms*,[237] uma teoria dos direitos foi elaborada para cumprir ambas as promessas. O que Habermas assegura com o terceiro passo, *institucional*, e que seu livro entrega de maneira grandiosa, é integrar, totalizar e imunizar a teoria do discurso por meio do que poderíamos chamar de situação constitucional.

***

A noção da "situação" foi um conceito desenvolvido por Alain Badiou para descrever a inclusão totalizante. "Todo pensamento supõe uma situação, uma estrutura, uma contagem por um, pela qual o múltiplo apresentado é consistente, numerável", diz Badiou em sua importante obra *O Ser e o Evento*.[238] Com a ideia de "situação", Badiou captura o momento de contenção, de reunião, momento efetuado por meio de "critérios que limitam o que é apresentado, ou seja, o que *se qualifica como inclusão* na situação que descrevem".[239] A objeção inicial a levar a análise de Badiou para a teoria do discurso é que o termo "situação" visa

---

236 HABERMAS, 1973, p. 329.

237 Em uma série de artigos da teoria constitucional que adquiriram *status* canônico, ver, em particular: HABERMAS, Jürgen. "Reconciliation through the public use of reason". *In*: CRONIN, C. (Coord.). *The Inclusion of the Other*. Cambridge: Polity Press, 1999; HABERMAS, Jürgen. "Constitutional democracy: a paradoxical union of contradictory Principles?" *Political Theory*, vol. 29, 2001.

238 BADIOU, Alain. *Being and event*. Londres: Continuum, 2007, p. 44.

239 BADIOU, Alain. *Being and event*. Londres: Continuum, 2007, p. 13 (grifo nosso).

nomear um encerramento, e Habermas quer instituir a abertura. E, no entanto, observe como os requisitos de entrada nos processos abertos de formação de vontade carregam suas próprias limitações e como os movimentos compensatórios reforçam a "contenção" na esfera pública, de uma maneira amplamente semelhante à referência de Badiou ao "o que se qualifica para inclusão".

Primeiro, há a questão dos critérios do que conta como consenso "bem fundamentado". Normas "bem fundamentadas", procedimental e corretamente promulgadas, nos vinculam como destinatários de normas, quer tenhamos de fato concordado com elas ou não. O fato de que podemos concordar ou de que vamos concordar (os termos são intercambiáveis aqui) sob condições que tornariam nosso consenso racional, ou seja, sob condições de comunicação irrestrita, é tudo o que é necessário, e esse requisito é institucionalmente subscrito. No processo, a coincidência de emissário e destinatário recebe uma garantia institucional como condição suficiente. Mas o problema é que o contrafactual (podemos concordar) não desaparece. Uma vez que se admite que as condições do discurso que teriam subscrito adequadamente o consenso estão longe de serem garantidas em ambientes reais, e que o consenso "ideal" deve dar lugar ao "consenso bem fundamentado", o conceito entra em queda livre. A situação ideal contém a promessa de que, se as condições forem melhoradas no sentido da situação ideal, e se certos limites (ainda que eles sejam apenas tipicamente estipulados reflexivamente) forem respeitados, o consenso será *bem fundamentado*. Notem a série de escorregões envolvidos: são as condições reais de engajamento que impedem a intersubjetividade, o consenso e a verdade aspirados. Estes podem ser procedimentalmente sustentados ou melhorados na direção da situação de fala ideal. Mas o consenso ideal é, por definição, aspiracional e, portanto, inatingível e, assim, deve dar lugar à ambição mais modesta de um consenso "bem fundamentado". As condições para o que conta como "fundamentado" não podem e não devem ser impostas *a priori*, devem aparecer dialogicamente, reflexivamente, da prática real, a própria prática sobre a qual acabaram de nos dizer que exige a correção constante do ideal. E a substituição do real pelo real continua a cada etapa, substituindo a participação, enquanto o "ideal" faz todo o trabalho de redimir a promessa de inclusão. É isso que instala a situação constitucional, para Badiou, como aquela que inclui e esgota na situação todas as alternativas legítimas possíveis, inclusive as alternativas a ela.

Podemos perguntar, a essa altura, se isso não é o que a primeira geração da Escola de Frankfurt chamou de *teoria afirmativa* para denunciar o tipo de reformismo cuja linguagem promete superar o que suas operações podem apenas confirmar. Se com a teoria afirmativa vem "uma distinta perda de poder crítico", é por causa do que os três "passos" acima descrevem. Em primeiro lugar, as ofertas comunicativas que se qualificam como contribuições para a esfera pública são ilocucionárias, "sempre prontas, pressupondo condições de engajamento implícitas no uso da linguagem" e, portanto, carregando na comunicação a condição transcendental da razão. Segundo, a conversa democrática precisa atender condições de intercâmbio incontido e continuar reflexiva sobre essas condições. Em terceiro lugar, a estrutura constitucional assegura essas condições por meio do reforço da autonomia pública e privada e do exercício dos direitos. Democracia e direitos, cooriginais e coimplicados, sustentam o paradigma dialógico. Ainda assim, essa afirmação pura toca numa profunda fonte de desconforto. Sob condições de deterioração em massa das condições de vida das pessoas sob o neoliberalismo global, o que significa ceder as condições de agir, e agir de volta, nessas estruturas e configurações de participação como aspiradas? Por que elevar cidadãos à condição de autores das leis que reduzem suas chances de vida? Para aqueles que lançaram projetos de constitucionalismo transformador no terreno dessa síntese, é possível se justificar questionando por que os dividendos são tão escassos. E podem se justificar perguntando mais genericamente: quem, além dos beneficiários dos arranjos distributivos já existentes, vai ganhar com esse contrafactual realizado, a projeção das extensões suaves da coimplicação? A estratégia chegou tarde demais nesse terreno homogeneizado. Quem ganha com essas sínteses que, de forma tão radical e devastadora, não deixam nada fora da coimplicação da resistência para encontrar compra?

***

Se esta parte final do livre pretende retomar a noção de "estratégia" constitucional, deve reivindicar alguma *compra* para o pensamento estratégico no tráfego suave entre o Direito e a democracia e reivindicar alguma *tração* para ele nas grandes sínteses do constituinte no constituído, contra sua coimplicação que faz com que a negação e o antagonismo desapareçam "no mais plano dos horizontes transcendentais", como Negri o coloca com referência a Habermas.[240] A razão estratégica não é a rejeição da razão comunicacional, como Habermas as contradistingue, mas é uma posição incongruente a ela, resistente ao gesto de inclusão que caracteriza a teoria afirmativa. Como ponto de entrada, testamos os limites da inclusão por meio de três casos-teste. Em cada caso, *um ato discursivo é oferecido na modalidade de ilocução*, como Habermas gostaria que fosse oferecido, que testa a estrutura de sua inclusão. Em cada caso, veremos uma violação. Em cada caso, a estrutura da inclusão não suporta, e, com isso, a situação constitucional não pode cumprir sua promessa. O pensamento estratégico encontra seu ponto de inscrição na brecha.

Ato discursivo 1: "você não me interessa". A frase atualiza a declaração devastadora de Rousseau em seu *Discurso sobre a Origem e os Fundamentos da Desigualdade entre os Homens*: "pereça se quiser. Eu estou seguro".[241] Para Simone Weil, é a

---

240 NEGRI, Antonio. *Insurgencies*: constituent power and the modern State. Minneapolis: University Minnesota Press, 1999, p. 21.

241 A afirmação aparece em *Discurso sobre a Origem e os Fundamentos da Desigualdade entre os Homens*, seguindo a discussão de Rousseau sobre Hobbes, que desconsidera a "repugnação inata do homem em ver uma

declaração que "nenhum homem pode dizer a outro sem cometer uma crueldade e sem ofender a justiça".[242] Mas o que isso nos diz se executado em modo ilocucionário como resposta, digamos, a um apelo feito por outro sobre recursos de propriedade privada? Toda a gama de debates teóricos e negação dos deveres que temos para com os outros, desde as populações redundantes de famintos até os "homens dos barcos" que se afogam em suas jornadas desesperadas para chegar às costas europeias, é uma prova de como a ilocução em questão está viva. É pelo menos tão antigo quanto a pergunta de Caim na Bíblia: "por que serei eu o guarda de meu irmão?" Podemos nos confortar com o fato de que a estrutura da linguagem não a sustentará, que sua afirmação pode aparecer como uma "contradição performativa" de suas condições transcendentais? Mas que condições do uso da pragmática universal da linguagem a derrotaria? Seria sua sinceridade, sua verdade, sua capacidade de apropriação, ou requerimento de mais justificação? O que pode desqualificar a afirmação ilocutória que corta a solidariedade humana pela raiz? E se, como suspeitamos, ela não for desqualificada no nível das condições de entrada, se o que a derrota estiver no nível de sua "redenção", se, como diz Habermas, "um falante deve a força obrigatória de seu ato ilocucionário (...) à garantia que ele oferece: a saber, resgatar, se necessário, a reivindicação de validade

---

criatura como ele sofrer". "A razão é o que faz o homem voltar a si mesmo; a razão é o que o separa de tudo o que o perturba e o aflige. É a filosofia que o isola. Graças à filosofia, ele diz em segredo ao ver um homem sofrendo: "pereça se quiser; eu estou seguro". Nada mais perturba o sono tranquilo do filósofo e o arrasta da cama, a não ser os perigos para toda a sociedade. Pode-se cortar a garganta de seu semelhante sob a janela do filósofo impunemente; basta tapar os ouvidos com as mãos e discutir um pouco consigo mesmo para evitar que a natureza, que se rebela dentro dele, se identifique com aquele que está sendo assassinado" (ROUSSEAU, Jean-Jacques. *Discourse on the Origin of Inequality*. Indianapolis: Hackett Publishing, 1992 [1775], parte 1).

242 WEIL, Simone. "On Human Personality". *In*: ______. *Oevres complètes*. Paris: Gallimard, 1989 [1959].

levantada com seu ato de fala".[243] Nesse nível de oferta de garantia, circulam livremente justificativas para derrotar a afirmação de que a solidariedade é devida, que a compaixão importa, muito menos o dever de atender às necessidades sociais, superada por uma variação ou outra da tese da "tragédia dos comuns", ou a indisponibilidade de um pedido de justiça global.[244] Essa "redenção" da pretensão de validade da afirmação "você não me interessa" está disponível em abundância para agravar o dano da retirada da solidariedade.

Ato discursivo 2: "está entendendo?" Em um nível, essa é a oferta ilocucionária por excelência do paradigma comunicativo. Em outra leitura, é justamente o que destaca a distinção entre o estratégico e o comunicativo, e a dinâmica de seu cruzamento. Lembre-se que, para Habermas, uma relação de reciprocidade, até mesmo de reconhecimento, pode ser lida por meio da relação de responsabilidade que as expectativas estendem entre os falantes. Empresto aqui o argumento de Rancière, que, no terceiro capítulo de *Disagreement*, põe o argumento de Habermas contra ele. Rancière nos convida a pensar nesta pergunta – "está entendendo?" – dita por gerentes a empregados em locais de trabalho em todo o mundo. É, diz ele, "uma falsa interrogativa". Sua função não é provocar uma resposta, mas estabelecer "quem é o chefe", antecipar ou regular a ameaça de discussão. "Está entendo?", afirma Rancière, nos diz que "entender" significa duas coisas diferentes, senão contrárias: entender um problema e entender uma ordem.[245] Faz saber ao destinatário da pergunta que "não há opinião divergente que não constitua, em certo sentido, um mal-entendido".[246] Pode-se imaginar Habermas

---

243 HABERMAS, Jürgen. *The Theory of Communicative Action*. Cambridge: Polity Press, 1984, p. 302.

244 NAGEL, Thomas. "The Problem of Global Justice". *Philosophy & Public Affairs*, vol. 33, 2005; também em MILLER, 2009.

245 RANCIÈRE, Jacques. *Disagreement*: politics and philosophy. Trad. Julie Rose. Minneapolis. University of Minnesota Press, 1999, p. 45.

246 RUSSELL, Matheson; MONTIN, Andrew. "The Rationality of political disagreement: Rancière's critique of Habermas". *Constellations*, vol. 22,

aproveitando a oportunidade para apontar aqui um exemplo claro do uso estratégico da linguagem, visando influenciar, em vez de persuadir, uma ameaça velada, uma questão central. Mas isso seria não entender o argumento de Rancière. De forma perversa, a pergunta é um momento ilocucionário cujo objetivo é o entendimento mútuo, mas o que muda é a relação de reciprocidade que, na formulação de Habermas, evoca, lembrem-se, a *igualdade* dos participantes na troca comunicativa. O que a pergunta testa é a capacidade do trabalhador de entender não como um igual, mas como um subordinado. O desafio de Rancière derrota a afirmação de Habermas de que a participação no diálogo tem importância crítica *per se*, a fim de transformar a questão sobre a própria existência da situação de diálogo, de quem tem o direito de participar e – na direção da prática emancipatória agora – como o local da troca comunicativa pode ser reconfigurado para encenar o "dissenso" ou o "eventualidade" (Badiou e Rancière muito próximos nesse ponto) de uma distribuição diferente de posições de fala e de significado.

Ato discursivo 3: "você entende". Com essa formulação, pretendo capturar uma inclusão *injustificada* na situação do discurso. A afirmação "você entende" se dirige àqueles que se posicionam conscientemente fora, é uma extensão performativa da jurisdição do ato discursivo. Tenho aqui em mente aqueles que podem contestar em vez de responder à pergunta anterior "está entendendo?" com um sim/não. Aqueles, em outras palavras, que podem resistir à "falsa interrogação" dessa questão e à relação de subordinação na distribuição de posições de fala que ela acarreta. A afirmação "você entende" remove qualquer determinação do metanível da inclusão e estende jurisdição. A conotação de Direito e posição é apropriada aqui. Em trabalhos anteriores, tentei defender a inclusão injustificada na situação de diálogo como *a objeção que não pode ser ouvida* (com ênfase particular no tribunal, em

---

2015, p. 545.

Christodoulidis).[247] Com nosso foco em extrair uma orientação estratégica da acomodação constitucional que nos inclui a todos de qualquer maneira em uma sociedade aberta de intérpretes da Constituição, oferecendo nossos atos de fala "ilocucionários" da interpretação de nosso Direito, "você entende" marca o gesto de uma inclusão ao mesmo tempo injustificada e incontestável.

Três atos discursivos, três desafios diferentes à *situação constitucional* conforme encontra expressão na teoria da racionalidade comunicativa. Os desafios não são exaustivos. Não são nem mesmo exemplificativos. São simplesmente casos em que a distinção entre a ilocução e a perlocução, comunicação e estratégia, desmoronam. E, como tal, forçam uma brecha no quadro totalizante da situação constitucional, reivindicam a razão constitucional como *local eventual*, como Badiou a chamaria. O pensamento estratégico encontra sua inscrição nessa brecha. Talvez já tenha sido dito o suficiente para dar o devido crédito à estratégia a um pensamento sobre a Constituição. O *pensamento estratégico* é usado para combater as exclusões ocultas e os movimentos teóricos que visam às distribuições do que é racional e irracional dentro do domínio constitucional e que colocam o que é desqualificado como totalmente fora de questão. É chamado aqui para trazer de volta uma dimensão política sem remorso ao pensar a Constituição e ressignificar o ponto de vista constitucional sobre a distinção entre o constituinte e o constituído. Como projeto crítico, compromete-se a escavar o potencial emancipatório do constitucionalismo político. Atrelado à prática e, portanto, também à aposta da prática, fixa-se na inteligência e na inteligibilidade específicas da Constituição, a qual não se modifica para conformar-se, mas mantém o campo, para reivindicar a possibilidade de iteração do *que é apenas*, em

---

247 CHRISTODOULIDIS, Emilios A. "The objection that cannot be heard: communication and legitimacy in the courtroom". *In*: DUFF, Lindsay Farmer *et al. The Trial on trial.* Oxford: Hart, 2004.

um contexto em que essa possibilidade implodiu gradativamente ou é cada vez mais desperdiçada como ajuste de mercado.

Estratégica, crítica, reparação: oportunidades e limitações

Vamos nos limitar aqui a uma declaração relativamente breve e programática do que virá a seguir. À luz das *principais prioridades* que informam a estratégia constitucional, analisamos três desdobramentos possíveis. Delineamos, primeiramente, as prioridades e, depois, as implantações.

A primeira prioridade para a estratégia é ganhar *tração* e ganhar relevância. Um retorno ao entendimento político da Constituição, especialmente ao seu eixo crítico, precisa reivindicar o vocabulário constitucional do "bem comum", da "solidariedade" e da "dignidade" que se encontre solto de suas coordenadas "dogmáticas" e, assim, privado de tração no terreno falsamente suave onde a otimização do mercado já forneceu as respostas (ao que conta como bem comum, ao que limita a dignidade etc.). A questão passa a ser como mobilizar as categorias no terreno fluido ou líquido do constitucionalismo de mercado, onde elas deslizam no vácuo. Como diz Daniel Bensaid, no "retorno da estratégia",

> acreditar que as formas fluidas – *a organização em redes* e a lógica dos grupos de afinidade – escapam à subordinação ao capital é uma ilusão grotesca. Tais formas são perfeitamente isomórficas com a organização moderna do capital informatizado, do trabalho flexível, da sociedade líquida etc.[248]

---

248 BENSAÏD, Daniel. "The return of strategy". *International Socialism*, nº 113, 2007, p. 8 (grifo nosso).

Como ganhar força nesse terreno, que, como vimos, coopta e reconfigura a linguagem da crítica, é uma consideração chave para a estratégia.

A segunda prioridade para a estratégia é como inseri-la na *história* das práticas constitucionais, localizando-a na linha da continuidade com as compreensões dessas práticas, mantendo a conexão com o imaginário constitucional e com o investimento das pessoas nele. Com "liberdade, igualdade e fraternidade" do "Tricolor" em mente, Ernst Bloch escreve: "os ideais (...) devem ser historicamente mediados, e deve ser possível demonstrar que eles têm sua tendência e sua realização desacreditada, uma realização que seria melhor chamar de derrota e se faz conhecida como tal".[249] A questão para a renovação da estratégia crítica é entender e refletir essa herança histórica, "tendência e oportunidade". Parte do desafio com esses apelos para a nossa discussão é que essa herança tradicionalmente liga a teoria constitucional *crítica*, de um lado, ao Estado como forma de organização política da sociedade e, de outro, à economia política como lugar de sua reprodução material, onde pode ser considerado que ambas as referências constitutivas – ao Estado e à produção material – tenham o significado que tinham para as gerações anteriores de teóricos críticos. A exigência recebida de Marx, de que a teoria aborde a conjuntura histórica em que se encontra, continua sendo um dos legados mais valiosos da teoria crítica, e tal esforço hoje exigiria que nos voltássemos – no que diz respeito à economia política – às modalidades e expressões da renovação capitalista em suas novas formas de acumulação flexível, o crescimento vertiginoso da financeirização, a fragmentação do trabalho e as novas formas de sua exploração. E – no que diz respeito ao Estado –, para as novas funções deste na era dos fluxos globais, as novas ligações entre Estados e capital, as articulações e desarticulações das funções de direção do Estado etc. Isso envolve uma reorientação significativa do ponto de vista constitucional

249 BLOCH, 1974, p. 198.

para as novas modalidades de organização (e dispersão) dos poderes econômico e político. Reconectar-se à herança constitucional não é romantizar nossos passados constitucionais, mas sugerir uma abordagem em modo genealógico que "escava" e explora a ambivalência desses passados, desafiando os encerramentos que colocam em seu caminho as certezas atuais, a mais abrangente das quais exploramos nas condições de instalação do paradigma de mercado na década de 1970 (acima). Isso também significa não ignorar que o Estado manteve uma relação coeva com o capital, ou que emoldurou a organização das relações industriais para facilitar a extração de mais-valia. Mas em sua dimensão social constituinte, a Constituição também operacionalizou categorias democráticas na definição de participação, produção e proteção, conexão perdida quando a Constituição é entregue à validação do mercado, ou levada ao nível supraestatal, no qual, como vimos, a perda das formas democráticas de pensar o trabalho tem sido abrangente e no qual um processo variável de formação de conceitos nos dois níveis, estatal e supraestatal, parece incapaz de transferir influência para cima – em discussões sobre dignidade, segurança no emprego, garantias de saúde e segurança etc. – ao nível transnacional da constitucionalização do emprego.

A terceira prioridade orienta a estratégia não para o campo que a recebe nem para a história, mas para si mesma, ao que descrevemos como "reflexividade" constitucional. Aqui, o que está em jogo é um pensamento estratégico crítico sobre as *limitações* da inteligibilidade e da inteligência da Constituição. *Em primeiro lugar*, a conexão da teoria crítica à *práxis* precisa negociar o que podemos identificar como limitações constitutivas do institucional. Porque as instituições reduzem a contingência da interação humana, elas entrincheiram modelos de interação social e, ao fazê-lo, se protegem em usos e oportunidades políticos imaginativos. *Em segundo lugar*, a *imaginação dialética* da teoria crítica esbarra nos paradigmas dominantes (e severamente antidialéticos), por um lado da dependência heterônoma do Direito em relação à política e à exceção (Schmitt, Agamben); e, por outro, de sua autorreprodução autônoma ou "pura" (Kelsen), que coloca a política como antípoda do Direito e o reconcebe como apolítico – gesto que, para Kelsen, lhe confere seu significado e atração autônomos. *Em terceiro lugar*, a mediação muito específica do sentido jurídico se realiza pela maneira como ela põe os conceitos em conexão e em sequência e como supervisiona a aplicação por meio da regulamentação do procedimento. O procedimento orienta o Direito à sua função própria de canalizar e estabilizar as expectativas. *Em quarto lugar*, se a genealogia nos chama a desfazer o Direito nas articulações em que estabelece e renova seu repertório de razões, ela deve, primeiramente, confrontar os poderes de "homologia" do Direito e as maneiras únicas que ele possui de ordenar o passado em apoio aos arranjos atuais, limitando radicalmente nossa capacidade de reimaginá-lo ou desenraizá-lo, exceto de forma fragmentada.

***

Dadas as prioridades, esta seção final descreve três desdobramentos possíveis da estratégia constitucional: na direção do "formalismo militante", das "estratégias de ruptura" e da crítica imanente.[250] O que diferencia os três desdobramentos é que cada um opera um equilíbrio diferente entre constituinte e constituído. No caso do *formalismo*, o peso está na dimensão constituída, enquanto o constituinte orienta o desdobramento estratégico em grande parte externamente (ou no metanível). No caso da *ruptura*, o constituinte aparece num ponto próximo de ofuscar a dimensão constituída, embora precise se ligar a ela como sua negação necessária. No caso da *crítica imanente*, o constituinte e o constituído são colocados numa relação contraditória. O que também quer dizer que a estratégia não invoca as prioridades ou envolve as implementações de forma cumulativa, mas navega entre

250 Esses desdobramentos da estratégia constitucional são explorados em detalhes nos três capítulos finais de *The Redress of Law*.

elas. Deixe-me diferenciar as três estratégias em termos gerais aqui, antes de examiná-las com um pouco mais de detalhes nas seções subsequentes, com foco nas oportunidades e limitações que atendem a cada uma delas.

Formalismo militante: as discussões sobre função e estabilização, sobre "homologia" e variabilidade são importantes para o primeiro desdobramento da estratégia constitucional. É preciso notar que nem todo formalismo é em detrimento dos desempoderados e que considerações de estratégia política são cruciais para determinar em que medida o formalismo pode ser empregado para manter os principais compromissos de dignidade e solidariedade, para corrigir injustiça e opressão, e que formalismos militantes podem ser aproveitados contra a permeação de imperativos de governança.

A estratégia formalista se distingue de dois outros desdobramentos, os quais poderíamos chamar de *ruptura* e *imanente*, respectivamente. A escolha da estratégia envolve considerações de metanível. Onde a oportunidade institucional cede aos dados estruturais do sistema a ponto de ser desocupada ou prejudicada; onde a homologia legal domina; onde os mecanismos legais de impasse oferecem apenas "involução" – a interminável divisão e fragmentação – e nenhuma transcendência; onde os dados sistêmicos "sempre-já" colidem com a oportunidade fornecendo as coordenadas de qualquer atualização possível: em todos esses casos, uma *decisão estratégica* é necessária para *jogar com o sistema* ou *confrontá-lo*.

O termo *estratégia de ruptura* denota uma luta antissistema que experimenta com novas formas políticas. É aqui que o momento constituinte confronta o constituído como seu negativo, já que formas existentes são precisamente aquelas que frustram sua expressão. Essa lógica da *ruptura* encontra expressão política na tradição da política autogestionária dos trabalhadores. Ele aparece naquele texto final e explosivo da homenagem de Marx à Comuna de Paris, *A Guerra Civil na França*, e encontra expressão mais sistemática, se "sistemática" não desmente a novidade fenomenológica, nos escritos de Rosa Luxemburgo e Georges Sorel. É o que, no passado mais recente, invadiu o cenário europeu durante o "verão polonês" de 1980. E é o que testemunhamos na extraordinária *inovação constitucional* que estava sendo perseguida no Chile.

Crítica imanente: discutiremos a respeito da solidariedade e da dignidade para uma concepção da Constituição social como *antagônica* aos entendimentos estabelecidos da questão social no que diz respeito ao poder constituído. *Imanente* porque, valendo-se de recursos que o próprio sistema disponibiliza, essa forma de estratégia constitucional encontra sua oportunidade na situação constitucional em que as normas de igualdade solidária, de dignidade instanciam uma dinâmica de transformação porque são desmentidas nas formas em que são sancionadas e aplicadas. A axiomática da igualdade está inscrita em estruturas de hierarquia e vantagem que constitutivamente não podem entregá-la. O direito constitucional ao trabalho, por exemplo, que promete a todos os cidadãos os meios necessários para realizar sua produtividade. Entre as condições estruturais de um sistema que requer um nível mínimo de desemprego para controlar inflação e sustentar um *mercado* de trabalho e a promessa de uma sociedade política para realizar a produtividade de todos os seus membros, surge uma contradição que não permite nem reconciliação nem resolução *dentro* do sistema. A crítica imanente permite explorar politicamente o que de outra forma seria eternamente externalizado ("tolerância zero com o crime", "guerra às drogas" etc.). Ela se localiza na discrepância entre o que é o compromisso do texto constitucional e o que é entregue como prática constitucional, produzindo, a partir desse déficit, uma reclamação contra a exploração e uma ordem contra a retirada do trabalho, não um pedido para sua alocação ótima de mercado. A ordem é uma ordem contra o sofrimento. A tradição da *Constituição material*[251] nos convida a começar pelo pensamento

251 Para uma afirmação recente, ver GOLDONI, Marco; WILKINSON, Michael. "The material constitution". *The Modern Law Review*, vol. 81, 2018.

de que aqueles que produzem valor na sociedade também determinam sua disposição e que, para *agir em contração* – como surgiu na articulação tensa de direitos sociais e interesses capitalistas – é agir contra a usurpação do valor e contra a negação da posição de falantes aos produtores de valor. Essa tradição pode tomar a forma de dissenso contra a integração de interesses pelos agentes do capital e, na chave constitucional, pode assumir a forma da afirmação teimosa dos direitos sociais, da garantia constitucional, contra sua eliminação pela atividade "total" do mercado. Em todos os casos, a crítica imanente intervém para mudar as coordenadas nas quais as perguntas são feitas e nas quais elas podem ser respondidas, tendo, assim, o efeito real de expandir as oportunidades políticas.

Estratégias formalistas

Não é surpresa que a defesa mais difundida do *formalismo* o vê como uma salvaguarda contra o exercício do poder político.[252] Se essa justificativa é, por bons motivos, compartilhada entre liberais, o apelo do formalismo pode ser estendido à teoria crítica também, até onde ela não é invocada pelo nome. Exemplos importantes podem ser encontrados no campo do constitucionalismo de direitos sociais. O primeiro se refere ao *litígio de ação social* (*social action litigation* – SAL) do tipo que foi desenvolvido na Índia no final dos anos 1970 e início dos anos 1980. Num espaço de apenas dois anos (1980-1982), mais de 75 petições SAL foram enviadas por ativistas à Suprema Corte, estendendo amplamente

252 Martii Koskenniemi fala por muitos quando defende uma "cultura do formalismo", implicando "que deve haver limites para o exercício do poder, que aqueles em posições de força devem ser responsabilizados e aqueles que são os fracos devem ser ouvidos e protegidos". A "cultura do formalismo" denota "uma cultura de resistência ao poder, uma prática social de responsabilidade, abertura e igualdade cujo *status* não pode ser reduzido às posições políticas de qualquer uma das partes cujas reivindicações são tratadas dentro dela" (KOSKENNIEMI, Martti. *The gentle civilizer of nations*: the rise and fall of international law. Cambridge: Cambridge University Press, 2001, p. 500).

o reino normativo dos direitos e a revisão administrativa da ação executiva na direção da proteção social e do alívio da pobreza. O direito à vida, por exemplo, protegido pela Constituição da Índia (artigo 21) foi interpretado para abranger o direito a um julgamento, a tratamento digno e à assistência jurídica. Upendra Baxi documenta a "afirmação explosiva do Poder Judiciário em auxílio dos despossuídos" e cita as palavras do presidente do Tribunal de Kesavnanda: "este tribunal não pretende ser a arena de disputa legal para homens com bolsas longas. É feito para as pessoas comuns".[253] Talvez de maneira ainda mais importante, o desenvolvimento da SAL a partir dos anos 1970 ajudou a criar condições processuais que permitiriam à Suprema Corte da Índia julgar casos de grupos particularmente desfavorecidos se eles fossem levados por um cidadão ou organização de interesse público. A tradição da SAL estava intimamente ligada à tradição anterior do *litígio de interesse público* (*public interest litigation* – PIL), que foi desenvolvida nos Estados Unidos envolvendo, principalmente, para o nosso argumento sobre estratégia, "inovações frutíferas na técnica" relacionadas com a reivindicação do *locus standi* e aos usos do processo para buscar reivindicações substantivas.[254] Em seu trabalho seminal, Roberto Mangabeira Unger renova algumas dessas linhas de argumentação. Uma diversidade de "possíveis formas institucionais", diz ele, "lançou uma luz oblíqua, mas reveladora (...) do ponto de vista de imposição complexa e injunções estruturais". "Novas formas de intervenção processual", ele argumenta, têm surgido, com o foco particular na *ação judicial de*

---

253 BAXI, Upendra. "Taking suffering seriously: social action litigation in the Supreme Court of Indi". *Third World Legal Stud.*, vol. 4, 1985, p. 111.

254 TRUBEK, David. "Public Advocacy-Administrative Government and the Representation of Diffuse Interests". *In*: CAPPELLETTI, M.; GARTH, B. (Coord.). *Access To Justice*. vol. 3. [S.l]: [s.n.], 1979.

classe, forçando "uma prática adjudicativa diferente, com agentes, métodos e objetivos diferentes daqueles do estilo tradicional".[255]

O formalismo anuncia a autonomia do Direito em relação à política numa manobra de encerramento autorreferente e normativo. Se Kelsen é o seu maior expoente teórico, ele recebe sua expressão mais radical na teoria dos sistemas, na qual é radicalizado como autopoiese.

Já exploramos longamente como o sistema jurídico autopoiético organiza sua reflexividade e desenvolve sua complexidade interna a partir do gesto de fechamento que está na raiz de todos os formalismos, expresso na tautologia de que "o Direito é o que o Direito diz que é". Com todas as ressalvas, podemos ver aqui o valor de um formalismo que tanto fornece a base quanto garante a integridade do sistema jurídico. Descrevemos isso em termos de função constitucional. A função pode ser desempenhada porque a Constituição fornece os critérios formais (de "entrincheiramento", "hierarquização" e "racionalização", capítulo II) que sustentam a realização de redução e vinculação e impedem a fusão com o pensamento de mercado. E se a ênfase aqui está na redução e no encadeamento, é porque a redução, como em toda fenomenologia,

---

255 UNGER, Roberto. "Legal analysis as institutional imagination". *The Modern Law Review*, vol. 59, 1996, p. 4. Abundam os exemplos do uso estratégico do formalismo. No rescaldo da jurisprudência Laval/Viking do TJUE, Wolfgang Streeck defendeu um "afastamento democrático da sedação com risco de vida fornecida pelo capitalismo de nível barato" (STREECK, Wolfgang. "Markets and peoples: democratic capitalism and European integration". *New Left Review*, vol. 73, 2012, p. 70) em direção a um compromisso com a lei democraticamente promulgada; e a solução de Christian Joerges para o momento degenerativo da jurisprudência constitucional europeia foi em termos de um formalismo militante, como uma tentativa de manter a linha através de um argumento formalista como um contraponto direto ao funcionalismo de "integração": "temo", diz ele , "que não há uma terceira via aqui, exceto a teimosa insistência em proteger as conquistas da lei finlandesa nesse caso" (JOERGES, Christian. "Will the Welfare State survive European integration?" *European Journal of Social Law*, 2011, p. 4).

organiza a emergência do sentido jurídico, e o encadeamento seleciona os critérios para operações futuras (em bases legais, não econômicas) que sustentam o sistema em cada vez mais ambientes complexos e incertos. É claro que a globalização transforma o contexto de referência constitucional. Mas responder a um contexto transformado não é o mesmo que abandonar a conquista constitucional.

Nosso objetivo, é claro, não é defender o formalismo como tal, mas pensar nele como um recurso valioso para estratégia. O ponto importante sobre a estratégia é sobre a questão de quando implantar mecanismos formais de fechamento contra a erosão da lei democraticamente promulgada e quando liberar o domínio formalista sobre a imaginação institucional para usos mais políticos e politizados. O constitucionalismo político, dissemos, é definido pela relação assimétrica entre constituinte e constituído, e a tendência formalista é organizar a imaginação constitucional ao redor do polo do *constituído*, maximizando o que Luhmann chama de "redundância" do sistema, contra a "variedade" de seus desdobramentos mais experimentais. O argumento modesto defendido aqui para a estratégia constitucional é permitir que a distinção (redundância/variedade, constituído/constituinte) encontre sua própria constelação e expressão concreta em circunstâncias e dilemas históricos particulares, na "conjuntura" como diriam os marxistas, portanto, não como uma questão de teoria pura, mas de julgamento político, que é, novamente, no nível de definição o que a qualifica como teoria crítica.

Mas como levar esse pensamento a contextos específicos de maneira produtiva? Em trabalhos anteriores, sugeri que os termos "homologia" e "impasse" são características fundamentais do pensamento constitucionalista formal.[256] *Prima facie*, ambos nomeiam patologias. No entanto, se os conectarmos à estratégia

256 CHRISTODOULIDIS, Emilios A. "Strategies of rupture". *Law & Critique*, vol. 1, 2009.

constitucional, eles podem oferecer alguns marcadores de como explorar o terreno do constitucionalismo de mercado em que nos encontramos, na direção de restaurar elementos da capacidade político-democrática contra a implosão do pensamento constitucional que descrevemos.

Homologia descreve a tendência do Direito de privilegiar redundância sobre variedade. Para garantir sua função, o sistema jurídico precisa manter relativo equilíbrio entre estabilidade e inovação, ou, mais precisamente, precisa reproduzir estruturas de expectativas normativas por meio de inovação controlada. Inovações só podem ser enxertadas no que já existe, e o que já existe estabelece o limite do que pode contar como informação relevante e o que, em quais circunstâncias, pode contar como "surpresa" no sistema jurídico e levá-lo a variar as expectativas. Mas deve-se perceber que o equilíbrio entre variedade e redundância, o que é novo e o que é usual, só pode se inclinar até certo ponto na direção da variedade sem comprometer a função da lei que deve, em algum nível, atender às exigências do Estado de Direito, o que, nesse contexto, significa que usos políticos mais experimentais da Constituição, em algum momento, cederão às expectativas protegidas. A maneira como isso afeta o potencial da estratégia constitucional crítica é decisiva. Nesse desenvolvimento, para parafrasear Luhmann, *o Direito reativa, de maneira irresistível, terrenos conhecidos*. O padrão do que pode ser variado, o que é contestado, vem fortemente predeterminado, não porque as fronteiras da lei sejam fortemente policiadas (embora o sejam), mas porque as estruturas de expectativas liberam oportunidades de variação seletivamente nas costas do que está entrincheirado como invariante. Há espaço para uma implantação útil de estratégia aqui para manter redundâncias produtivas quando estas são importantes para a proteção de valores. É nesse sentido que a homologia, nome da profunda inércia estrutural do sistema jurídico que impede as reapropriações críticas, pode, no entanto, ser estrategicamente importante quando se trata de manter a linha contra a erosão do mercado.

Se "homologia" trata de repetição, sedimentação, coerência e da estabilização de expectativas, mecanismos de impasse servem para "prender" soluções, tipicamente por meio de regras de jurisdição e permanência, a distribuição de competências e regras ou práticas de inalterabilidade. O caso da situação constitucional do Chile é um caso exemplar de impasse,[257] caracterizado por Fernando Atria como a "constituición tramposa".[258] Concebido pelos advogados constitucionais da Universidade Católica de Santiago sob a direção firme de Jamie Guzmán e a supervisão do regime Pinochet, o impasse constitucional sobreviveu ao retorno do Chile à democracia em 1990, e tal foi seu projeto que sobreviveu a eventos e desenvolvimentos políticos muitas vezes turbulentos, trancando as estruturas capitalistas e impossibilitando a mudança política, exceto de forma fragmentada e, na maioria das vezes, despercebida. A permanência da situação constitucional foi assegurada – e serei muito breve aqui[259] – por uma combinação de mecanismos de impasse, nos níveis de primeira e segunda ordem. Na primeira ordem, uma série de "estatutos constitucionais orgânicos" cobriu uma extensão vasta de áreas de importância vital (educação, poderes políticos, a regulação da indústria mineradora, pensões, eleições etc.),[260] as quais só poderiam ser aprovadas, modificadas ou revogadas se tivessem o apoio de um número de votos correspondente

257 O Chile é o país pioneiro do consenso de Washington nas Américas sob Pinochet. Tendo derrubado o governo socialista de Salvador Allende, a junta militar suprimiu toda a resistência da sociedade à instalação da "utopia de mercado" sob a supervisão dos "*Chicago boys*" e permitiu a introdução da tábula rasa para a inscrição do "mercado total".

258 ATRIA, Ferdinando. *La constitución tramposa*. Santiago: LOM Ediciones, 2013.

259 Para um relato abrangente, ver ATRIA, Ferdinando. *La constitución tramposa*. Santiago: LOM Ediciones, 2013; e no contexto da recente reviravolta, ANSALDI, Octavio; PARDO-VERGARA, María. "What Constitution? On Chile's Constitutional Awakening". *Law & Critique*, vol. 31, 2020.

260 Ver ANSALDI, Octavio; PARDO-VERGARA, María. "What Constitution? On Chile's Constitutional Awakening". *Law & Critique*, vol. 31, 2020.

a 3/5 (depois 4/7) dos deputados e senadores. Uma segunda forma de impasse foi introduzida por meio de leis eleitorais que estabeleceram o *sistema binomial* por meio do qual os membros das duas Casas do Congresso Nacional são eleitos,[261] dando duas cadeiras por distrito distribuídas entre candidatos dos partidos que chegassem em primeiro e segundo lugares nas votações, criando, assim, um beco sem saída, um *nó contínuo*, que tornou praticamente impossível chegar ao quórum requerido para mexer nas leis orgânicas. Isso deu um poder permanente de veto à direita, *estivesse ela no governo ou na oposição*. Reforçando esses mecanismos de impasse estava um terceiro, consagrado num *sistema de controle preventivo da constitucionalidade*, concebido para ocorrer antes de os projetos legislativos serem transformados em estatutos válidos e que confere ao Tribunal Constitucional o poder de se pronunciar sobre a sua constitucionalidade, poder este que o Tribunal podia exercer por vontade própria, sem a exigência de que fosse remetido ao Legislativo. Esses mecanismos foram garantidos no metanível por meio de *regras para emendas constitucionais*, estipulando, junto com o quórum aumentado mencionado acima, um procedimento agravado quando se tratava de certos "assuntos sensíveis" (a redução dos poderes do presidente da República, a potencial ampliação dos poderes do Congresso etc.) e "capítulos cruciais" (Fundações Institucionais, Tribunal Constitucional, Forças Armadas e Conselho de Segurança Nacional), os quais, adicionalmente, exigiam a anuência do presidente da República.

Claro que o Chile é apenas um exemplo, e o desenho "pinochetista" de sua situação constitucional não pode ser generalizado. O que ele mostra é uma forma alarmante de como a direita se apoiou numa *estratégia de formalismo* para perpetuar o regime

---

261 Como explica Atria, essa foi a fórmula que os autores intelectuais da Constituição implementaram para "mitigar os defeitos e males do sufrágio universal" (são as próprias palavras deles registradas nos trabalhos da Comissão que preparou o anteprojeto).

constitucional para quando a barbaridade de sua implementação não pudesse mais contar com os militares, mesmo quando o governo passou para o partido socialista em 2006 e de novo em 2014. Claramente, não há nada que os processos autocorretivos do paradigma deliberativo possam alcançar nesse contexto de intransigência e contra o impasse deliberado do desenho constitucional. E há, sem dúvida, pouco que uma estratégia formalista para a esquerda possa oferecer para contrariar o projeto formalista, ou que possa oferecer no contexto de tal impasse.

Ainda assim, se o formalismo não entrega dividendos óbvios contra o "impasse", ele pode entregar corretivos tangíveis contra formas de deriva evolucionária do tipo que descrevemos anteriormente como "constitucionalização". Para isso, vamos precisar voltar para como a reflexividade constitucional organiza a autorreferência do sistema (jurídico) no nível formal. E consegue por meio do entrincheiramento de valores como autodescrições e gerando uma hierarquia de regras abaixo da Constituição. A capacidade do sistema de controlar esses processos e criar "ordem" sistêmica a partir do "ruído" social determina como o sistema opera sua dupla referência a si mesmo e ao seu ambiente. Qualquer complexidade que enfrente precisa ser capaz de organizar o processo constitucional por meio de critérios formais. Isso não significa abandonar o processo de criação de normas à deriva evolutiva, mas controlá-los e mapeá-los de volta à semântica específica de suas autodescrições (categorias de capacidade, representação, valor). A constitucionalidade como dimensão formal da Constituição Política não é o que se sedimenta como prática, mas o controle constitucional de qual variação é compatível com a manutenção da unidade do ordenamento jurídico, para que a prática constitucional possa fazer frente ao princípio constitucional pretendido, deliberado e promulgado como tal! A racionalização entendida agora como o gesto que recolhe instâncias da prática como instanciações de determinados princípios e valores adquire um papel estratégico mais produtivo. Contra o abandono aos fundamentos em transformação da constitucionalização e do pluralismo, a constitucionalidade controla os critérios de constitucionalidade, a normatividade das seleções, com validade descendo na hierarquia das normas. A reflexividade pode ser (estrategicamente) mobilizada aqui para controlar a deriva evolutiva e, quando necessário, para deter os processos de reforço da disciplina de mercado que recebem o resgate *ex post* da constitucionalização. Se forem necessárias mais evidências sobre como o formalismo pode corrigir a deriva evolutiva ou a interpretação constitucional descomprometida, bastaria uma breve olhada na leitura expansiva da proporcionalidade. E embora este não seja o lugar para abordar o que se tornou predominante – mesmo semelhante ao "método constitucional" – tanto na Europa quanto na América do Sul, a ampla dependência da revisão da proporcionalidade pelos tribunais em ambos os continentes é um lembrete sóbrio de como a dimensão democrática da Constituição Política foi entorpecida. Tem sido uma leitura de "revisão constitucional horizontal"[262] como um "equilíbrio" abrangente e generalizado de princípios que, muitas vezes, zombou e permitiu a subversão judicial da realização constitucional da social-democracia no nível do Estado. O formalismo aqui representa a limitação democrática, e a proporcionalidade, se for devidamente implantada, só pode ser complementar à produção democrática de normas, e não substituta dela.

Estratégias de ruptura

A noção de *ruptura* está ligada à prática da negação. Se, para o radical Rousseau, a recusa a cumprir a ordem dos constituídos é o "princípio republicano de primeira instância", é porque ela recupera

262 Eu me beneficiei aqui da leitura da meticulosa análise constitucional do "efeito horizontal" de VAN DER WALT, Johan. *The horizontal effect revolution and the question of sovereignty*. Berlim: Walter de Gruyter, 2014. Para uma explicação da proporcionalidade em seu sentido limitado e original como "corretivo", ver GRIMM, Dieter. "Proportionality in Canadian and German Constitutional Jurisprudence". *University of Toronto Law Journal*, vol. 57, 2007.

o constituinte: ela informa a recusa de coletivos emergentes a se definir pelos termos de referência disponíveis a eles. Uma recusa do espaço representativo *permitido* a eles e da distribuição existente de posições de fala. No que diz respeito ao *sujeito* do poder constituinte, estamos no domínio do que há de "mais marxista em Marx", como disse Georges Sorel, a *radicalização da conexão entre o sujeito da política e sua ação*. A ruptura coloca a ênfase na negação, na retirada e, estrategicamente, na recuperação que essa retirada pode permitir. A ruptura está no cerne da luta antissistema (ver capítulo I) como resistência aos termos de engajamento e aos termos de reconhecimento concedidos à ação política.

O papel do pensamento estratégico da ruptura surge no nível da *segunda ordem*, porque a *injustiça* que ele enfrenta é dessa ordem também. A questão que é confrontada nesse nível é o que significa reparar uma injustiça na qual esta consiste na retirada da linguagem em que a reparação da injustiça pode ser buscada. Lyotard usa o termo *différend* para esse silenciamento de segunda ordem e Rancière oferece *dissenso* para se referir a isso.[263] Já Lyotard fala da negação como uma "força que escapa à lógica do significante",[264] que acaba por não ocupar seu lugar no sistema de relações do campo do capitalismo. Existem muitos trabalhos fascinantes sobre a negação, na "caesura" de Benjamin, no evento de Badiou,[265] no *différend* de Lyotard, embora talvez seja Negri quem nos dá o *insight* mais direto do campo da *estratégia*. Tome-se a frustração que

263 LYOTARD, Jean-François. *The Differend*: phrases in dispute. Manchester: Manchester University Press, 1988; RANCIÈRE, Jacques. *Disagreement*: politics and philosophy. Trad. Julie Rose. Minneapolis. University of Minnesota Press, 1999.

264 LYOTARD, Jean-François. "March 23". *In*: ______. *Political Writings*. Trad. B. Readings e K. P. Geiman. Minnesota: [s.n.], 1993, p. 64.

265 A greve geral, tal como a analisamos, pertence à ordem do "acontecimento" tal como Badiou a teorizou, que rompe com o *continuum* da história como com as condições de sua cognição (BADIOU, Alain. *Being and event*. Londres: Continuum, 2007).

marcou seus primeiros trabalhos, a difícil conjuntura dos operários do *Operaísmo* e depois da *Autonomia* para empreender a práxis política "*dal punto di vista operaio*"[266] ao mesmo tempo urgente e improvável, porque esse "ponto de vista" recai para sempre na situação em que o trabalho habita e torna as alternativas visíveis apenas em termos de deslocamentos temporários que ele marca, e não em qualquer programa consistente de "autovalorização". "Nós nos encontramos", Negri se desespera, "com uma tradição revolucionária que tirou da lama as bandeiras da burguesia".[267] Crucial para o pensamento de reparação é a recusa em aceitar a ordem representacional hegemônica do capitalismo, uma recusa em reconhecer a luta de classes em seu idioma. Claramente, o "reconhecimento" é um caminho profundamente problemático se a visão de Marx deve ser preservada, porque, para colocar nos termos do *Manifesto*, "uma classe de trabalhadores vive apenas enquanto encontra trabalho, e encontra trabalho apenas na medida em que seu trabalho aumenta o capital". Para resistir aos termos da captura, para Marx, qualquer reconhecimento do sujeito coletivo deve ser *adiado* para ser alcançado na superação das estruturas atuais que atribuem ação a posições de sujeito disponíveis e, assim, dar um curto-circuito no reconhecimento do funcionamento do capital. É por isso que a ação política pela *Autonomia* foi empreendida em termos de recusa ao trabalho, greves selvagens, desacelerações espontâneas, atos de sabotagem etc. Negri pode aludir a isso como um "projeto de destruição",[268] mas, na verdade, o recurso ao negativo foi espasmódico e instrumental. Não possuía a negação abrangente inerente à greve de massas, nem poderia reivindicar,

---

266 Ver BEASLEY-MURRAY, Jon. "Ethics as Post-political Politics". *Research and Society*, nº 7, 1994; e WRIGHT, Steve. *Storming heaven*. Londres: Pluto Press, 2002, para histórias fascinantes sobre os movimentos operários na Itália pós-guerra.

267 NEGRI, Antonio. *The savage anomaly:* the power of Spinoza's metaphysics and politics. Minneapolis: University Minnesota Press, 2000, pp. xx.

268 NEGRI, Antonio. *Revolution retrieved*. Londres: Red Notes, 1988, p. 36.

como uma "luta por reconhecimento" de segunda ordem, qualquer influência em termos de autorrepresentação do proletariado. E a frustração que vem de uma necessidade de resistir que não pode encontrar locução ou alavanca, exceto nas categorias que procura colocar em dúvida, carrega o peso do *errado*.

É contra esses gestos de inclusão e acomodação que qualquer estratégia de negação deve se medir. Podemos teorizar a negativa de duas formas, porque ela é entregue em duas modalidades: como a etapa *transitória* para uma síntese no sentido hegeliano daquilo que é produtivo em sua superação; e naquilo que persiste como *negativo*. O primeiro é tipicamente na forma com que a dialética do constituinte e do constituído operam. O segundo é a lógica (imperfeitamente) expressa na lógica da ruptura. O primeiro envolve uma "economia restrita", no sentido que Derrida a descreve.[269] Restrita porque o excesso carregado no constituinte é internalizado produtivamente pelo constituído. Vimos como o fracasso em traçar essa distinção marca o tipo de elisão que é comum em muitas teorias jurídicas "pós-estruturalistas": a sugestão de "excesso" e a "promessa" de que nenhuma determinação jamais esgotará o significado, digamos, de direitos humanos, ainda não são, de forma alguma, um sinal de empoderamento e resistência à ordem do capital. É apenas uma sugestão de que o capital se renovará se alimentando do excesso.[270] A aposta de uma teoria do negativo como teoria da ruptura deve oferecer mais como estratégia do que a vaga invocação do excesso. Exploramos uma série de instâncias desse segundo sentido de negação, intransigente e não instrumental, e a dificuldade enfrentada de sustentá-lo nessa modalidade. Em cada caso estava em jogo uma ação que rompeu incongruentemente com determinadas economias de representação,

269 DERRIDA, Jacques. "From restricted to general economy: Hegelianism without reserves". *Semiotexte*, 1976.

270 Argumentei isso longamente em outro trabalho (CHRISTODOULIDIS, Emilios A. "Strategies of rupture". *Law & Critique*, vol. 1, 2009).

esses trechos expansivos do imaginário "constituído", "escandalosamente" como quer Rancière acima, e reivindicando o campo de sua enunciação. A questão passou a ser de que forma a ação coletiva se sustentaria no campo da "mediação" como "espontaneidade", com Luxemburgo, e como "retirada do trabalho", com Sorel,[271] que não buscava nenhuma melhoria e nenhuma instrumentalidade, dentro do campo de sua extração.

Não conheço nenhum trabalho em que uma afirmação do constituinte como *exterioridade* absoluta tenha sido posta em termos tão rígidos quanto no *Tratado de Nomadologia*, de Deleuze e Guattari. Na "nomadologia", a ideia de constituinte permanece irredutível ao constituído e resistente a qualquer articulação dialética com ele ou expressão por meio dele. Do trabalho de Dumezil sobre a mitologia indo-europeia e seu relato sobre como o exercício da soberania sempre trabalhou na distinção entre rei e jurista, "encadernador e organizador", déspota e legislador, eles extraem a percepção de que o funcionamento dos conjuntos de pares, a "forma das distinções", "ao mesmo tempo antitética e complementar", envolve um gesto totalizador que *delineia o campo da política como "um millieu de interioridade"*. O uso de distinções suspende entre eles toda a extensão de possibilidades e os domestica para a ordem existente, uma vez que ambas caem no mesmo lado ("constituído") da distinção constituinte/constituído. Contra essa apropriação contextualizada e abrangente, a "máquina de guerra" nômade, como Deleuze e Guattari a chamam, fluida e – em si mesma – plural, reivindica para si "outra justiça, outro movimento, outro espaço/tempo",[272] ou seja, uma *exterioridade absoluta*. "Nomadologia" busca essa exterioridade no "irruptivo",

271 SOREL, Georges. *Reflections on violence*. Cambridge: Cambridge University Press, 1999 [1908].

272 DELEUZE, Gilles; GUATTARI, Felix. *A Thousand Plateaus*. Londres: Athlone, 1988, p. 353.

no devir transitório,[273] numa "multiplicidade pura e imensurável, o bando",[274] na "estratégia pura",[275] em propriedades situacionais e não intrínsecas, no "fluxo" da "guerra absoluta". De tudo isso, vamos manter, em primeiro lugar, a ausência de qualquer dialética entre dentro e fora e, em segundo lugar, a ausência do interior de termos de referência para o nômade. Para a ordem representativa do Estado, a realidade do nômade não pode ser racionalizada, apenas *confrontada*. O encontro entre dentro e fora carece de idioma comum e, portanto, de qualquer possibilidade de mediação dialética. Para cada lado, o outro lado é o exterior e representa violência pura e simples, um sinal do *negativo* que não cederá a nenhuma comunhão abrangente ou hospitalidade. O *nômade* permanece o arquétipo do estranho, o curinga político, certamente não um *convidado possível*.[276] Ao permanecer externo, o nômade representa uma responsabilidade que claramente não é subsumível a uma ordem de representação. Tal resistência sustenta o espaço da potencialidade.[277] Mas se o que é potencial é resistir à sua cir-

---

273 Em "devir", conforme eles argumentaram, "falta um sujeito distinto dele"; "há uma realidade específica para o devir" (DELEUZE, Gilles; GUATTARI, Felix. *A Thousand Plateaus*. Londres: Athlone, 1988, p. 238).

274 DELEUZE, Gilles; GUATTARI, Felix. *A Thousand Plateaus*. Londres: Athlone, 1988, p. 352.

275 DELEUZE, Gilles; GUATTARI, Felix. *A Thousand Plateaus*. Londres: Athlone, 1988, p. 353.

276 A referência é a Derrida. Com base na "nomadologia", o importante livro de Alberto Melucci, *Nomads of the Present*, transfere sua visão-chave para uma teorização dos movimentos sociais, colocando como central a questão de saber se existem formas de conflito que estão sendo dirigidas produtivamente contra a lógica dos sistemas complexos. Para Melucci, "porque a ação coletiva questiona a lógica estrutural do sistema, ela está destinada a se reproduzir para além das formas de mediação que podem interpretá-lo" (MELUCCI, Alberto. *Nomads of the Present*. Londres: Hutchinson Radius, 1989, p. 57). Negri adota a figura do "nômade" em NEGRI, Antonio. *The savage anomaly:* the power of Spinoza's metaphysics and politics. Minneapolis: University Minnesota Press, 2000, p. 212.

277 A ação política "autogestionária" importa uma modalidade diferente de agência e ação e com ela um sentido expandido de potencialidade. A formulação

cunscrição e apropriação num certo campo de referência, se deve permanecer significativo em seus próprios termos, deve definir-se incongruentemente com o campo de referência em que se recusa a se dobrar. É aqui que a discussão da política de autogestão se liga à teorização da ruptura.

Foi Jacque Vergès quem popularizou a noção de "estratégia de ruptura" no contexto do julgamento criminal.[278] Muito de sua estratégia se baseou na *contradição* que vamos identificar como marca da *crítica imanente*: em sua defesa do nazista Klaus Barbie no Judiciário francês em 1987, a estratégia de Vergès consistia no uso máximo do "*tu quoque*" de uma forma que colocasse os franceses em confronto direto com sua denúncia hipócrita de um crime que Vergès alegava estar na base de seu próprio legado colonial. Mas no que diz respeito à estratégia de *ruptura*, tinha a ver com a recusa (seletiva) em negociar os termos do julgamento com *suas* acomodações discursivas possíveis. Em vez disso, Vergès implantou um idioma antagônico voltado para o confronto e, com a denúncia do colonialismo, para a abertura de suas feridas. Nossa própria análise sugeriu como a ruptura pode ser generalizada no desdobramento estratégico, predominantemente por meio da greve, como forma de reparação da situação constitucional, como o gesto de *pegar desprevenido o pensamento racionalizador*.

Crítica imanente

Insistimos anteriormente nessa dimensão *experimental* do sofrimento porque é nessa dimensão que o antinômico se insere como uma contradição prática, não lógica. A Constituição, como uma

---

concisa de Aristóteles de *epidosis eis eauto* – aquilo que se dá a si mesmo – está no cerne desse gesto constituinte e foi renovada na definição reflexiva de autoconstituição de Spinoza: aquilo que não pode ser definido em relação a outra coisa deve ser definido em relação a si mesmo.

278 VERGÈS, Jacques. *De la stratégie judiciare*. Paris: Minuit, 1968.

questão de sua própria definição, funciona para unidade ao sistema jurídico, e é nisso que consiste a conexão ativa entre valor e níveis mais concretos de instanciação. Como a conexão é ativa, e a Constituição abriga uma contradição nessa conexão, que não pode suprimir nem conter, ela é por isso transformadora. Essa é a lógica da crítica imanente que herdamos de Marx. O problema – que Marx capturou com a noção de ideologia – foi como o dilema foi amplamente tirado de questão e como reunir a reivindicação contra as distribuições de mercado naturalizadas em um registro político exige. Ele argumentou que a crítica imanente exigia um registro experimental para ser convincente, um déficit experimental para que a contradição fosse posta em prática e representada. As contradições surgem no momento em que o Direito, vinculado aos processos de reprodução material da sociedade, expressa, na universalidade de suas categorias, a parcialidade de suas distribuições. O *insight* crítico pode abordar tais operações, tanto onde o paradoxo institui uma lacuna quanto onde a contradição oculta a elisão que realiza. Nesse contexto, a reparação é realizada na modalidade de crítica imanente, por um lado, e, por outro, em termos de uma reflexividade emergente.

Focar na antinomia é pegar de Hegel, com Marx, não o impulso para culminação e síntese, mas o momento autossabotador da contradição, do pensamento atingindo seu limite dadas as categorias disponíveis. Em Marx, contradições não devem ser entendidas como meras reflexões em pensamento de antagonismos materiais reais. Em vez disso, contradições apontam para um déficit das categorias disponíveis a nós para dar sentido aos processos de produção de valor e reprodução social, o desencontro entre as categorias de pensamento e os modos de ser social. Seu surgimento como contradições marca o ponto-crise da articulação, da expressão e da inteligibilidade: da *falta de sentido* que é vivida como tal. É importante enfatizar essa dimensão experimental, a incompreensibilidade que emerge em contextos experienciais particulares e que carrega suas energias potenciais. É a dimensão vivida que é o local potencial de ruptura da economia da representação, que, de outra forma, organizaria o significado, selaria e, nesse estado de autoimunização, o colocaria fora de alcance. Devemos nos concentrar, em vez disso, no que força a contradição contra as condições estruturais que fazem tal aparência, alguém pode dizer, *improvável*. As condições estruturais em referência aqui são aquelas sob as quais as pessoas lidam e experimentam a falta de sentido.

Talvez uma forma de conceitualizar o papel da contradição, e uma forma que certamente seja familiar para o contexto sul-americano, é a proteção constitucional dos direitos sociais. E o principal aqui é isto: direitos sociais como marcas do compromisso da sociedade em manter uma vida digna para todos os seus membros.

E, na medida em que são ignorados e que as chances de vida que dependem de sua proteção são diminuídas, eles estendem um vocabulário sobre o qual a falta de sentido que vem com seu apagamento pode alcançar – o que poderíamos chamar – *tração hermenêutica* como *injustiça*. Recuperar o vínculo hermenêutico com a injustiça, quanto mais agir sobre ele, é improvável, porque o registro da justiça que autorizaria esse vínculo foi desarticulado sob a compulsão do pensamento de mercado. Nessas condições, que a anotação "isso é injusto" ainda possa invocar a aspiração de solidariedade contida no constitucionalismo social é, ao mesmo tempo, a marca da "tração" antinômica e constitucional.

Vamos ser mais claros usando alguns exemplos. A seguir, exemplos de falta de sentido sentida e vivida como um déficit experiencial. Em cada caso, a reflexividade (política), ou seja, a noção de que as coisas poderiam ser de outra forma, desmoronou em uma aparência de necessidade. A tarefa crucial é romper essa aparência e enfrentar aquilo que traz a marca e o selo da necessidade de uma injunção contra a injustiça: enfrentá-la como *sofrimento desnecessário*.[279] Em cada caso, então, a tarefa crucial é discernir, na situação,

---

279 O termo "sofrimento desnecessário" é emprestado de Maurice Glasman, quem, em seu importante livro sob esse título, usou essa formulação para

a antinomia que pode adquirir força hermenêutica, ser significada como injustiça e agir como tal. É aqui que a iteração contraditória constitucional do constitucionalismo dos direitos sociais contra o pensamento de mercado e a inabalável insistência do primeiro na solidariedade podem fornecer a alavanca. Onde *se faz parecer* que não há outra maneira racional de organizar a economia a não ser por meio dos mercados, as alternativas político-democráticas são ofuscadas por uma questão de razão. A necessidade assume a forma da "incompatibilidade" da proteção social, antinômica porque ocorre em meio ao aumento geral de recursos que derivam da expansão da reprodução capitalista. A economia *aparece* na vida daqueles que labutam para gerar valor para o mercado, é vivenciada como a ferida da insegurança generalizada do desemprego e dos salários estagnados e pode aparecer como a injustiça da retirada do reconhecimento. Onde *se faz parecer* que não há outra forma racional de organizar o trabalho social a não ser por meio da desregulamentação do mercado de trabalho, a lesão se expressa como o sacrifício de uma geração de jovens entregues ao subemprego e aos mercados flexíveis. A falta de sentido é inerente à situação de um sacrifício exigido e não reconhecido.

A antinomia é vivenciada como crise de inteligibilidade e expressão: uma conjuntura de injustiça que não consegue se inscrever em um registro de justiça de mercado, mas apenas como uma reivindicação contra a retirada da solidariedade (intergeracional). Onde *se faz parecer* que não há outra maneira racional de organizar a produção social a não ser por meio da motivação do lucro e da inovação impulsionada pelo mercado, ela aparece como a falta de sentido da destruição do trabalho, em que as formas de produção dependentes de trabalho intenso cedem radicalmente a formas de

---

capturar o limiar da racionalidade política. Sofrimento desnecessário é o que nós, como sociedade, podemos tentar corrigir, e essa possibilidade é o que invoca constitutivamente o político. Ver GLASMAN, Maurice. *Unnecessary suffering*: managing market utopia. Londres: Verso, 1996.

capital intensivo, tornando o trabalho supérfluo e transformando os trabalhadores em populações redundantes: a falta de sentido está na experiência da redundância e, como acima, na retirada do reconhecimento. Onde se faz parecer que não há outra maneira racional de organizar o local de trabalho senão através da maximização da utilidade individual, aparece na assunção da responsabilidade individual pela degradação ocupacional de alguém, a necessária rendição aos ditames da gestão. A falta de sentido é sentida como a privatização do descontentamento e sensação de fracasso ocupacional. A antinomia aqui aponta para a retirada de posições de fala coletiva e oportunidades de ação coletiva para reverter a degradação, como subscrito e garantido pelo Direito social ao trabalho propriamente entendido como categorias coletivas e democráticas.

Em nenhuma das conjunturas em que ocorre a retirada de sentido, há uma postura comunicativo-"agonística" capaz de reparar a usurpação de valor ou a retirada da posição de fala. Em outras palavras, o colapso da defesa democrática contra a expropriação capitalista. Reconhecimento, dignidade, solidariedade só podem ser interpretados como antagônicos às economias de representação dadas, às ordens de reconhecimento, às distribuições dadas de contingência e necessidade, o que Rancière, num *insight*, chamou de "*partage du sensible*".[280]

É com esse pano de fundo que nossa discussão sobre a contradição prossegue. O pensamento crítico situado (se essa metáfora topológica não pressupõe muito) entre o alcance semântico das categorias que carregam esse déficit e o que como antinômico, como contraditório pode atrapalhar seu "encaixe". Nesse interstício, surge algo que pode oferecer à experiência do sofrimento a promessa de tração hermenêutica com as categorias sob as quais é administrada. Elas são reveladoras porque se expressam como

---

280 RANCIÈRE, Jacques. *Disagreement*: politics and philosophy. Trad. Julie Rose. Minneapolis. University of Minnesota Press, 1999.

interrupções de uma necessidade que, de outra forma, se afirma com todo o peso da evidência e da implacabilidade. Não porque algo já seja tido como contra-afirmação, mas porque o negativo perturbou a distribuição do sensível, como diria Rancière.

A sugestão dessa estratégia final da "crítica imanente" tem sido insistir na constitucionalidade das decisões políticas das sociedades de proteger a solidariedade: insistir que inserimos "direitos sociais" no vão entre a linguagem normativa e a experiência social, para permitir a tração hermenêutica que sugeri antes, para fornecer uma medida contra o sofrimento que é vivido não como necessário, como injustiça. Em outras palavras, a sugestão é importar a contradição constitucional e agir com ela.

Como sempre, há limites importantes a serem concedidos a esse esforço político-fenomenológico. Não podemos garantir que a iteração constitucional vai conseguir algo como a expressão completa: quaisquer que sejam os dividendos do recurso aos direitos sociais, eles serão "disciplinados" para o alcance da semântica da Constituição e para a relativa inércia de sua imaginação.[281] O que quer que o registro constitucional forneça como meio para abrigar resistência às alocações de mercado será determinado pela seletividade particular do meio, em termos de quais limites são colocados no conteúdo, seu alcance autorreferencial, sua imunização para uma gama de alternativas, suas reduções constitutivas. Existe um segundo perigo mais sutil a discernir. Com o tempo, surge um desalinhamento entre a semântica constitucional da proteção dos direitos sociais e as estruturas de expansão do mercado. Para Luhmann, "se o nível de complexidade muda, a semântica que orienta a experiência e a ação devem se adaptar a essa mudança,

---

281 Escrevi sobre isso em CHRISTODOULIDIS, Emilios A. "The Inertia of institutional imagination: a reply to Roberto Unger". *Modern Law Review*, vol. 59, nº 3, 1996.

caso contrário, perdem sua conexão com a realidade".[282] Em outras palavras, quando a imersão da semântica (constitucional) nas estruturas sociais a que elas dão expressão é perturbada, a resultante tensão entre a semântica e as estruturas exige um realinhamento da primeira às segundas, uma adaptação da semântica à nova configuração da estrutura. Contra esse evolucionismo, com sua ameaça de uma mudança abrangente do terreno constitucional, a questão de manter a semântica da solidariedade e da dignidade torna-se fundamental para um projeto crítico de constitucionalismo. A elevação da solidariedade – como recurso dogmático – a valor constitucional no plano substantivo e o enraizamento constitucional de sua não negociabilidade no plano formal expressam a conquista política do constitucionalismo dos direitos sociais, a decisão de manter a aspiração solidária em face a tudo o que o mercado apresenta sob o signo da necessidade.

---

282 Ver LUHMANN, Niklas. *Gesellschaftstruktur und Semantik*. vol. 1. Frankfurt am Main: Suhrkamp, 1980, p. 22. Para a análise funcional orientada para o problema de Luhmann, a ruptura do ajuste entre o significado da Constituição ligado às estruturas do Estado-nação e a formação estrutural pós-soberana para a qual ela é transferida, enfaticamente, não é um abandono à significação "flutuante"; é, em vez disso, um desalinhamento produtivo que acompanha e permite uma mudança definitiva, uma mudança que reorientará uma semântica constitucional em crise para padrões estruturais emergentes.

CONCLUSÃO

Já percorremos um caminho longo, desde o "constituinte" radical--revolucionário, que informa a distinção constitucional e sustenta o conceito de constitucionalismo político e sua própria racionalidade particular, até seu "desfazer" sob a globalização e a ascensão do pensamento de mercado. A seção final sobre estratégia constitucional procurou explorar as modalidades e os limites de quais recursos constitucionais podem ser mobilizados para combater a *grande deformação*.

Poderíamos concluir com uma referência à *Constituição material* que, em um sentido fundamental, subjaz à relação entre semântica (constitucional) e estruturas. Foi Louis Althusser quem notoriamente nos convidou a pensar a estratégia constitucional "*en materialiste*",[283] levando assim a distinção organizadora "poder constituinte/constituído" para o campo do que ele chamou de dispositivo – um termo que Michel Foucault posteriormente empregou (e popularizou) para expressar "ligação" entre elementos "discursivos e não discursivos". Em uma passagem muito citada, Foucault sugere que os nomes dos *dispositif*,

283 ALTHUSSER, Louis. "Sur le rapport de Marx à Hegel". *In*: ______. *Lénine et la philosophie*. Paris: Maspero, 1972.

> Primeiro, um conjunto essencialmente heterogêneo, composto por discursos, instituições, formações arquitetônicas, decisões normativas, leis, medidas administrativas, enunciados científicos, argumentos filosóficos, morais e filantrópicos; estes são os elementos de um *dispositif* – em suma, tanto o dito quanto o não dito [*du dit aussi bien que du non-dit*]. O próprio *dispositif* é a rede que pode se estabelecer entre esses elementos. Em segundo lugar, o que quero identificar em um dispositivo é justamente a natureza da articulação que existe entre esses elementos heterogêneos (...). Esses elementos, sejam discursivos ou sejam não discursivos, estão ligados por algo parecido com um jogo, com mudanças de posição ou de funções que podem ser muito diferentes. Em terceiro lugar, por *dispositif* entendo um tipo de formação que, em um determinado momento histórico, recebeu a importante função de atender a algum tipo de situação urgente. Portanto, um *dispositif* tem uma função predominantemente estratégica, [que envolve] uma intervenção racional e concertada nas relações de força, seja para desenvolvê-las em uma determinada direção, seja para bloqueá-las, estabilizá-las ou explorá-las.[284]

Notem os três elementos dessa descrição: primeiro, o *dispositif* é definido como uma rede, ou uma montagem, de elementos. Segundo, o que é silencioso é a natureza da ligação entre elementos discursos e materiais. E terceiro, o *dispositif* está ligado ao tempo ("determinado momento histórico", "algum tipo de situação urgente") e à intervenção estratégica ("racional e concertada"). Quando se define como *rede*: entender o *dispositif* como um conjunto de relações ou conexões entre elementos é entender como o poder pode ser concretamente localizado e materializado. Conexões e relações são forjadas por meio da organização do espaço, da distribuição de corpos e do desenvolvimento de infraestrutura (no trabalho de

284 FOUCAULT, Michel. "Le jeu de Michel Foucault". *In*: ______. *Dits et Ecrits*. vol. III. Paris: Gallimard, 1994, p. 299.

Foucault sobre formas arquitetônicas e lugares institucionais, notoriamente o "panóptico", o quartel, a clínica etc.), compreendendo tanto estruturas (e infraestruturas) quanto formas discursivas. Quando define como *ligação*: Foucault nos convida a examinar cuidadosamente a natureza da ligação que existe entre os elementos heterogêneos num *dispositif*. Se pensarmos no mais celebrado dos "*dispositifs*" de Foucault – disciplina, sexualidade, governamentalidade –, somos lembrados que "cada um desses incorporou ou metabolizou Direito, mas o fizeram precisamente tratando textos, práticas, visibilidades e autodescrições como elementos que derivavam seu sentido e efeito de sua articulação em cada dispositivo dado".[285] Os elementos são relacionados e, assim, atualizados na ordenação. Talvez o mais importante seja como Foucault liga a estratégia ao *dispositif*. A estratégia, diz ele, está atenta ao "momento histórico particular" e intervém no momento oportuno. O tempo nada mais é do que intervenção, como Rancière colocou de forma memorável.[286] A análise de Foucault aqui nos apresenta também uma teoria da resistência como imanente à formação social que mobiliza uma subjetividade que deve negociar um duplo vínculo, simultaneamente vinculado ao processo de subjetivação, com todos os mecanismos disciplinares e biopolíticos que o acompanham, e mandatado para agir livremente em suas costas.[287] Estratégias de contestar esse confinamento são testadas em conjunturas nas quais o *dispositif* constitucional entrincheira fileiras de força, e nas quais arranjos institucionais e sistemas de papeis aderem em torno dessa coerência. Essa noção move o constitucionalismo para além das

---

285 POTTAGE, Alain. "The materiality of what?" *Journal of Law and Society*, vol. 39, 2012, p. 181. Também: como no caso dos atores-redes de Latour, os dispositivos são "assemblagens [que] são feitas de nada além daquilo que montam"; modos estratégicos ou táticos de atualizar e conjugar os elementos de um dispositivo são articulações emergentes condicionadas pelos próprios elementos que se propõem a organizar.

286 RANCIÈRE, Jacques. "Time is nothing more than intervention". *Le Cahier du Collège International de Philosophie* (Éditions Osiris), vol. 8, 1989.

287 FOUCAULT, 2014.

práticas de interlocução e "diálogo", para além da especificação semântica e conceitual, e na direção de determinações sistêmicas que carregam o peso (e a inércia) de determinantes institucionais e organizacionais, relações hierárquicas de poder e outros dados estruturais que o informam e o sustentam. Ler "*en materialiste*" é traçar linhas de demarcação dentro do dispositivo, e aumentar e intensificar essas contradições – discernir as linhas de força que o constituem e as falhas ao longo das quais emergem suas fraquezas.

O entrincheiramento de registros tanto estruturais quanto semânticos disciplina o imaginário constitucional em conjunturas nas quais fica ainda mais difícil negociar criticamente, quanto mais desafiar. A situação constitucional surge, assim, com seu próprio dinamismo limitado, suas dependências de trajetória, sua liberação de contingência – ou seja, a possibilidade de pensar de outra forma – ao longo dessas dependências de trajetória. Discutimos anteriormente a situação constitucional, com ênfase nas condições semânticas e estruturais impostas ao discurso constitucional e no disciplinamento de seu alcance. Com o *dispositif*, uma dimensão organizacional é adicionada a essa disciplina, as opacidades embutidas nas práticas que os "novos materialismos" tanto fizeram para revelar: tudo, desde a estrutura profunda da atividade organizacional e profissional até as minúcias das formas como os arquivos são mantidos e arquivados, como os tópicos são discutidos e minutados etc. São materialidades entendidas tanto como facilitações quanto como bloqueios a continuidades interpretativas que levam força constitutiva ao campo da semântica. Claro que formas de argumentação, retórica e formações narrativas e condensações às vezes alargam o "imaginário" constitucional. Mas existem linhas de força, arranjos institucionais, elementos organizacionais que as estruturam e não são nem redutíveis nem transparentes para o campo da interlocução e da enunciação. Acompanham a emergência do sentido constitucional em todas as suas dimensões, as tematizações disponíveis na dimensão material, as inflexões relevantes do papel no social, as acelerações, atrasos e suspensões do discurso no temporal. Essas materialidades correm ao lado dos processos de formação de sentido, como aparato, agenciamento ou "rede", alternadamente dando visibilidade e obscurecendo.

Tudo isso para dizer que a estratégia constitucional explora um terreno complexo. Mas *não* para dizer que a luta já começa perdida. Foi uma série de decisões políticas e, portanto, reversíveis,[288] que construíram, sustentaram e subscreveram o colapso do imaginário constitucional em sua forma de mercado. Que a constelação "endureça" em um "dispositivo" aumenta o desafio, mas não há nada necessário em como a construção se instala como horizonte de possibilidade.

Contra as falsas necessidades, as métricas e otimizações de mercado, contra os bloqueios e as distribuições do que é racional e do que é "ingênuo" em um registro de mercado, a racionalidade política atua na distinção entre o que é necessário e o que é contingente. Aqui, a estratégia importa o potencial de resistência ao que as ordens constitucionais têm parcelado, década após década, como os limites dos dados possíveis e inegociáveis da formação e reprodução da sociedade e, significativamente, para nossa discussão neste livro, resistência aos deslizes que instalaram o pensamento de mercado como o horizonte insuperável da época. Tanto no nível nacional quanto no regional, o constitucionalismo latino-americano ofereceu ao mundo um antídoto à "patologia das expectativas superdiminutas"[289] que paralisaram estratégias radicais de reforma em face da aprovação dos mercados internacionais. E, se o constitucionalismo latino-americano não oferece garantias do que possa ser *sustentável* no longo prazo, ainda assim provocou a aposta na ação política e ofereceu um constitucionalismo genuinamente democrático.

---

288 Ver SUPIOT, Alain. "Grandeur and misery of the social state". *New Left Review*, vol. 82, 2013.

289 Empresto a formulação de HIRST, Paul; THOMPSON, Grahame; BROMLEY, Simon. *Globalization in question*. Hoboken: John Wiley & Sons, 2015.

REFERÊNCIAS BIBLIOGRÁFICAS

ACKERMAN, Bruce. "Discovering the Constitution". *Yale Law Journal*, vol. 93, 1984.

ADORNO, Theodor W. *Minima moralia: reflections on a damaged life*. Londres: Verso, 2005 [1951].

ALEXY, Robert. "On necessary relations between Law and Morality". *Ratio Juris*, vol. 2, 1989.

ALTHUSSER, Louis. "Sur le rapport de Marx à Hegel". *In*: _____. *Lénine et la philosophie*. Paris: Maspero, 1972.

_____. Écrits *philosophiques et politiques*. Pairs: T. I Stock/Imec, 1994.

ANSALDI, Octavio; PARDO-VERGARA, María. "What Constitution? On Chile's Constitutional Awakening". *Law & Critique*, vol. 31, 2020.

ATRIA, Ferdinando. "Living under dead ideas: law as the will of the people". *In*: DEL MAR, Maksymilian; MICHELON, Claudio (Coord.). *The Anxiety of the Jurist*. Londres: Routledge, 2013.

_____. *La constitución tramposa*. Santiago: LOM Ediciones, 2013.

BADIOU, Alain. *Being and event*. Londres: Continuum, 2007.

BAXI, Upendra. "Taking suffering seriously: social action litigation in the Supreme Court of Indi". *Third World Legal Stud.*, vol. 4, 1985.

BEASLEY-MURRAY, Jon. "Ethics as Post-political Politics". *Research and Society*, nº 7, 1994.

BENSAÏD, Daniel. "The return of strategy". *International Socialism*, nº 113, 2007.

______. *Le Pari mé*lancolique: métamorphoses de la politique, politique des métamorphoses (Essais). Paris: Fayard, 1997.

BETANCES, Emelio; IBARRA, Carlos F. (Coord.). *Popular sovereignty and constituent power in Latin America*. Nova York: Palgrave Macmillan, 2016.

BEVIR, Mark. *Democratic governance*. Nova Jersey: Princeton University Press, 2010.

BLACK, Julia. "Reconceiving financial markets: from the economic to the social". *Journal of corporate law studies*, vol. 13, 2013.

BLOCH, Ernst. *Natural law and human dignity*. Cambridge: MIT Press, 1986.

BRAITHWAITE, John; DRAHOS, Peter. *Global business regulation*. Cambridge: Cambridge University Press, 2000.

BRUNKHORST, Hauke. "The Return of Crisis". *In*: KJAER, P.; TEUBNER, G.; FEBBRAJO, A. (Coord.). *The Financial Crisis in Constitutional Perspective*. Oxford: Hart, 2011.

CASTELLS, Manuel (Coord.). *The network society*: a cross-cultural perspective. Cheltenham: Edward Elgar, 2004.

CASTORIADES, Cornelius. *The imaginary constitution of society*. Paris: Seuil, 1987. (Original: *L'Institution imaginaire de la Societe*, 1975).

CHOUDRY, S. *The Migration of Constitutional Ideas*. Cambridge: Cambridge University Press, 2007.

CHRISTODOULIDIS, Emilios A. "Against substitution: the constitutional thinking of dissensus". *In*: LOUGHLIN, Martin; WALKER, Neil (Coord.). *The Paradox of Constitutionalism*: Constituent Power and Constitutional Form. Oxford: Oxford University Press, 2007.

______. "Strategies of rupture". *Law & Critique*, vol. 1, 2009.

______. "The Inertia of institutional imagination: a reply to Roberto Unger". *Modern Law Review*, vol. 59, nº 3, 1996.

______. "The objection that cannot be heard: communication and legitimacy in the courtroom". *In*: DUFF, Lindsay Farmer *et al*. *The Trial on trial*. Oxford: Hart, 2004.

______. *Law and Reflexive Politics* (Dordrecht: Kluwer, 1998.

______. *The Redress of Law*. Cambridge: Cambridge University Press, 2021.

COLÓN-RÍOS, Joel. "Constitutionalism and Democracy *in* Latin America". *New Zealand Association for Comparative Law Yearbook (2015), Victoria University of Wellington Legal Research Paper*, nº 118, 2017.

COPPEDGE, Michael. "Venezuela: popular sovereignty versus liberal democracy". *In*: DOMÍNGUEZ, J. I.; SHIFTER, M. (Coord.). *Constructing Democratic Governance in Latin America*. 2ª ed. Baltimore: Johns Hopkins University Press, 2008.

CORDERO, Rodrigo. "The negative dialectics of law: Luhmann and the sociology of juridical concepts". *Social & Legal Studies*, vol. 29, 2019.

DE BÚRCA, Gráinne. "New governance and experimentalism: an introduction". *Wisconsin Law Review*, vol. 227, 2010.

DE BÚRCA, Gráinne; KEOHANE, Robert O.; SABEL, Charles F. "Global experimentalist governance". *British Journal of Political Science*, vol. 44, 2014.

DEAKIN, Simon *et al.* "Legal institutionalism: Capitalism and the constitutive role of law". *Journal of Comparative Economics*, vol. 45, 2017.

DELEUZE, Gilles; GUATTARI, Felix. *A Thousand Plateaus*. Londres: Athlone, 1988.

DERRIDA, Jacques. "From restricted to general economy: Hegelianism without reserves". *Semiotexte*, 1976.

DESROSIÈRES, Alain. *La politique des grands nombres*: histoire de la raison statistique. Paris: La Découverte, 1993.

______. *Prouver et gouverner*: une analyse politique des statistiques publiques. Paris: La Découverte, 2014.

DINERSTEIN, Ana Cecilia. *The politics of autonomy in Latin America*: the art of organising hope. Londres: Palgrave Macmillan, 2015.

DUKES, Ruth. "Constitutionalising employment relations: Sinzheimer, Kahn-Freund and the role of Labour Law". *Journal of Law and Society*, 2008.

______. *The labour constitution*: the enduring idea of labour law. Oxford: Oxford University Press, 2014.

DUSSEL, Enrique. *The Invention of the Americas*: eclipse of "the Other" and the myth of modernity. Trad. Michael D. Barber. Nova York: Continuum, 1995.

______. *Twenty Theses on Politics*. Durham: Duke University Press, 2008.

DWORKIN, Ronald. *Law's Empire*. Londres: Fontana Press, 1986.

DYZENHAUS, David. "Constitutionalism in an old key: legality and constituent power". *Global Constitutionalism*, 2011.

EAGLETON, Terry. *Figures of Dissent*. Londres: Verso, 2003.

FALK, Richard. *Predatory Globalization*: a critique. Oxford: Polity, 1999.

FEBBRAJO, Alberto. "The failure of regulatory institutions: a conceptual framework". *In*: KJAER, P.; G TEUBNER, G.; FEBBRAJO, A. (Coord.). *The Financial crisis in constitutional perspective*: the dark side of functional differentiation. Oxford: Hart, 2011.

FOUCAULT, Michel. "Le jeu de Michel Foucault". *In*: ______. *Dits et Ecrits*. vol. III. Paris: Gallimard, 1994.

FREEDLAND, Mark; PRASSL, Jeremias (Coord.). *Viking, Laval and Beyond*. Londres: Hart Publishing, 2014.

GAMARRA, Eduardo. "Bolivia: Evo Morales and democracy". *In*: DOMINGUEZ, J. I.; SHIFTER, M. (Coord.). *Constructing democratic governance in Latin America*. Baltimore: John Hopkins University Press, 2008.

GILL, Stephen. *Power and Resistance in the New World Order*. Basingstoke: Palgrave Macmillan, 2003.

GLASMAN, Maurice. *Unnecessary suffering*: managing market utopia. Londres: Verso, 1996.

GOLDER, Ben. "Foucault's critical (yet ambivalent) affirmation: three figures of rights". *Social & Legal Studies*, vol. 20, 2011.

GOLDONI, Marco; WILKINSON, Michael. "The material constitution". *The Modern Law Review*, vol. 81, 2018.

GOODALE, Mark. *A Revolution in Fragments*: traversing scales of justice, ideology and practice in Bolivia. Durham: Duke University Press, 2019.

______. *Dilemmas of modernity*: Bolivian encounters with Law and Liberalism. Redwood City: Stanford University Press, 2009.

GRANOVETTER, Mark. "Economic action and social structure: the problem of embeddedness". *American Journal of Sociology*, vol. 91, nº 3, 1985.

GRIMM, Dieter. "Proportionality in Canadian and German Constitutional Jurisprudence". *University of Toronto Law Journal*, vol. 57, 2007.

GRUGEL, Jean; RIGGIROZZI, Pía. "Post-neoliberalism in Latin America: rebuilding and reclaiming the State after crisis". *Development and change*, vol. 43, 2012.

GUARDIOLA-RIVERA, Oscar. *What if Latin America ruled the world?*: how the South will take the North through the 21st century. Londres: Bloomsbury Publishing, 2010.

GÜNTHER, Klaus. "The Criminal Law of 'guilt' as subject of a politics of remembrance in democracies". CHRISTODOULIDIS, E.; VEITCH, S. (Coord.). *Lethe's Law*. Oxford: Hart, 2001.

HABERMAS, Jürgen. "Constitutional democracy: a paradoxical union of contradictory Principles?" *Political Theory*, vol. 29, 2001.

______. "Reconciliation through the public use of reason". *In*: CRONIN, C. (Coord.). *The Inclusion of the Other*. Cambridge: Polity Press, 1999.

______. *Between facts and norms*. Cambridge: Polity Press, 1995.

______. *Communication and the Evolution of Society*. Boston: Beacon Press, 1979.

______. *Knowledge and Human Interests*. Trad. J. Shapiro. Londres: Heineman, 1972.

______. *Moral consciousness and communicative action*. Cambridge: MIT Press, 1983.

______. *The Theory of Communicative Action*. Cambridge: Polity Press, 1984.

HARDT, Michael; NEGRI, Antonio. *Empire*. Cambridge: Harvard University Press, 2020.

HART, H. L. A. *The concept of Law*. Oxford: OUP, 1961.

HAYEK, Friedrich A. "Competition as a discovery procedure". *The Quarterly Journal of Austrian Economics*, vol. 5, 2002 [1974].

HELLER, Agnes. "Habermas and Marxism". *In*: THOMPSON, J.; HELD, D. (Coord.). *Habermas: critical debates*. Londres: Macmillan, 1982.

HIRSCHL, Ran. *Towards juristocracy*: the origins and consequences of the new constitutionalism. Cambridge: Harvard University Press, 2009.

HIRST, Paul; THOMPSON, Grahame; BROMLEY, Simon. *Globalization in question*. Hoboken: John Wiley & Sons, 2015.

HUGHES, Carys. "The transformative potential of constituent power: a revised approach to the new Latin American Constitutionalism". *Latin American Perspectives*, vol. 46, 2019.

HYMAN, Richard. "Flexible rigidities: a model for social Europe?" *In*: ALONSO, L. E.; MARTÍNEZ, L. M. (Coord.). *Employment relations in a changing society*: assessing the post-Fordist paradigm. Londres: Palgrave Macmillan, 2006.

JOERGES, Christian. "Will the Welfare State survive European integration?" *European Journal of Social Law*, 2011.

KINGSBURY, Benedict. "The concept of law in global administrative law". *European Journal of International Law*, 2009.

KLAES, Matthias; SENT, Esther-Mirjam. "A conceptual history of the emergence of bounded rationality". *History of Political Economy*, vol. 37, 2005.

KOSELLECK, Reinhart. "The historical-political semantics of asymmetric counterconcepts". *In*: ______. *Futures past*: on the semantics of historical time. Nova York: Columbia University Press, 2004 [1989].

KOSKENNIEMI, Martti. "The Fate of Public International Law: between technique and politics". *MLR*, vol. 70, 2007.

______. *The gentle civilizer of nations*: the rise and fall of international law. Cambridge: Cambridge University Press, 2001.

LA HOVARY, Claire. "Showdown at the ILO? A historical perspective on the employers' group's 2012 challenge to the right to strike". *Industrial Law Journal*, vol. 42, 2013.

LACLAU, Ernesto. *Emancipation(s)*. Londres: Verso, 1996.

LADEUR, Karl-Heinz. "Globalization and the conversion of democracy to polycentric networks: can democracy survive the end of the Nation-State?" *In*: ______. *Public Governance in The Age Of Globalization*, 2004.

LAZZARATO, Maurizio. *Le capital déteste tout le monde*. Paris: Éditions Amsterdam, 2019.

LEFORT, Claude. "L'oeuvre de Clastres". *In*: ABENSOUR, M. (Coord.). *L'esprit des lois sauvages*. Paris: Seuil, 1987.

______. *Democracy and Political Theory*. Minneapolis: University of Minnesota Press, 1988 [1986].

______. *The Political forms of modern society*. Cambridge: Polity, 1986.

LEVITSKY, Steven; ROBERTS, Kenneth. (Coord.). *The resurgence of the Latin American left*. Baltimore: Johns Hopkins University Press, 2011.

LINDAHL, Hans. "Constituent power and reflexive identity: towards an ontology of collective selfhood". *In*: LOUGHLIN, Martin; WALKER, Neil. *The Paradox of Constitutionalism*: Constituent Power and Constitutional Form. Oxford: Oxford University Press, 2007.

LOUGHLIN, Martin; WALKER, Neil (Coord.). *The Paradox of Constitutionalism*: Constituent Power and Constitutional Form. Oxford: Oxford University Press, 2007.

LÖWY, Michael. "Continental Laboratory". *New Left Review*, vol. 68, 2011.

LUHMANN, Niklas. "The third question: the creative use of paradoxes". *JL & Society*, 1988.

______. "Die Weltgesellschaft". *ARSP*, vol. 57, 1971.

______. "Distinctions Directrices: Uber Codierung von Semantiken und systems". *In*: NEIDHARDT, F.; LEPSIUS, M. R.; WEISS, J. (Coord.). "Kultur und Gesellschaft". *Kolner Zeitschrift fur Soziologie und Sozialpsychologie* (special issue), vol. 27, 1986.

______. "Globalisation or World Society: how to conceive of modern society?" *International Review of Sociology*, vol. 7, 1997.

______. "Legal argumentation: an analysis of its form". *Modern Law Review*, 1995.

______. "The Concept of Society". *Thesis Eleven*, vol. 31, 1992.

______. *A sociological theory of law*. Londres: Routledge & Kegan Paul, 1985 [1972].

______. *Die Politik der Gesellschaft*. Frankfurt am Main: Suhrkamp, 2002.

______. *Ecological Communication*. Trad. J. Bednarz. Cambridge: Polity Press, 1986.

______. *Gesellschaftstruktur und Semantik*. vol. 1. Frankfurt am Main: Suhrkamp, 1980.

______. *Law as a Social System*. Oxford: Oxford University Press, 2004.

______. *Social Systems*. Redwood City: Stanford University Press, 1995.

LYOTARD, Jean-François. "March 23". *In*: ______. *Political Writings*. Trad. B. Readings e K. P. Geiman. Minnesota: [s.n.], 1993.

______. *The Differend*: phrases in dispute. Manchester: Manchester University Press, 1988.

MacCORMICK, Neil. "Beyond the Sovereign State". *Modern Law Review*, vol. 56, 1993.

______. *Questioning Sovereignty*. Oxford: Oxford University Press, 1999.

MAGRI, Lucio. "The Tailor of Ulm". *NLR*, vol. 51, 2008.

MARQUAND, David. *The new reckoning*: capitalism, States and citizens. Nova York: John Wiley & Sons, 2013.

MARSHALL, T. H. "Citizenship and social class". *In*: ______. *Sociology at the crossroads and other essays*. Londres: Heinemann 1963 [1949].

MARX, Karl. *The Civil War in France*. Moscow: Progress Publishers, 1972 [1871].

MEAD, George H. "The working hypothesis *in* social reform". *American Journal of Sociology*, vol. 5, 1899.

MELUCCI, Alberto. *Nomads of the Present*. Londres: Hutchinson Radius, 1989.

MERRY, Sally E. *The seductions of quantification*: measuring human rights, gender violence, and sex trafficking. Chicago: University of Chicago Press, 2016.

MICHELMAN, Frank. "Law's Republic". *Yale Law Journal*, vol. 97, 1988.

MIGNOLO, Walter; ENNIS, Michael. "Coloniality at large: The Western Hemisphere in the colonial horizon of modernity". *The New Centennial Review*, vol. 2, 2001.

MILLER, David. "The Nature and Limits of the Duty of Rescue". *Journal of Moral Philosophy*, vol. 1, 2019.

MÖLLERS, Christoph. "Transnational Governance without a Public Law?" *In*: JOERGES, C.; SAND, I-J.; TEUBNER, G. (Coord.). *Transnational Governance and Constitutionalism*. Oxford: Hart, 2004.

MULHALL, Stephen. *Inheritance and Originality*. Oxford: Oxford University Press, 2001.

MÜLLER, Jan-Werner. "The Promise of Demoi-cracy: diversity and domination in the European public order". *In*: NEYER, J; WIENER, A. *The Political Theory of the European Union*. Oxford: Oxford University Press, 2010.

NAGEL, Thomas. "The Problem of Global Justice". *Philosophy & Public Affairs*, vol. 33, 2005.

NEDER, Meyer E. *Constitutional erosion in Brazil*. Londres: Bloomsbury, 2021.

NEGRI, Antonio. *Insurgencies*: constituent power and the modern State. Minneapolis: University Minnesota Press, 1999.

______. *Revolution retrieved*. Londres: Red Notes, 1988.

______. *The savage anomaly:* the power of Spinoza's metaphysics and politics. Minneapolis: University Minnesota Press, 2000.

NEVES, Marcelo. "From the Autopoiesis to the Allopoiesis of Law". *Journal of Law and Society*, vol. 28, 2001.

______. *Transconstitutionalism*. Londres: Bloomsbury, 2013.

NICOLAÏDIS, Kalypso. "Our European Demoï-cracy: is this Constitution a third way for Europe?" *In*: NICOLAÏDIS, K.; WEATHERILL, S. (Coord). *Whose Europe?* National models and the Constitution of the European Union. Oxford: Oxford University Press, 2003.

NONET, Philippe; SELZNICK, Philip. *Law and society in transition*: toward responsive law. Nova York: Harper, 1978.

OFFE, Claus. "Governance: an 'empty signifier'?" *Constellations*, vol. 16, 2009.

PAVLAKOS, George. *Our knowledge of the Law.* Oxford: Hart, 2007.

PICCIOTTO, Sol. *Regulating global corporate capitalism*. Cambridge: Cambridge University Press, 2011.

POLANYI, Karl. *The great transformation*. Boston: Beacon Press, 1944.

POSTERO, Nancy G. *The indigenous state*: race, politics and performance in plurinational Bolivia. Oakland: University of California Press, 2017.

POTTAGE, Alain. "The materiality of what?" *Journal of Law and Society*, vol. 39, 2012.

RANCIÈRE, Jacques. "Time is nothing more than intervention". *Le Cahier du Collège International de Philosophie* (Éditions Osiris), vol. 8, 1989.

______. *Disagreement*: politics and philosophy. Trad. Julie Rose. Minneapolis. University of Minnesota Press, 1999.

RAZ, Joseph. *Practical reason and norms*. Princeton: Princeton University Press, 1990.

RIESCO, Manuel. "Is Pinochet dead?" *New Left Review*, vol. 47, 2007.

RITTEL, Horst W. J.; WEBBER, Melvin M. "Dilemmas in a general theory of *Sciences*, vol. 4, 1973.

ROBERTS, Kenneth M. "The crisis of labor politics in Latin America: parties and labor movements during the transition to neoliberalism". *International Labor and Working-Class History*, vol. 72, 2007.

ROJAS, René. "The ebbing 'pink tide': an autopsy of left-wing regimes in Latin America". *New Labor Forum*, Los Angeles, vol. 26, nº 2, 2017.

ROUSSEAU, Jean-Jacques. *Discourse on the Origin of Inequality*. Indianapolis: Hackett Publishing, 1992 [1775].

RUSSELL, Matheson; MONTIN, Andrew. "The Rationality of political disagreement: Rancière's critique of Habermas". *Constellations*, vol. 22, 2015.

SABEL, Charles. "Learning by monitoring: the institutions of economic development". *In*: SMELSER, Neil; SWEDBERG, Richard (Coord.). *The handbook of economic sociology*. Princeton: Princeton University Pres, 1994.

______. "The quiet revolution of democratic governance". *Governance in the 21st Century*, Paris, OECD Publishing, 2001.

SABEL, Charles; ZEITLIN, Jonathan. "Experimentalism in the EU: common ground and persistent differences". *Regulation and Governance*, vol. 6, 2012.

SADER, Emir. *The New mole*: paths of the Latin American left. Trad. Ian Bruce. Londres: Verso, 2011.

SALAIS, Robert. "La politique des indicateurs". *In*: ZIMMERMAN, Bénédicte (Coord.). *Les Sciences Sociales à l'épreuve de l'action*. Nantes: Éditions MSH, 2004.

______. "On the correct and incorrect use of indicators in public action". *Comp. Labor Law & Pollicy Journal*, vol. 27, 2006.

SANTOS, Boaventura de S. *Epistemologies of the South*: Justice against epistemicide. Londres: Routledge, 2015.

SLAUGHTER, Anne-Marie. *A new world order*. Princeton: Princeton University Press, 2009.

SOREL, Georges. *Reflections on violence*. Cambridge: Cambridge University Press, 1999 [1908].

SPIVAK, Gayatri. "Can the Subaltern Speak?" *In*: WILLIAMS, Patrick; CHRISMAN; Laura (Coord). *Colonial discourse and postcolonial theory*: a reader. Nova York: Columbia University Press, 1994.

STÄHELI, Urs. "Exorcising the 'popular' seriously: Luhmann's concept of semantics". *International Review of Sociology*, vol. 7, 1997.

STREECK, Wolfgang. "Markets and peoples: democratic capitalism and European integration". *New Left Review*, vol. 73, 2012.

SUPIOT, Alain. "Grandeur and misery of the social state". *New Left Review*, vol. 82, 2013.

______. "Pourquoi un droit du travail?" *Droit social*, 1990.

______. *Homo Juridicus*: on the anthropological function of the law. Trad. Saskia Brown. Londres: Verso, 2007.

______. *L'esprit de la Philadelphie*: la justice social face au marché total. Paris: Seuil, 2010.

SUPIOT, Alain. *Governance by numbers*: the making of a legal model of allegiance. Oxford: Hart, 2017.

TEUBNER, Gunther. "Global Bukowina: legal pluralism in the world-society". *In*: ______. *Global Law without a State*. Dartmouth: Aldershot, 1996.

______. "How the law thinks: towards a constructivist epistemology of law". *Law & Society Review*, 1989.

______. "Substantive and reflexive elements in modern law". *Law & Society Review*, vol. 17, 1983.

______. *Constitutional fragments*: societal constitutionalism and globalization. Oxford: Oxford University Press, 2012.

THORNHILL, Claude. "Contemporary constitutionalism and the dialectic of constituent power". *Global Constitutionalism*, vol. 1, 2012.

______. “Legal Pluralism: the many books on Europe’s ‘many Constitutions’”. *Social & Legal Studies*, vol. 22, 2012.

______. “The rise and fall of corporatist constitutionalism: a sociological thesis”. *In*: PINTO, Antonio C. (Coord.). *Corporatism and Fascism*: the corporatist wave in Europe. Londres: Routledge, 2017.

______. *A sociology of Constitutions*: Constitutions and State legitimacy in historical-sociological perspective. Cambridge: Cambridge University Press, 2011.

______. *The sociology of law and the global transformation of democracy*. Cambridge: Cambridge University Press, 2018.

THORNHILL, Claude; CHRISTODOULIDIS, Emilios. “New bearings in the Sociology of Law”. *Social & Legal Studies*, 2014.

TRUBEK, David. “Public Advocacy-Administrative Government and the Representation of Diffuse Interests”. *In*: CAPPELLETTI, M.; GARTH, B. (Coord.). *Access To Justice*. vol. 3. [S.l]: [s.n.], 1979.

UNGER, Roberto. “Legal analysis as institutional imagination”. *The Modern Law Review*, vol. 59, 1996.

VAN DER WALT, Johan. *The horizontal effect revolution and the question of sovereignty*. Berlim: Walter de Gruyter, 2014.

VERGÈS, Jacques. *De la stratégie judiciare*. Paris: Minuit, 1968.

VON GIERKE, Otto. *Community in historical perspective*. Cambridge: Cambridge University Press, 2002.

WALKER, Neil. “Multi-level constitutionalism: looking beyond the German debate”. *In*: TUORI, K.; SANKARI, S. (Coord.). *The Many Constitutions of Europe*. Londres: Routledge, 2011.

______. “The idea of constitutional pluralism”. *MLR*, vol. 65, 2002.

______. *Intimations of global law*. Cambridge: Cambridge University Press, 2015.

WEIL, Simone. “On Human Personality”. *In*: ______. *Oevres complètes*. Paris: Gallimard, 1989 [1959].

______. “On Human Personality”. *In*: MCLELLAN, D. *Simone Weil*: utopian pessimist. Londres: Macmillan, 1989.

WOLKMER, Antonio C; WOLKMER, Maria de Fátima S. “The Principle of the ‘common’, legal pluralism and decolonization in Latin America”. *Law and Critique*, vol. 33, 2022.

WRIGHT, Steve. *Storming heaven*. Londres: Pluto Press, 2002.

ZIBECHI, Raul. *Dispersing power*: social movements as anti-state forces. Oakland: AK Press, 2010.

ZUMBANSEN, Peer. "Knowledge in development, law and regulation, or how are we to distinguish between the economic and the non-economic?" *In*: DE BÚRCA, Gráinne *et al*. (Coord.). *Critical legal Perspectives on Global Governance*. Londres: Bloomsbury, 2015.

NOTAS

NOTAS

NOTAS

NOTAS

NOTAS

NOTAS

A Editora Contracorrente se preocupa com todos os detalhes de suas obras! Aos curiosos, informamos que este livro foi impresso no mês de dezembro de 2022, em papel Pólen Natural 80g, pela Gráfica Copiart.